正説

历朝十大冤案

如果石絮●著

京华出版社

图书在版编目（CIP）数据

正说历朝十大冤案/如果石絮著．—北京：京华出版社，
2007.4

　ISBN 978-7-80724-351-9

　Ⅰ．正…　　Ⅱ．如…　　Ⅲ．历史事件－中国－古代　Ⅳ．
K220.5

　中国版本图书馆 CIP 数据核字（2007）第 053734 号

正说历朝十大冤案

著　　者□	如果石絮
出版发行□	京华出版社

　　　　　（北京市朝阳区安华西里一区 13 楼 2 层 100011）

　　　　　（010）64258473 64255036 84241642（发行部）

　　　　　（010）64259577（邮购、零售）

　　　　　（010）64251790 64258472 64255606（编辑部）

　　　　　E-mail：jinghuafaxing@sina.com

印　　刷□	北京龙兴印刷厂
开　　本□	787mm×1092mm　1/16
字　　数□	275 千字
印　　张□	19.25 印张
版　　次□	2007 年 5 月第 1 版
印　　次□	2007 年 5 月第 1 次印刷
书　　号□	ISBN 978-7-80724-351-9
定　　价□	27.00 元

京华版图书，若有质量问题，请与本社联系

引 言

数千年的中国历史中冤案无数,读来总是令善良的人们扼腕顿足、热泪滂沱。然而,追寻冤案发生的原因,也总是"各有各的不幸",绝不能以一句"皇权制度的产物"来概括——这是对历史当事人的不负责任。黑格尔说:"存在的就是合理的。"那么,我们回到这些冤案发生的当时当地去会发现什么呢?

本书选取了中国历史上有代表性的十大冤案,力求从卷帙浩繁的史料中剥茧抽丝,去伪存真,再现历史当事人之间的"博弈"或者说选择。

笔者无意于考据,也无意于哗众取宠,只不过有意将存在于世代之间、引得无数热泪的冤案剥去虚幻、煽情、光环或者中伤,还其原貌而已。

本书内容自在天涯论坛发帖以来,深受喜爱,被香港、台湾等华文网站转载,好评如潮。在成书之际,又进行了精心修改,以使其更加符合历史的真实。

自这些冤案发生之时起,历时已经数百上千年,众口纷纷,原始史料和史家著述汗牛充栋,笔者借鉴难免会有偏颇,还望读者批评指教。

如果石絮

目 录

1

九死未悔者的悲歌

——伍子胥案

　　春秋时代是一个被孔子称为"礼崩乐坏"的时期。这个时代，又是思想自由、人才辈出的时代。在灿若繁星的春秋伟人中，伍子胥以其特立独行的举止和令人扼腕的命运为我们留下了诸多启示。

31

兔死狗烹　鸟尽弓藏

——韩信案

　　韩信的一生充满了传奇色彩，尤其是他出神入化的兵法，令人叹为观止，被后人称为"兵家之仙"、"兵家智圣"。韩信之所以名垂青史，还在于他"成也萧何、败也萧何"的悲惨结局……

61

权力场下的浩劫

——巫蛊案

这是一场空前的浩劫，京城长安几乎被血洗一空，冤死者数以万计。无论是皇后、太子、丞相、将军等皇亲国戚，还是普通兵士、寻常百姓甚至牢狱囚徒，都难逃此劫。巫蛊案是如何发生的？其肇祸者是谁？内中有何错综复杂的原因？

88

千古冤狱"莫须有"

——岳飞案

提到"冤案"，几乎所有人都会想到岳飞。在中华民族的文化积淀中，岳飞已经成为中国历史上冤屈最为深重的代表人物。岳飞在人们心目中已经被神化成一尊象征民族精神和代表民族脊梁的神祇。岳飞为什么被害？与他同为大将的韩世忠为什么能得以保全？

120

皇权争斗的牺牲品

——于谦案

"千锤万凿出深山，烈火焚烧若等闲。粉身碎骨浑不怕，要留清白在人间。"是于谦留下的脍炙人口的诗篇，也是其道德情操、人格标准、政治理念、处世原则、精神信仰的真实写照。他在危急时刻保住了大明朝的江山和尊严，但却被明英宗送上了断头台。

148

阉竖宵小手下的血腥

——东林党案

他在日益腐坏糜烂的明廷中，掀起了一阵阵邪恶狂飙。他结党营私、操控内阁、清洗宫廷、滥用酷刑、钳制舆论、冒功掠财、招摇挥霍，无恶不作，导致冤狱累累，可谓绝无仅有。其对"东林党"的迫害更是手段残忍、令人发指。

176

功到雄奇即罪名

——袁崇焕案

明朝崇祯三年八月十六日，午时三刻，北京西市口，刽子手正在施行磔刑。围观的群众人声鼎沸，前呼后拥，争着抢夺、购买从犯人身上割下来的肉片，抢到后立即塞进口中，大嚼一气后咽进肚里，张着鲜血淋漓的嘴谩骂着"汉奸"、"叛贼"。被施刑者就是被梁启超称为"明朝第一重要人物"、"千古军人之模范"的袁崇焕。

207

小人物酿就的血光之灾

——庄廷鑨明史案

一部史书的编修，引出一场骇人听闻的血腥大狱；一个欺世盗名、沽名钓誉的庸碌之辈，竟带来一场令人瞠目结舌的血光之灾；一个卑鄙歹毒的无耻小人，竟从中得到飞黄腾达的机缘。

九死未悔者的悲歌

——伍子胥案

公元前 770 年至公元前 403 年的春秋时代，是一个被孔子称为"礼崩乐坏"的时期。此时，王室式微，诸侯蜂起，一切都以争战杀戮为最终依托，所谓"春秋无义战"。这个时代又是思想自由、人才辈出的时代。在灿若繁星的春秋伟人中，伍子胥以其特立独行的举止和令人扼腕的命运为我们留下了诸多启示。

一

公元前 770 年，周平王将周朝国都由镐京（今陕西长安县境）迁到雒邑（今河南洛阳），自此，历史上的"东周"正式开始。

周平王东迁之后，周朝控制的土地逐渐缩减，各诸侯国势力上升，也不再向周朝朝觐、纳贡，呈现出尾大不掉的局面，周王室威信扫地。尤其是公元前 707 年，周桓王率军征讨郑国失利后，周王室更是没落颓废。各诸侯国抓住时机，着力改革，发展生产，同时又相互攻伐，先后出现了齐桓公、宋襄公、秦穆公、楚庄王、晋文公春秋五霸。其中，齐、晋、秦等中原诸国打着"尊王攘夷"的旗号，以己为尊，称地处偏远的楚、吴、越等国为蛮夷烟瘴之地。但谁也没有想到，不久之后，这三个蛮夷小国浓墨重彩地上演了一幕幕精采绝伦的兴亡大戏，演绎出令人荡气回肠的恩怨情仇和生死悲歌。

让我们沿着主人公伍子胥的足迹从头说起。

伍子胥（前 559~前 484），名员，字子胥，楚国监利（今湖北

伍子胥画像

监利）人。其祖父伍举、父亲伍奢都以敢于犯颜直谏受到重用，子孙也因此在楚国有很高的地位和名气。

楚国原是地处南疆的一个小国，经过长期的发展和攻伐，逐渐消灭了周围的一些小国，势力大增。但与中原诸侯国相比，楚国国力还相差甚远。尤其是楚成王三十九年（前633年），楚国与以晋国为首的宋、齐、秦等国联军在城濮（今河南范县临濮）之战中一败涂地，更是受到了沉重打击。

后来，公元前613年，楚庄王芈侣即位，不思上进，沉湎酒色，连续三年不问朝政，莺歌燕舞，日夜淫乐。为阻止群臣进谏，他还下令，大臣"有敢谏者，死无赦"。楚国朝政更加废弛，田地荒芜，饥民遍野，又连遭诸侯进攻，整个楚国风声鹤唳，城门昼闭。

此时，担任右司马的伍举忍无可忍，不顾禁令，冲进宫内向正在饮酒作乐的庄王进谏："臣有一事向大王请教：有一只羽毛五彩斑斓的大鸟，飞到楚国庭院内，已经三年，却不飞也不鸣，此何鸟也？"庄王心知伍举影射自己三年无所作为，回答说："此鸟不飞，飞则冲天；此鸟不鸣，鸣则惊人！"伍举又说："此鸟不飞不鸣，必为擒者所获，岂得冲天而惊人乎？"庄王顿悟，废弃酒色，任用贤臣良将，勤于国政。经过二十年的努力，终于打败晋国，问鼎中原。此时楚国势力西起秦境，南达洞庭，横跨江淮，威震华夏，霸业达到顶峰。楚庄王也因此成为春秋五霸之一。公元前591年，庄王死。

五十年后的公元前541年，继位的楚灵王喜好声色犬马，驱使百姓用七年时间修建了一座华丽雄伟的高台，并请大臣登台远眺，群臣均赞不绝口。年迈的伍举却当面劝谏说："臣闻一国之君当以安定百姓、征服敌国为上，从没听说以建筑雕刻高台为美。今大王耗时七年，费银无数，造作此台，诸侯不齿。臣不知美在何处。"灵王赧然，自此再未到此台游乐。伍举及家族因此被目为忠臣一门，颇受尊宠。

公元前 529 年，楚灵王在众叛亲离中自杀，他的弟弟熊弃疾继承王位，是为楚平王。说起楚平王的即位，还有一段令人感喟的故事。

楚康王共五个儿子：长子郏敖、次子子围、三子子平、四子子晳、五子弃疾。康王死后，其长子郏敖即位。郏敖做了四年君王，子围杀之而自立，这就是灵王。灵王十二年（前 529 年），康王的三子、四子、五子趁灵王领兵攻打徐都，发动政变。大臣们按年龄尊三子子平为王，子晳为令尹，弃疾为司马。因当时领兵出征的灵王不知下落，郢都人心慌慌，熊弃疾决定借机除掉三哥、四哥，谋夺王位。五月的一天深夜，他派人四处扬言，说是灵王率兵杀回，要惩处谋反者。子平、子晳以为已是穷途末路，先后自杀。次日，熊弃疾即王位，是为楚平王。

楚平王并非庸碌之辈。即位之初，他封赏功臣，结交诸侯，安定民心，休养生息。他还让蔡人和陈人都回到自己的国家。先时，楚灵王消灭了蔡国，将之作为本国的一个县，并把蔡国的许、胡、沈、道、房、申的公族迁到楚国的腹地，由熊弃疾到蔡县为公侯。楚平王即位后，令蔡国公族各回故地。同时，楚平王还密切注视着臣僚，对骄横跋扈的权臣和才高望重的贤臣，都必欲除之而后快。

平王原来在蔡地做公侯时，娶郧阳封人的女儿为妻，生下了儿子建，即位后就把建立为太子，并让伍举的儿子伍奢为太子太傅，费无忌（一作极）为太子少傅，教授太子知识。费无忌品行邪恶，诡计多端，心胸狭窄，手段毒辣。他曾设计将朝吴驱逐出蔡国。当初，朝吴辅佐平王一起在蔡国共事，功勋卓著，深得平王信任。平王即位后，派朝吴到蔡国并授以重任。费无忌嫉恨朝吴受宠，阴谋害之。他秘告平王，说朝吴在蔡国勾结蔡人，志在谋叛，日后必背楚自立。平王本人就是靠阴谋诡计起家，连杀二王才得到王位，对臣下素有疑心，就听信费无忌谗言，将朝吴驱逐出蔡国。

此时，费无忌为太子少傅，位低于伍奢，心怀不满，又兼平时与太子建关系冷淡，就设法离间太子、伍奢和平王的关系。

正巧机会来了。楚平王二年（前527年），太子建15岁，已经到了婚配的年龄。平王认为秦为强国，有意与秦联姻，以改善两国关系，就委托费无忌入秦说亲。当时秦哀公在位，思及秦晋虽世代婚姻，但今晋国已衰，而楚国正盛，就答应将自己的妹妹孟嬴许配给太子建。费无忌奉上聘礼，与秦使者一同将孟嬴带回楚国准备完婚。谁料，他见到孟嬴姿色绝美，动起歪念，素知平王好色荒淫，又见秦国随从的媵妾中有一位长得模样俊美，就密见这个媵妾，告诉她将把其嫁给太子，嘱托她务必隐瞒真相，否则将祸及己身。随后，他提前返回楚都，面见平王，告知秦女有绝世姿色，让平王自娶孟嬴。平王假意推辞一番，说父娶子媳，有悖人伦。费无忌又献策说，将随嫁的媵妾当作秦女嫁给太子，神鬼不知，天衣无缝。平王大喜，直称费无忌忠心可鉴。

平王娶孟嬴后，怕太子建知道秦女之事，就严禁太子入宫。费无忌更担心太子知道真相，便伺机向平王进谗，请将太子迁出国都。他向平王说："晋国所以能称霸是因其地处中原，而楚国地处偏远难于相争，像城父（在今安徽亳县东南）这样的北方大城，靠近中原，让太子出镇，可以通于中原，进而得到天下。"平王欣然同意，派太子建出守城父。伍奢知道此系费无忌谗言，打算进谏。费无忌又向平王密告，也将伍奢派往城父。

时过半年，费无忌又乘间进谗，说太子与伍奢对大王不满，暗中交往齐、晋，有谋叛之心，并已经开始修城练兵。平王此时已经与孟嬴生下儿子轸，也有废太子之意，就听从费无忌之言，派人将伍奢召来讯问。伍奢性情刚直，反问平王怎能以谗贼小臣之言而疏远骨肉之亲。平王大怒，将伍奢囚禁入狱，并派负责兵库的司马奋扬前往城父刺杀太子。司马奋扬素知平王昏庸，太子蒙冤，竟然密告太子实情，纵其逃亡。

费无忌平素嫉恨伍奢，决定借此机会斩草除根，密告平王说伍奢的两个儿子伍尚和伍员也追随父亲谋反，可以将他们抓来一并审讯。平王让伍奢写书召其子前来，以赎救自己，伍奢心知此系费无忌阴谋，正色道："臣长子伍尚为人温厚信义，闻父召必来探视，次子伍员刚毅不阿，胸怀大志，绝难前来。"迫于平王及费无忌的压力，他只好写书劝伍尚、伍员前来。

平王不信伍奢所言，派人到棠邑（在今江苏六合北）找到伍尚、伍员，告知他们其父被系于狱，平王以其忠贞，特谕你等速入见其父，以赎其罪。伍尚对其弟伍员（即伍子胥）说："父亲被系三年，备遭凌辱，我们昼夜感念，忧恨不已，今有此良机，你我作为儿子，自当前往赎救父亲。"伍员沉思良久，说："平王宠信费无忌，召我们前去，绝非是想释放父亲，而是要斩草除根，以除后患。我们不去，费无忌忌惮你我，尚不敢杀害父亲，不然不仅你我俱死，也将促父死。你我不如暂且逃亡，寻机复仇，否则徒死无益。"伍尚听弟所言有理，却仍难改初衷，说："昆仲所言虽是，但父亲身陷囹圄，正盼为儿前去赎救，我等如苟且偷生，为世人所笑，终老于世，不过碌碌。我意已决，如能得返，是天佑我族，如被弃市，也是所愿。你才略非凡，文治邦国武定天下，能相报父兄血仇。"伍子胥见伍尚意气激昂，遂与之哭泣诀别。伍尚随使同往都城。平王随之派人杀死伍奢、伍尚父子，并在全国内搜捕伍子胥。

伍子胥与伍尚诀别后，知道平王必来追杀，乃归家语其妻贾氏，请其自寻出路。贾氏无言以对，自缢身死。伍子胥葬过妻子，携剑往宋国逃亡。逃至半途，楚王追兵已到，伍子胥张弓搭箭，对准追兵，义正辞严地喝令他们后退，并让他们回去告诉楚王，自己必来复仇。守兵驻足不敢再追。

伍子胥得知太子建携儿子胜逃往宋国，便也逃奔宋国国都睢阳（今河南商丘）。伍子胥逃亡途中，忽遇到一队人马，一看竟然是故友申包胥。两人相见，格外激动，伍子胥向申包胥哭诉平王听信奸臣费无忌、杀害父兄的经过，说得义愤填膺、肝胆欲裂，发誓要借兵伐楚，生啖楚王之肉，车裂无忌之尸，报此血仇。申包胥秉性刚直，见挚友伍子胥遭受如此血海深仇，深感同情，但对于臣子因私仇仇视、报复君主，却表示反对。伍子胥愤恨难抑，咬牙切齿地说自己已经和楚国恩断义绝，自今不再与之有君臣之义。申包胥沉吟片刻，决然道："吾若教你报复楚国，是为不忠；若教你不报私仇，则为不孝；作为友朋，吾只能勉励你好自为之。但你应牢记：子能覆楚，吾必存楚，子能破楚，吾必全楚！"两个老友随即辞别，此后竟然各为其主，成为敌对双方。

伍子胥逃到宋国，见到了太子建和其子胜。当时，宋国正经历着一场空前的内乱，华亥、向宁、华定争夺王位，一同谋叛，宋元公派人至楚借兵。伍子胥闻说，担心楚兵发现自己，就与太子建及其子胜向西逃至郑国。郑定公当国，素闻伍子胥文武才略，为三代忠臣之后，同时又与楚国结仇，很是高兴，殷勤接待了他们。太子建和伍子胥向郑国借兵伐楚，郑定公以郑国兵微将寡为由，让他们向晋国求救。太子建到了晋国，与晋顷公商议。孰料晋顷公极力说服太子，请他做内应共同消灭郑国，并许以重酬。太子建不知轻重，回来与伍子胥商议，伍子胥极力反对。太子建为晋国允诺鬼迷心窍，终不听劝。不巧事情为人所知，郑定公自然大怒，密捕太子建斩之。伍子胥与太子的儿子胜侥幸逃脱。

伍子胥前思后想，最后决定逃往楚国的宿仇吴国。而要逃到吴国，必须经过楚国。他们一路上风餐露宿，历尽艰辛，沿途所过楚国各城，到处贴有楚王捉拿自己的画像。到了吴、楚交界的昭关（今安徽含山县北），见关隘高耸入云，楚兵防备森严，门口同样贴有画像，只得暂住旅舍。在旅舍中，他苦思冥想，不知道如何得以过关，既无退路，又想报仇，心急如焚，据说一夜之间他的头发竟然全部变成了白色。民间也从此有了"伍子胥过昭关——须发皆白"的俗语。这样，须发皆白的伍子胥与画像中的伍子胥差异甚大，守卫兵士没有看出，就让他通过关口。不过在史书上却没有这样的记载，只说他"独身步走，几不得脱"。关于伍子胥过昭关一夜白头的传闻也只能聊备一说了。

过了昭关，两人来到鄂渚江边，见波涛汹涌，无船可渡，而身后追兵迫近。伍子胥叹道："天不佑我！"正在此时，一个渔夫驾小船恰好赶到，将伍子胥、芈胜捎带过江。伍子胥感激不尽，问其姓名，渔夫只答称其"渔丈人"即可。伍子胥过意不去，将所佩宝剑相赠。渔夫说："楚王下令，能捉到伍子胥者赏粟百万，封上大夫爵。我不图谋此赏，怎会贪一柄铁剑之利？"伍子胥感动万分，谆告渔夫切莫泄漏踪迹，与渔夫辞别上岸，走出数步回头看时，渔夫已经沉舟自尽了。

　　数日后，伍子胥、芈胜来到吴国境内。到了溧阳，饥馁难忍，实在不能支撑，就向一个正在濑水边浣纱的女子讨饭。女子将所带饭食相赠。伍子胥吃过饭，嘱告女子万勿泄密。女子说："贱妾服侍寡母，三十未嫁，从未与男子交谈，今日馈饭，已经丧失贞节，难以为人。"遂自沉于水。伍子胥哀伤不已，继续东行，终于到了吴国国都梅里（今江苏无锡）。

二

　　吴国位处今江苏南部，南接越国，西邻强楚，北与齐、晋相望。史书载，吴国是后稷之苗裔，太伯、仲雍、季历统治时，国力逐渐强盛。但在中原诸国眼里，吴国地处僻远，境内水系纵横，与中原陆地环境不同，是蛮夷之地。吴国第十九代国君寿梦为拓展本国势力，开始交接中原诸国，向中原学习，并借助本国的地理优势，大兴渔盐之利。

　　吴国与毗邻的楚国的关系却极为紧张，世代为仇。先时，楚国逃亡的大夫巫臣到吴国教习吴兵射御之术，引导吴兵伐楚。两国自此结仇。之后，相互攻伐，互有胜负，而梁子越结越深，再也无法解开。相比起来，楚国毕竟基础雄厚，疆域广阔，又得楚庄王整顿治理，国力比吴国强出许多。在伍子胥到来之前，吴国在交战中还明显处于劣势。

　　吴王寿梦在位25年病卒，有子四人：诸樊、余祭、余眛、季札。四子中以季札最为聪明，文韬武略，又爱戴百姓，颇有贤名，寿梦有意让季札继位。季札却不愿意做王，以立长不立幼为由推辞。寿梦无奈，只好将王位传给长子诸樊，并立下规矩：兄终弟立，依次轮到季札。他死后，四个儿子都严格遵循这一命令。诸樊死，传位给二弟余祭，余祭死，传位三弟余眛。余眛即位四年后卒，应传位季札。未想季札却仍旧推辞，又逃到山林中躲避。于是，余眛的儿子州于继承父位，是为吴王僚。而诸樊的儿子姬光却耿耿于怀，认为既然叔叔季札不肯继位，就应从祖父长子的后代中择贤而立，吴王僚不顾他人意愿，篡取王位，就是窃国，人人得而诛之。姬光一直在寻机复仇，但终因力量单薄，只能暂时隐忍不发，待机而动。

伍子胥到了吴国，举目无亲，又担心被楚人认出追杀，就将芈胜藏于郊外，自己则披发装疯，跣足涂面，沿街乞讨。吴人见其怪异，莫不惊诧，一个相士见他相貌非凡，向吴王僚引荐。吴王僚与伍子胥交谈，很是叹服，拜为大夫。伍子胥得到吴国国君的认可，认为复仇时机已到，就向吴王僚哭诉楚王谋害父兄之状，说得咬牙切齿，双目喷火。吴国素与楚国结怨，吴王僚答应为伍子胥复仇。姬光当时是吴国大将，素闻伍子胥才华，也欲拉拢伍子胥为己所用，就寻机离间伍子胥和吴王僚的关系。

吴国的边邑卑梁（今安徽天长县西北）和楚国的边邑钟离的（今安徽凤台县东北）百姓都以养蚕为生。吴王僚九年（前518年），两国的两个女子因争采桑叶发生争吵，继而引发两县械斗。楚平王大怒，派兵攻打吴国。吴王僚派姬光率兵伐楚，一举攻占楚国钟离、居巢（今安徽六安县北）两城。伍子胥复仇心切，极力劝说吴王僚继续进兵，攻占楚国国都，消灭强楚。姬光得知，暗中对吴王僚说伍子胥是为报父兄之仇，才劝吴伐楚，并非为吴着想，还说一国之兵不能为匹夫之仇而起，胜则伍子胥欣喜，败则吴国耻辱。吴王僚听他言之有理，遂止兵。伍子胥闻知，方知姬光与吴王僚貌合神离，就辞去大夫职位。姬光又乘机向吴王僚进言，说伍子胥心怀怨恨，决不能用。吴王僚信以为真，疏远了伍子胥，给他田地耕作，再也不见他。

姬光见吴王僚舍弃伍子胥，暗中与之接纳，向伍子胥谈起自己想除去吴王僚而自立为王，并谦恭地向伍子胥问计。伍子胥见姬光颇具雄才大略，远在吴王僚之上，一旦他得到帝位，自己复仇有望，经过再三权衡，决定背弃吴王僚，与姬光联手。

两人经过商讨，决定刺杀吴王僚。但吴王僚平时戒备森严，想刺杀他极为不易。伍子胥百般焦虑，突然想到了一个非同寻常的人物——专诸。

专诸（?～前 515），吴国堂邑（今六合北）人。伍子胥逃难经过堂邑，见到一群人正围着一个人打斗，被围者气势豪迈，毫无胆怯之色，左冲右突，其他人难以招架。双方正打得难解难分时，一个女子出来叫那个被围者的名字，那人即刻住手退出。伍子胥感到奇怪，一问方知他叫专诸，那女子是其母亲（一说妻子）。伍子胥问他为何屈从于一个弱女子，专诸道："夫屈一人之下，必伸万人之上。"伍子胥见其有侠肝义胆，与之结为好友。此时，见姬光为难，就向其推荐了专诸。此后，伍子胥本人依然和芈胜到郊外耕种，静观事变。

姬光见过专诸，为其雄侠所感，善待专诸母亲，每月送去布帛粮肉。专诸深感姬光和伍子胥知遇之恩，急切思报。许久，姬光方告知其欲谋杀吴王僚、自立为王之意，而自己正为如何刺杀吴王僚愁苦。专诸见姬光为此愁苦，便请求担当此任。姬光说，吴王僚戒备森严，难以靠近。专诸思索良久，询问吴王僚所好何物。姬光说，吴王僚喜欢美味，尤其喜欢鱼炙。专诸得知，遂往太湖学习烹制鱼炙。三个月后，他学成归来，拜见姬光。姬光大喜，寻找时机，准备行动，但因吴王僚防备森严而没有得手。

吴王僚十二年（前 515 年），楚平王病卒。伍子胥得知消息，捶胸顿足，失声痛哭，痛恨自己行动迟缓，父兄之仇尚未得报而平王已死。良久，才对他人说："楚平王卒，吾仇难报，但楚国仍在，吾何忧也？"

次年（前 514 年）春，吴国乘楚国办理国丧，起兵伐楚。吴王僚使公子盖余、烛庸带兵攻战。伍子胥见国内再无其他大将，认为诛杀吴王僚时机已到，急忙嘱咐姬光行事。是年四月，姬光埋伏兵士于室内，具酒请吴王僚赴宴，专门告诉吴王僚有善于烹饪鱼炙的庖丁献艺。吴王僚一贯嘴馋，一听有鱼炙可吃，当即心动，但又有所担心，生怕有什么闪失，入告其母。其母感觉有异，嘱咐吴王僚一定加要倍小心。吴王僚穿盔戴甲，带领卫兵，前去姬光住所赴宴。每个庖丁呈进馔食，都要经过严格搜身，而后跪行入内。等专诸进献鱼炙时，姬光借口离去。专诸将匕首藏于烹好的鱼腹内，跪行到吴王僚跟前，抽出匕首猛刺吴王僚胸口，直

专诸刺王僚(张煤 绘)

透胸背。吴王僚当即毙命。周围卫兵惊慌失措，刀剑齐下，登时将专诸剁成肉泥。姬光埋伏的士兵从外杀入，一阵血战，斩除吴王僚兵士。姬光摄取大位，是为阖闾。他随之厚葬专诸，封其子专毅为上卿，并将伍子胥从郊外召入，拜为行人，专门为其出谋献策。而派去征伐楚国的公子盖余、烛庸闻讯，率兵归降楚国。

吴王阖闾一心想壮大本国势力，扩张疆土，称霸中原。他一上台就表现出非凡的魄力，以伍子胥作为自己的军师兼谋士。伍子胥见时机成熟，重新回到宫中，辅佐阖闾，并提出了"立城廓、设守备、实仓廪、治兵革"的强国方略，如此则"内有可守，外可应敌"。阖闾激赏不已，一一施行，并让伍子胥负责修建城池，又委托国人干将、莫邪夫妇为自己铸造宝剑，还选人训练兵马。伍子胥一心复仇，殚精竭虑，废寝忘食，吴国的城池、兵备、粮粟等很快得到加强。

吴王僚被刺后，其公子庆忌闻讯逃到艾城（今江西九江），伺机复仇。庆忌身材魁伟，力大无比，有万夫不当之勇。阖闾闻知，忧心忡忡，问计于伍子胥。伍子胥向他推荐了要离。

要离是吴国人，伍子胥曾见他冲撞豪士椒丘，知其胆略超人。椒丘勇猛神武，据说他曾入水与水神搏斗三天三夜，被海神弄瞎了一只眼睛，人们认为他很是勇敢。椒丘本人也以此为荣，四处夸耀。要离却很鄙视他的这种做法，当着众人的面羞辱他，说他被弄瞎眼睛，不以为耻反以为荣。椒丘羞愤不已，晚上潜入要离家中行刺，却见要离的家门根本没有上锁，要离躺在床上呼呼大睡。他刚要下手，要离却突然睁开眼，指斥椒丘有"三不肖"：一是当众被羞，不敢作答；二是偷入他人宅户，有袭人之心；三是用剑逼人，非君子所为。椒丘自愧不如，撞墙自杀。

阖闾闻知大喜，令伍子胥召来要离，一见要离身材矮小，弱不胜衣，容貌猥琐，大失所望。伍子胥却极力向其推荐。要离见阖闾犹豫，也毛遂自荐，说自己务要刺杀庆忌方回。阖闾这才释怀。

要离深知庆忌力大无比，又防卫森严，只能设法靠近行刺。为取得庆忌信任，就与伍子胥、阖闾商议，上演了一场苦肉计。阖闾以要离违反王令为由，令人砍去要离右臂，系之狱中，并收治其妻子。伍子胥暗中将要离放出，吴王大怒，说要离私自逃出，要拿其妻子是问，将其妻子、儿女全部斩首示众。要离逃到庆忌所在的卫国，哭诉自己为阖闾所害，并以自己的右臂给他看，取得庆忌信任。不久，要离劝说庆忌修兵伐吴。庆忌信以为真，果真训练士兵，修建战船，三个月后起兵伐吴。此时，庆忌对要离已是须臾不离，两人同乘一条战船，行到河中，要离趁庆忌不备，以长矛刺入庆忌心窝。庆忌身躯庞大，一时不死，抓起要离双脚，头朝下置入水中，反复三次。左右兵士急忙上前，准备诛杀要离，庆忌阻止道："勿杀要离，此乃勇士。"言毕身死。要离对兵士说："吾杀妻子以忠于国君，非仁；为新君而杀故君之子，非义；为君王自己却家破人亡，非智。"乃自刎。

这一年即阖闾元年（前514年），楚国的大夫伯嚭自楚国逃到吴国，拜见了伍子胥，请求伍子胥向吴王推荐自己。原来，楚平王病死后，太子轸继位，是为楚昭王，封囊瓦为令尹，伯嚭父亲郤宛为左尹，费无忌以恩重同执国政。费无忌嫉妒郤宛功劳超过自己，设计陷害，迫使郤宛自尽。而此前，郤宛的父亲、也就是伯嚭的祖父伯州犁也为楚王所杀。伯嚭家破人亡，孤苦伶仃，四处逃难，得知伍子胥在吴国为官，就逃到吴国求助。

伍子胥见其可怜，将他推荐给阖闾。阖闾征求伍子胥对此人的看法，伍子胥答道："吾与伯嚭同疾相怜，同忧相救，仇恨相同，志愿也必相同，能助吴称霸。"阖闾大喜，遂封伯嚭为大夫。

吴国大臣被离私下里却对伍子胥说："吾观伯嚭为人，鹰视虎步，不可亲近，若重用之，必为所累。"伍子胥不以为然。自此，伍子胥与伯嚭共同为吴国出谋划策，加上阖闾的励精图治，吴国国力日益强盛，仓库充盈，兵力威武，逐渐有了向外扩张的资本。

三

吴、楚两国世代为仇，因楚国强盛，双方交战多以吴国败终。吴王阖闾三年，即周敬王八年（前512年），阖闾见本国国力日盛，渐起伐楚之心，便与伍子胥商议。伍子胥见阖闾喟叹沉吟，知其心惧楚兵强壮，又向阖闾推荐了一位将才——孙武。

孙武（前535~?），字长卿，后人尊称其为孙子、孙武子，出生于齐国乐安（今山东惠民）。他精通韬略兵法，著有《孙子兵法》。后来到吴国，结识了伍子胥。此时他正隐居于罗浮山。阖闾忙派人召来，与之谈论兵法，孙武一一解答，讲得出神入化，阖闾听得目瞪口呆，击节赞赏。但他对孙子兵法的实际应用却有些怀疑。孙武见此，让阖闾召来180名妃嫔宫女，分成两队，进行操练。刚开始，宫女先是忸忸怩怩，继而嬉笑言谈，毫无军纪。孙武击鼓三遍，依然如此，怒而斩杀两名队长，宫女吓得脸色苍白，浑身筛糠，登时进退听令，变得整齐划一。阖闾虽心疼两位妃嫔，但见孙子果真用兵如神，欣然封其为上将，由其将兵伐楚。

孙武画像

当年吴王僚的公子盖余、烛庸

得知吴王僚被杀，逃奔楚国，被封到舒州 (今安徽舒城)。这年，伍子胥奏报阖闾，说必先除内患，方可外征。阖闾同意，遂令孙武将兵攻破舒城，杀死盖余、烛庸。阖闾有意继续进兵攻入楚国国都，孙武以吴国尚不富足，难以支撑大战劝阻，阖闾遂班师回国。

楚昭王见楚国遭此败绩，又知伍子胥、伯嚭所以在吴国效力，皆是因为费无忌所激，因而诛杀了费无忌。

阖闾四年 (前 511 年)，吴国的一柄湛卢剑不知怎么到了楚昭王手里。而民间传说该宝剑很有灵性，会自动离开无道君王而跑到有道君王那里，现在它离开了暴虐的君主阖闾，归顺了贤君楚昭王。阖闾闻说大怒，发誓要夺回宝剑，当即派伍子胥、孙武、伯嚭率兵进攻楚国，同时派人从越国借兵。越王允常平素与楚国交好，不肯帮助阖闾，拒不借兵给吴国。

伍子胥得知楚国任用大将子期，心生一计，决定用反间计击败楚军。子期是楚国著名的大将，颇有军事才能。囊瓦，字子常，是楚国令尹子囊的孙子，不仅毫无军略，而且贪婪成性，《左传》说他"贿而信谗"。伍子胥让人放出话说，吴国只怕囊瓦，不怕子期。楚昭王果真用囊瓦换下了子期。吴军趁机进攻，囊瓦不战即溃，吴军顷刻攻占六、潜两座城邑。楚兵大败。阖闾要乘胜追击，伍子胥力劝不可，说此时吴国攻伐强大的楚国还力不从心，时机未到。孙武也以吴军后兵未到劝阻，阖闾方答应撤军。

次年 (前 510 年)，吴王阖闾以越国拒绝从吴伐楚，南征越国。越国弱小，吴国没费多大气力就打败了越国。

阖闾九年 (前 506 年)，吴楚双方又在豫章 (今属江西省) 进行了一次大规模的战争。豫章位于大别山以东的江淮之间，是吴国进入楚国的必经之道，地理位置极为重要。伍子胥、孙武在战前做了大量的准备工作，说服了许多依附楚国的小国，最后在豫章与囊瓦带领的楚兵决战，大败楚军，并再次攻占了楚国的战略要地居巢，打开了通往楚国的西大门。此战之后，吴、楚两国都进入了一个较长时间的休战期，双方都等待时机，准备做最后一搏，一举击溃对方。

正在吴国大力发展生产、训练兵士、巩固边防、积极备战时，一贯狂妄自大的楚国却依然做着天朝上国的美梦，恃强凌弱，醉生梦死。唐、蔡两国都是依附于楚国的小国。唐国位于吴、楚之间，仅有几座城池，蔡国虽曾名列春秋十二诸侯之一，此时却已严重衰落。当时，唐国国君为唐成侯，他有两匹名为"肃爽"的千里马；蔡国国君为蔡昭侯，他有两个精美的佩玉和两件罕见的裘衣。两人为了表现本国对楚王的忠心，各自献上一件自己最心爱的宝贝。楚国令尹囊瓦生性贪婪阴毒，垂涎三尺，也向两个国君索要。两个国君死活不给，囊瓦恼羞成怒，将他们扣留在楚国三年。唐成侯的臣子为赎救国君，偷偷地将宝马献给囊瓦，唐成侯才被放回。蔡国见此，也只好效尤，将宝物献出，救出国君。蔡昭侯受此大辱，发誓要报此血仇。他先向当时的中原霸主晋定公求助，愿意以自己的儿子作为人质，请求晋国出兵伐楚。一贯自大的晋定公见有人来求，很是受用，号令各诸侯国都要出兵伐楚。未想，晋国大蒋荀寅也是一个囊瓦式的贪婪之徒，在大军即将出发时，以出兵是以救蔡为由，借机向蔡昭侯索要宝物。蔡昭侯愤恨不已，决定放弃晋国，转向楚国的宿仇吴国求助。

此时，吴国经过近十年的休养生息，国力殷实，具有了攻打楚国的能力。但楚国毕竟是传统强国，疆域辽阔，曾称霸中原，国力雄厚，吴国想打败楚国也非易事。伍子胥见阖闾伐楚决心日坚，仔细分析了吴、楚两国情势，提出联合唐、蔡共同伐楚。这样，吴国不费吹灰之力就取代了晋国，承担了保卫弱国、惩恶扬善的重任，赢得了各诸侯国道义上的支持。

是年冬，阖闾以孙武为大将，伍子胥、伯嚭为副将，弟弟夫概为先锋，联合唐、蔡两国，倾举国之兵，约六万人，号称十万，浩浩荡荡，出师伐楚。

即便如此，吴国军队在数量上还是远不如楚国的20万大军。有利的一面是，吴军在孙武的训练下，纪律严明、军容严整，又久经沙场，战斗力强。吴兵善于水战，水军装备精良。伍子胥与孙武详尽分析了双方形势，决定速战速决，避开硬仗，不强攻城池而选择楚军力量较为薄弱的柏举（今湖北汉川北，一说湖北麻城）作战。

吴、唐、蔡三国军队战船林立，浩浩荡荡，沿淮水往西进发。

孙武见逆水行军，速度迟缓，决定放弃水路，改走陆路。吴军就此日夜兼程，一路接连攻破楚国三个关隘，直接进逼到汉水东岸，逼近郢都。楚军此时方得到情报，急忙派令尹囊瓦统帅大军在汉水西岸部署，与吴军隔水相望。

吴军深入楚国腹地，利在速战速决，不能与楚军相持过久，否则不但粮草不济，更有被楚军从背后偷袭的危险，而且吴军放弃自己长于水战的优势而改成陆战，也犯了兵家大忌。楚军则恰好相反，很想和吴军打持久战，使吴兵精疲力竭，进而一举击溃甚至逼迫吴国不战自溃。这个策略，一开始也得到了楚国不少将领的支持，即将付诸实施。可惜的是，楚军统帅囊瓦毫无主见，又听信了大夫史皇的劝说，指挥楚军渡水与吴军展开决战，打算速战速决。吴军势头正猛，等楚军渡过汉水，佯败后撤，囊瓦步步紧逼，终于被吸引到了吴兵预设的决战地——柏举。

是年十月，两军在柏举摆开阵势。楚军背河而阵，进退两难，军心已动。囊瓦又缺乏临阵决断的才识。十一月初九日晨，夫概向阖闾请求先由他带5000兵冲击。阖闾此时却有些犹豫，不相信小小的吴国能击败庞大的楚国，就没有同意夫概的请求。夫概自己率五千兵士向囊瓦大营发起攻势，貌似强大的楚军一触即溃，士兵四散奔逃。孙武等人见此，指挥吴军主力发起进攻，大败楚军。史皇等人战死疆场，囊瓦逃到郑国。

柏举之战使楚军主力丧失殆尽，吴军乘胜追击，势如破竹，步步紧逼，五战五胜，很快挺进到楚国郢都城下。楚兵节节败退，楚昭王惊慌失措，与妹妹和几个大臣逃出郢都，到临近的随国避难去了。十一月二十八日，吴军攻陷郢都。

阖闾进入郢都后，径直来到昭王寝宫，令兵士大肆烧杀抢掠，以报吴楚世代深仇。伍子胥本来对楚国君臣恨之入骨，十多年的怨仇无处发泄，此时攻入郢都，更是情绪激昂。尽管杀害自己父兄的楚平王已死，伍子胥仍不能释然。他为发泄心中的怨恨，让士兵押着楚国大臣找到楚平王的墓穴，派兵士挖开，搬出楚平王已经腐烂的尸骨，左脚踏住尸体的腹部，右手挖出平王的眼睛，而后用九节铜鞭抽打尸体，边打边骂："汝为奸佞谗言迷惑，忠奸不辨，杀我父兄，岂不悔哉？"整整抽打了三百鞭方才住手，平王尸体被打得骨断肉烂，最后，伍子胥将尸体头颅砍下，砸烂棺木，把骨骸抛到野外。

即便这样，伍子胥的仇恨依然没有消尽。为侮辱楚国臣民，他又说服阖闾下令，吴军官兵可以按照级别占有楚国君臣的妻妾。阖闾霸占了楚昭王的夫人、妃嫔，伍子胥、孙武、伯嚭也分别按照自己的职位占有了囊瓦、司马成等楚国官员的妻子。在伍子胥复仇情绪的影响下，吴军士兵纷纷窜入郢都百姓家中，烧杀奸淫，无恶不作。繁华郢都一片腥风血雨。百姓对吴人痛恨切齿。

楚国大臣申包胥逃亡到山野中，得知伍子胥在郢都大肆报复仇杀，祖国饱受凌辱，悲愤难抑。他派人送信给伍子胥说：当年你是楚王的大臣，现在竟然对楚王枭首戮尸，你这仇报得也太过分了。他还劝伍子胥尽快带领吴军撤出楚国，不然我将践行当年承诺，将你们赶出楚国。伍子胥看了书信，回信说："忠孝两难全，但日暮途远，吾故倒行而逆施于道也。"意思是，自己已经年老，报仇的日子不多了，我仇深似海，不能再等，只能不惜倒行逆施了。这就是成语"倒行逆施"的来历。

申包胥见伍子胥如此决绝，知道难以劝服，如不采取行动，伍子胥会把楚国踏成齑粉。他决定向他国借兵救国。他考虑到楚、秦两国素来交好，还曾结为姻亲，况且楚昭王就是秦女孟嬴所生，便决定向秦国求助。他一路向西北而行，翻山越岭，手足溃烂，经历数月，最终到达秦国，拜见秦哀公，请求他出兵救楚。秦哀公与大臣商议，认为多一事不如少一事，表现得很漠然，假仁假义地安慰申包胥一番，让他先去馆舍休息。申包胥不肯离去，说救兵如救火，岂容耽搁。秦哀公又推脱说，秦国兵微将寡，地处边陲，自保不暇，难以发兵相救。申包胥见此，心知秦国不愿相救，就站在大庭当中，昼夜号哭，一刻也不停息，一连哭了七天七夜，不吃不喝。秦哀公听闻大惊，对群臣说："楚国有如此忠臣，还被吴国所灭，秦国没有这样的忠臣，必然难逃厄运。"遂赋《无衣》诗："岂曰无衣，与子同袍，王于兴师，与子同仇。"表达出秦、楚两国同仇敌忾的决心。申包胥见此，又晓以利害，说吴灭楚国，必然伐秦，唇亡齿寒。秦哀公最后答应发兵助楚攻吴。

就在秦兵集结之时，在郢都寻欢作乐的吴军突然得到消息，越国国君允常为报吴国破槜里（今浙江嘉兴南）之仇，趁吴军主力部队攻伐楚国，派军队进攻吴国。不过幸好此次偷袭的规模不大，一是越国自身国力虚弱，兵力不足，二是担心吴国返回驰援，只是抢占了吴国南边的一些土地，劫掠了一些财物和人口。但消息传到远在郢都的阖闾那里，还是很让他紧张了一阵子。是为阖闾十年（前505年）。

正在阖闾与伍子胥商议是否退兵时，这年六月，申包胥与秦国派遣的四万大军浩浩荡荡来救楚国。吴国先锋夫概大意轻敌，一战败北。吴军忙派大军前往支援。秦、吴两军僵持，谁也不敢先发制人。秦军改变策略，分出一半兵力消灭了唐国，打算切断吴军退路。

谁料祸不单行，此时又从吴国传来国内发生动乱的消息。吴王的弟弟夫概被秦军击败后，潜逃回吴国，乘国内无人，自立为王，欲顶替兄长之位。阖闾大怒，率部分兵力连夜返回国内，消除叛乱。夫概逃亡到了楚国。

伍子胥、孙武、伯嚭等人还在楚国与秦军对峙。双方互有胜负，吴军被阖闾带走一部分人马，势力减弱，又遭到郢都官兵百姓的一致反抗，陷入了四处挨打的局面。不久，秦军又用火攻大败吴军。孙武见局面难以支撑，权衡利弊，有意撤军，与伍子胥商量。伍子胥心满意足地说："自霸王以来，尚未有臣子能报仇像我这样痛快淋漓者，撤军也是应当的。"十一月，孙吴军放弃郢都，撤出楚国。

楚昭王得知吴军退出，又重新返回楚国。当年他趁乱带着几个亲从逃出郢都，历尽艰辛，先是遭到强盗抢劫，后又逃到郧国，再逃到随国，受尽屈辱，好几次差点丢了性命，现在才又重做国君。

伍子胥、孙武率兵撤回，

苏州阖门水陆城门

因击败夙仇强楚，举国振奋，列队欢迎。军队从姑苏阊门（今苏州古城西门）入城。阖闾特意将此门改称破楚门，以记此次破楚之功。阖闾论功行赏，以孙武功勋最著，封其为上将军。孙武辞而不受，请求还乡。吴王极力挽留，又派伍子胥前去说服。孙武对伍子胥说："功成不退，将有后患。"伍子胥不以为然，孙武自己飘然离去。最后，吴王拜伍子胥为相国，伯嚭为太宰，两人共同参与国政，同起并坐，成为阖闾的左膀右臂。

阖闾伐楚归来，志得意满，认为吴国能击败强楚，很是高兴了一阵子。忽一日，他想起自己的继位者还未确定，万一自己不豫，当有人继续吴国的霸主事业。他打算从几个公子中选择一个继承王位，但具体选择哪一个还在犹豫。他的儿子夫差已经26岁，听说此事，知道伍子胥很受阖闾宠信，就去央求伍子胥帮其进言。伍子胥也期望有一位贤能之君接位，平素对夫差印象还不错，就趁阖闾向他询问谁堪承继大位时，极力推荐夫差。阖闾却认为夫差勇猛有余，仁厚不足，犹豫不决。伍子胥又极力说服，说夫差"信以爱人"，堪承大任。阖闾乃确立夫差为继任者。

四

越国的远祖是大禹的子孙。大禹的六世孙中有个少康，其子无余最先被封于会稽的越地。其后代就在当地繁衍生息，逐渐征服了四周的原住居民，成为一个小国。但当时因为地处偏僻，越国和吴国一样都被中原诸国视为"断发文身"的蛮夷之地，根本不值一提。越国比吴国还要落后，甚至在很长一段时间里，作为吴国的附庸国存在。吴、楚反目后，楚国为孤立吴国，拉拢扶持越国牵制吴国，越国的国力开始得到增强。到越王允常即位时，越国更是国力大增，在楚国的支持怂恿下，越国数次侵犯吴国，尽管没有给吴国造成多大伤害，但两国之间的怨恨却与日俱增。尤其是这次吴国攻伐楚国期间，越国在关键时候突然侵袭，更让吴国恨之切齿。到了阖闾十九年（前496年），越王允常病死，其子勾践继位。

吴王阖闾此时已经年迈，见机会难得，决定乘越国国丧期间伐越复仇。伍子胥极力劝阻，阖闾根本不听，留下伍子胥辅助夫差监国，亲自与伯嚭等带三万精兵南征。越王勾践见来者不善，亲率部队抵御，两军在槜里下寨对垒。

与吴国相比，越国明显处于劣势，勾践几次冲击，均遭败绩。勾践与大臣文种、范蠡商议，决定别辟蹊径。他选出三百名死囚，晓以大义，让他们分成三列，光着上身，把剑架到脖子上，列队走到吴军阵前，齐声说："越国得罪上国，臣等愿以死代王谢罪！"言毕，第一列拔剑自刎仆地，第二列又走上前重复一遍，而后拔剑自刎，第三列又跟着走上前。吴军倍感惊奇，争着拥到前面观看，队伍出现骚乱。越军趁机冲杀，吴军慌作一团，无心抵抗，一片大乱。阖闾在乱兵中也被射中右足脚趾，幸而被人救出。吴军大败而归。

阖闾撤兵返回国内，因伤重奄奄一息，临终前叫来儿子夫差，嘱咐："勿忘越！"让他铭记伐越复仇。夫差肃然回答："不敢忘！"

阖闾死后，夫差继位，他励精图治，重用先王遗臣，任伍子胥为相国，伯嚭为太宰，还让人提醒他牢记父王遗诏，时刻想着要报越国杀父之仇，操练兵马，打造兵器，准备伐越。

越王勾践自上次大败吴国，信心大增，又见吴国新君夫差新立，不谙朝政，认为时机难得，不听范蠡规谏，决定兴兵伐吴。夫差得知越兵来伐，也不示弱，以伍子胥为大将，伯嚭为副将，尽发国内兵士迎战。两军在夫椒（今江苏吴江市西南）展开激战，越军大败，吴军乘胜追击，一只追到越国腹地。勾践剩余的五千兵马被围困在会稽山头（今浙江绍兴），打算与吴军决一死战。与范蠡商议，范蠡极力反对，说若拼死抵抗，越国必亡，不如暂且投降，求得生路，再积蓄力量，重兴越国。勾践沉思良久，决定投降以求缓冲。

于是，勾践派大夫文种为使，袒身来到夫差跟前，跪地请求吴国接受越国投降，并说越王勾践甘愿做大王的奴仆，妻子甘愿做大王的侍妾，越国的财物子女吴国可尽而有之。夫差见文种态度谦卑，有意答应纳降。伍子胥上前阻止，说吴越世代为仇，先王就是为其所害，今有灭越良机，倘受其降，是违反天意，必为所累，后悔莫及。夫差闻此，沉吟良久，不置可否地将文种打发回去了。

勾践见文种空手而归，以为求降失败，束手无策，准备拼死抵御。范蠡进谏说，吴国反对议和的是伍子胥，而太宰伯嚭贪财好色，嫉贤妒能，与伍子胥不和。夫差喜欢伯嚭，而冷落疏远伍子胥，只要结纳伯嚭，事即可定。勾践遂又派文种给伯嚭送去许多宝物和美女，并晓之以理，说如果吴国接受越国投降，越国的女子、宝物尽为吴国所有，如果吴国拒不纳降，越国君臣将背水一战，杀掉所有子民，砸烂宝器，吴国即便获胜，也无所得。两者相较，孰优孰劣？伯嚭答应向夫差劝谏。

次日，伯嚭对夫差进行了一次长时间的规劝，请他接受越国投降。伍子胥依然力谏不可，说吴越势不两立，先王大仇，不灭越何以遵守先王遗嘱？伯嚭针锋相对，说要谈吴国之仇，楚国远甚越国，何不灭楚？并称伍子胥是为求声名而置国君于不顾。夫差见两人相持不下，最后沉思良久，同意接受越国投降，但要让勾践及妻子到吴国作奴仆。伍子胥见事不可挽回，悲叹道："越十年生聚，十年教训，二十年后，吴国将变成泽国了。"

按照双方约定，勾践回国安排好国内事宜来吴国服刑。君臣经过商量，因文种擅长发展生产、管理百姓，范蠡长于临机应变，交接外事，决定由范蠡陪同勾践到越国为奴。其他大臣也都根据各自特长作了安排。临行这天，勾践与送行大臣慷慨悲歌，立下誓言，共担国耻，戮力同心，重振越国。

公元前492年五月，勾践与妻子、范蠡来到吴国。夫差把他们安排到一个石室内居住，让勾践铡草喂马，其妻拾柴做饭，范蠡打扫庭除。夫差凡有出行，必让勾践为其在前牵马引路，引得吴人尽来观看。勾践夫妇和范蠡蓬头垢面，衣衫褴褛，恭顺服帖，毫无怨言。三人在石室内居住劳动了三个月，夫差派人暗中监视他们，见他们依然如初来之时，不仅没有怨恨，也没有悲苦之形，而是安心劳作。夫差认为他们已经没有复仇大志，甚是得意，原来的狐疑之心也逐渐放宽。伯嚭又不时在侧说越王胸无大志，安心作奴，夫差更放松了对勾践的警惕。

伍子胥却不为勾践的表面顺服所迷惑，时时提醒夫差，让其除掉勾践以绝后患。夫差此时志得意满，发起仁心，以"杀诛降服之人，必见咎于天"为由推辞。伍子胥则说，成就霸业的人杀掉敌国的君主不会遭受天谴，而是为子孙免去祸患。伯嚭则举例说，当年宋襄公与楚国作战，认为涉水作战对楚军不公平，特意让楚军渡过泓水方才开战，受到后人尊重，大王能赦免勾践也必能留名后世。

此后的三年里，勾践不时派人给伯嚭送礼，请伯嚭劝说夫差释放勾践。一天，夫差见到勾践、范蠡虽受制于人，处于危难之中，依然保持着君臣的礼节，很受触动。伯嚭乘机进谏，说勾践可怜可叹，劝夫差赦免越王归国。夫差有所动心。伍子胥得知，大吃一惊，急忙入内进谏，说："昔夏桀囚禁了叛臣商汤而未诛，商纣王囚禁了叛臣周文王而未杀，结果夏桀被商汤流放，商纣被文王杀死。倘今囚禁越王而不诛，必然重蹈夏、商覆辙。"伯嚭反驳说："纣、桀都是有名的暴君，怎能将之与大王相提并论，同日而语？"夫差又有些犹豫，将赦免勾践之事搁置下来。

勾践得知事情又陷入僵局，心急如焚，与范蠡商议如何行动。范蠡又派人给伯嚭送去大量礼物，打探消息。伯嚭无意中透露出夫差生病在床，已逾三月。范蠡估计夫差病情即将好转，遂向勾践献计，让他去探视夫差，以获得好感。伯嚭将勾践带到夫差卧榻旁边，正好夫差大便刚完，勾践就请求夫差让他品尝其粪便，以探查病情。夫差很是诧异，勾践不由分说，仔细查看了粪便颜色，又拿了一些放在口里品尝，说大王病即将痊愈。夫差问其如何得知？勾践回答说："臣曾学于医师，夫粪者，谷味也。顺时气生，逆时气死。大王之粪味苦且酸，正是顺时之气。所以知之。"夫差大为感动，连称"仁哉勾践，仁哉勾践"。

不久，夫差果真病愈，大为高兴，感叹勾践对自己的忠心，在文台设宴款待勾践君臣，吴国群臣也全被邀请赴宴。此次宴席上，夫差让勾践换去囚服，穿上整齐的衣冠，安排他坐在贵宾所坐的位置，其他大臣都围坐两边，以显示对勾践的尊重。伍子胥见夫差如此尊戴囚徒勾践，忿恚不已，坚决不入座席，拂袖而去。

伯嚭乘机说："今日入席者全为仁义之君，不仁者逃。相国（即伍子胥）系刚勇之人，大概是自觉惭愧，无脸入席吧。"夫差点头称是。席间，勾践、范蠡频频举杯，祝贺夫差病愈。夫差大喜，尽醉而归。

伍子胥所以离席，是气愤不已，又考虑到不能在席间当面指责夫差。次日一早，他迫不及待地奔入宫内进谏，说昨日勾践的表现大王看得清清楚楚，臣听说有狼子野心者必用美辞掩饰，大王喜闻阿谀奉承之词，而丢弃了先王遗嘱，不思后代之患，就如纵毛炉炭之上，希望不焦，置卵千钧之下，希望保全，定然不能，还望大王能迷途知返。

夫差为勾践的表演迷惑，又为伯嚭的谗言蛊惑，见伍子胥又来絮叨，不耐烦地指责伍子胥说："寡人罹病三月，没有听到你的一言相慰，是你不慈；没有进献一口我喜好吃的东西，是你不仁；作为臣子，不仁不慈，怎能忠信？勾践兵败，还能亲自作奴侍奉寡人，是其义；寡人有疾，亲尝寡人溲溺，是其慈；尽取国中之宝呈献吴国，不思故土，是其忠信。若寡人听信于你，诛杀勾践，固然让你大感快意，寡人遭你愚弄。"

伍子胥见夫差如此忠奸不辨，急火攻心，力争道："大王何其反也。老虎俯身是为了捕获猎物，鱼因为贪饵才被钓上，雉因为迷惑彩绸才被网住。大王以勾践归吴为奴为义，以尝溲溺为慈，以献宝物为仁，也是鱼、雉之类。今勾践入臣于吴，是其阴谋太深，故意作出服贴的样子，欺惑大王，尝大王溲溺是俘获大王仁心。勾践故意将吴国夸得强大富足，是让大王解除戒心，骄傲自大，放松警惕。臣不敢独自逃命辜负前王的宠信，一旦社稷成为废墟，宗庙陵夷，后悔晚矣。"夫差无动于衷，冷冷地对伍子胥说："相国勿复再言，寡人意已决。"伍子胥知不可挽，号啕大哭而退。

过了几日，夫差设宴赦免勾践，并亲自送到城门外。吴国大臣都来送行，只有伍子胥未到。是为夫差五年（前491年）。

勾践回到越国，励精图治，卧薪尝胆，与妻子"食不加肉，衣不重采"，鼓励百姓从事农桑，奖励生育，轻徭薄赋，同时重用文种、范蠡等贤臣。经过努力，越国原来衰落的经济开始得到发展，国力日益恢复，百姓生活得到改善。勾践还接受范蠡的建议，不时向吴国进贡宝物，以麻痹吴国对越国的警觉之心。

夫差此时已不再如初即位时勤政，而沉湎酒色，纵情享乐。他想建造姑苏台，需要很多又粗又长的名贵木种。勾践得知，号令在全国范围内寻找，终于得到一些良木，送给夫差。夫差大喜，褒奖勾践。伍子胥又入宫进谏，说当初桀因建灵台，纣因建鹿台，穷竭民力，卒致亡国。勾践献木，实欲害吴。夫差此时已经对伍子胥的聒噪反感厌恶，只是因其是先王老臣不能发作，对于他的劝谏根本不听，依旧耗费巨大民力物力，造起了姑苏台，弄得民怨沸腾。

越王勾践又遍索全国有姿色的女子，准备献给吴王。夫差七年（前489年），经历半年多的时间终于选得两位绝色佳人：一个是西施，另一个是郑旦。勾践把她们带入皇宫，教习歌舞，学成后献给夫差。夫差见西施、郑旦姿色超人，又善歌舞，果真天生尤物，自然大喜过望，一一笑纳。伍子胥见勾践心术不正，犯颜强谏说：“臣闻夏亡以妹喜，殷亡于妲己，周亡于褒姒，美女乃亡国之物，此越王害吴毒计，万勿可受。”夫差根本不听，说勾践得此尤物自己不用，而进献寡人，正见其忠。伯嚭趁机添油加醋诋毁伍子胥，说相国动辄将大王比于亡国之君，是何居心？不过一二妇人，何至于夸张其辞？伍子胥恨恨离去。此后，夫差左拥右抱，日夜莺歌燕舞于姑苏台上，不问政事。

五

夫差六年（前490年），北方中原大国齐国的国君齐景公病死，幼弱的宴孺子继位。齐国贵族为争权夺利，斗争激烈，国内局势动荡。次年（前489年），楚国国君楚昭王病死，世子章嗣位。其时，齐、楚、晋等国昔日霸气已消，衰落不振，只有吴国势力最大，中原诸侯也畏之三分。

夫差逐渐骄奢自大起来，称霸中原的雄心被激发起来，厉兵秣马准备兴师北上，讨伐齐国。伍子胥闻知，不顾夫差对自己的厌恶，恳切进谏："当初吴败越而不受，是天予不受，如今越国励精图治，革除弊政，国力日盛，为日后伐吴备战。吴国却不以越为敌，而以遥远的齐国为敌，何其悖也。齐国远隔千里，且有楚、鲁相隔，即便获胜也不能居住。齐之于吴，可有可无，而越之于吴，乃心腹之患。如果伐齐，越国必从背后袭击，悔之莫及。"

夫差鬼迷心窍，根本不听，发动百姓修建了一条人工大运河——邗沟，连通长江、淮水，以解决北征的粮食和兵士运输问题。这条大运河修了将近四年的时间，动用数十万百姓，终于在夫差十年（前486年）完成。这条运河接通了沂水、济水，吴国军队可以直接、迅速地用战船将兵士运往北方。

在越国，勾践君臣依然保持着对吴国一贯的恭顺姿态。勾践听从范蠡、文种的建议，致书夫差，极力鼓动吴国伐齐，想借此耗费吴国国力。伍子胥明知越国奸计，劝谏夫差又不听，只有连连哀叹。

夫差见运河挖好，派兵北上伐齐。齐人闻讯，举国震惊。当时齐国内战激烈，相国陈乞为稳定民心，向吴国求降。吴军不发

现在的邗沟

一箭而大获全胜，夫差下令班师回国，更是洋洋自得。不久，齐国又生内乱，齐简公进攻鲁国，鲁国求救于吴国。夫差再次出兵伐齐，并在艾陵（今山东莱芜县东）大败齐军。

夫差趾高气扬地召来伍子胥，向其夸耀自己的功绩，说："相国辅佐先王开辟吴国基业，攻入楚都，功劳非凡。如今你的见解已经陈旧不堪，你还不思进取，只能保守故业。你说我讨伐齐国将使吴国陷入绝境，背后受越国袭扰，今天我们轻而易举地败齐而归，这是上天赐福吴国，现在我把战况向您通报一下。"话语中充满讽刺揶揄。伍子胥见夫差自以为是，已经越滑越深，几乎不可救药。作为奠基吴国霸业的老臣，不能眼睁睁地看着刚刚强盛起来的国家就此败落。怀着对先王的敬重之心，伍子胥又不厌其烦地向夫差进谏，他说："作为老臣，我戎马倥偬，善于决断，中原诸侯国对我均尊敬有加，你却抛弃老臣，信任奸臣，此为亡国之阶。如果你此次伐齐失利，尚可觉悟，获胜则更加忘形，必定亡国。"

夫差当时正为击败中原大国兴奋不已，对伍子胥的话嗤之以鼻，对他倚老卖老的作为更是反感。他自己从一出生就被罩在先王阖闾的巨大功勋里，阖闾打败了楚国，自己打败了齐国，终于可以与先王相提并论，而伍子胥的劝谏却总是令他扫兴。他始终想不明白，为什么伍子胥会对弹丸之地的越国如此切齿痛恨。

伍子胥对于越国这个毗邻的小国始终保持着十足的警惕，他以自己的直觉和经历预感到勾践这个表面上温顺的家伙骨子里热血沸腾。越国不除，吴国就不可能安枕。这样，夫差和伍子胥的隔阂日益扩大，夫差对伍子胥的不满日渐加重。

越王勾践在夫差得胜而归后，及时献上贺礼祝贺。在夫差挖筑邗沟和伐齐的几年里，随着越国国力的逐渐恢复增强，勾践越来越躁动不安，屡次与大臣商量要出兵伐吴，报仇雪耻。但每次都被范蠡、文种以各种理由劝阻下去。大臣文种向勾践提出了九条复兴越国的建议：一是敬重上天，二是不惜重礼行贿，三是高价收购吴国粮草，四是以女色丧其意志，五是送其巧匠奇材，让其大兴土木，六是培养阿谀谄媚奸臣，七是离间其忠臣，让其自相残杀，八是治理本国，使国富民强，九是训练士兵，锻造兵器。

勾践对这九条建议很是佩服，笃信不疑，迅速付诸实施，果然屡试不爽。此外，越国还鼓动吴国伐齐，甚至愿意出钱出力助战，既能表现出对吴国的服帖支持，又让吴国穷兵黩武，消耗财力，而且让吴国看不出破绽。此时，夫差得胜而归，越王及时拜贺，更让夫差悠悠然飘飘然。

夫差十一年（前485年），勾践见夫差不问政事，与文种又商议出一个削弱吴国国力的计策。因当年越国粮食欠收，勾践派文种求见伯嚭，请求吴国借粮给越国，并允诺明年必按时归还。夫差听信伯嚭之言，打算贷粮。伍子胥得知，急忙赶到宫内，请夫差切勿贷粮给越国，说越国并非真的欠粮，实是欲使盗空我国粮库。夫差则说，越国既已称臣，必不会怀诈。伯嚭旁敲侧击，说让越国按时还粮即可。夫差遂贷粮万石给越国。次年，越国粮食丰收，勾践命人选大粒的粮食蒸煮后还给吴国。夫差见越国按时还粮，所还粮食个个粒大饱满，认为勾践守信，很是高兴，让百姓以粮食作为种子播种，结果自然颗粒无收，吴国百姓饱受饥荒之苦。而夫差却还认为这是吴国百姓播种不当所致，丝毫没有怀疑是越国捣鬼。

此时，越国毛羽渐丰，开始招兵买马，四处征选善长兵法、兵器者，教习兵士，同时大造兵器战船。勾践被赦归国时，曾向吴国允诺，世代为臣，永不拥兵，现在开始食言。伍子胥大惊失色，跑到夫差那里痛哭失声，劝夫差速速伐越。伯嚭又为越国辩护，称"守国，非兵莫守，无可怀疑"。但夫差也知道万一越国兵强马壮，势必威胁吴国，不能再无所动心，也有意兴兵伐越。

勾践见吴国即将动兵来伐，又故伎重演，仍派文种去求和，同时用大量财宝贿赂伯嚭及其他大臣。在伯嚭等人的劝说下，夫差再一次接受了越国求和。伍子胥捶胸顿足，声泪俱下地哭谏夫差："吴越两国，非吴并越，即越吞吴。两国地理相近，可以互相居住，而齐国的土地对于吴国，就像是石头地，毫无作用。现在大王舍近求远，真是愚昧之至!"口气强硬，措辞激烈。夫差恼羞成怒，更厌恶伍子胥，逐渐萌生了杀意。

伯嚭知道夫差有意杀伍子胥，喜出望外，寻找时机准备置伍子胥于死地。夫差十二年（前484年）春，夫差准备再伐齐国。

越王勾践见此时吴国百姓饥馁，国力空虚，夫差君臣不仅不自知，还依然穷兵黩武，与范蠡商议后，决定派三千兵士助吴伐齐。夫差见此，更增伐齐信心。伍子胥又来劝谏，说："越国是吴心腹之患，而齐则是疥癣小恙，大王兴师十万，征伐千里之外的疥癣而不顾心腹之患，臣恐齐未胜而越祸已至。"夫差大怒，斥之曰："老贼竟出不祥之言，扰乱军心。"更增诛伍子胥之意。伯嚭奏曰："伍子胥乃前朝老臣，罪不至死，不如派其出使齐国，一为伐齐下战书，二可观其动向，是否与齐勾结。"夫差同意，遂派伍子胥出使齐国。

伍子胥见夫差不可理喻，自己在吴国的处境不妙，有可能像父兄在楚国一样被灭门诛族，与其全家俱死，不如把儿子送出吴国，为伍家留存一系血脉。他趁出使齐国的机会，将儿子伍封托付给自己的老友、齐国的贵族鲍氏，改姓为王孙。这就是后来齐国的王孙氏。

伍子胥归吴后，夫差已经整顿好兵马，自为中军，伯嚭为副帅，兴师十万伐齐。伍子胥知道劝谏无用，称病居家不出，拒绝从军。

夫差此次征伐齐国，再获大胜。齐简公谢罪求和，并送来宝物以为和好之礼。夫差大悦，返回国内，即日升殿，群臣纷纷前来祝贺。伍子胥也来到大殿，却不发一言。夫差责怪他说："相国劝谏寡人不可伐齐，今得胜而归，相国独无功劳，亦觉羞乎？"伍子胥漠然道："天欲亡国，必先让其遭逢小胜，而后降以大忧。臣恐吴国大忧将至。"夫差大怒，骂道："老耄糊涂，言之不祥。"再不理睬伍子胥。

数日后，越王勾践也来祝贺，给吴国带来不少贺礼。夫差大喜，当着群臣的面说要增加越国的领地。伍子胥涕泣劝道，大王听从佞臣谗言，不辨曲直，如今自掘坟墓，宗社倾颓的日子不远了。夫差见伍子胥当着越国君臣和吴国大臣的面指斥自己昏庸无道，勃然大怒，再也不顾伍子胥脸面，痛骂道："老臣多诈，为吴妖孽，竟欲专权擅威，独倾吾国，寡人以前王之故，不忍加诛。今退自计，勿沮吴谋。"伍子胥悲怆哀号，呼天抢地："臣以忠信，得为先王宠信，心忧吴国之亡，才不顾自身犯颜直谏。昔夏桀杀龙逢，商纣杀比干，今大王诛臣，也与纣、桀相并。臣请自辞，大王自便。"说毕，痛哭而去。

伯嚭见时机已到，待夫差退殿后，向夫差透漏出伍子胥使齐时，将其子托付给齐国大臣鲍氏，早蓄叛吴逃亡之意。夫差一听，怒不可遏，即着人将一柄属镂剑送给伍子胥。

伍子胥回到家中，老友劝其逃亡，伍子胥说："吾自楚奔吴，已为吴臣，得遇先王，备受恩宠，背亡岂人臣所为？"不听劝告。此时，见夫差使臣带属镂剑前来，当即明白，光着脚走到庭院当中，仰天长叹，悲愤道："昔先王不愿立汝，我以死争之，让你承继王位。如今竟忘我之功，反赐吾死。吾死，后世必以我为忠，并之与比干、龙逢。"又对家人和使者说："吾死之后，汝等抉出吾目，悬于东门，吾要亲睹越军入吴。在吾坟上种植梓木，等长成后作棺材。"遂拔剑自刎。

使者将伍子胥临终所嘱告诉夫差，夫差气愤难抑，命人将伍子胥头颅割下，放在盘头城楼上，又让人将其尸体装到一个叫鸱夷的皮革袋里扔到钱塘江中，恶狠狠地说："日月炙晒你骨，鱼鳖生食你肉，你的骨肉化为灰烬，还能看何物，还能知何事？"伍子胥的尸体被抛入江中后，江水顿时汹涌起来，激荡岸边。百姓感戴伍子胥行为，私下捞出尸体，埋到吴山之上，并在山上立祠祭奠，后人就把这座山称为胥山。伍子胥死的这天是农历八月十八日，每到这天钱塘江潮就尤为壮观。人们常常在这天观看钱塘江潮。观看钱塘江潮此后也成为人们祭奠伍子胥的一种方式。

夫差杀了伍子胥后，进伯嚭为相国，更加不问政事，耽于酒色，朝政日益腐坏。在伯嚭的鼓动怂恿下，夫差愈发自负，决定象齐桓公那样，召集诸侯会盟，成为公认的霸主。

公元前482年暮春，夫差带兵数万，约同晋、鲁等国在黄池（今河南封丘西南）会盟。而正在此时，越王勾践见时机成熟，趁机带兵伐吴。吴国太子友率领老弱残兵抵御。越国士兵同仇敌忾，势不可挡，吴太子友战死，吴军大败。

夫差在黄池盟会上得知越军攻吴消息，登时惊慌失措，但为取得霸主地位，生怕被人看出国内动荡，强作镇定，当机立断，封锁消息，整顿军马，迫使诸侯承认他为新任霸主。之后，他迅速撤兵回救吴国，但因师老兵疲，越军以逸待劳，两军一交战，吴军大败。夫差只好派伯嚭前去求和，勾践自思尚不能吞吴，也同意讲和，带兵退出吴国。

四年后，周敬王四十二年（前478年），勾践见夫差依然荒于酒色，不理朝政，又兼吴国连年灾荒，国力衰颓，再次伐吴。夫差率兵防御。两军在距吴国国都五十里外的笠泽（今江苏吴江一带）展开激战。越军声东击西，吴军又大败。夫差派王孙骆袒身膝行，至越请和，往返七次，均不得请。

公元前475年冬，勾践决定发动最后一击，彻底消灭吴国。越军一连数战都取得胜利，步步紧逼，围住姑苏城（今苏州），在城外建起城墙，又称越城。围困了将近三年，至公元前473年，城中粮尽，夫差冒险突围，逃到姑苏山上。勾践紧追不放，包围了姑苏山。夫差东躲西藏，再次派人请和，并表示宁愿作越王的奴仆，服侍越王。勾践念及昔日曾被夫差赦免，有意答应，范蠡、文种等大臣极力劝阻。夫差仰天叹息道："吾悔不用伍子胥之言，杀忠臣伍子胥，至此下场，无面目见子胥于地下。吾死，必用绫罗掩蒙吾面，以使活人难见我，我亦见不到死人！"说完拔剑自刎。勾践遂入姑苏城，捉住伯嚭杀之，不久又北渡江淮，与诸侯会于舒州（今安徽舒城），诸侯尊越王勾践为霸主。夫差的霸主地位如昙花一现，瞬即而逝。

吞并了吴国，越国的疆域大为拓展，已到达今山东境内，成为名副其实的大国之一。过了七八年，周元王七年（前469年），勾践病死。又过了几十年，到了公元前403年，晋国分裂成韩、赵、魏三国，是为历史上的"三家分晋"，这标志着春秋时期的正式结束，战国时代真正到来。越王勾践也就成为春秋时代的最后一位霸主。

对于伍子胥，民间给予他无尽的哀思。他的足迹遍及的地方都成为后人缅怀的遗迹，以及由此延伸出来的诸多民俗，还有之后的诗词、戏剧、小说等各类体裁的作品，都足以说明伍子胥的作为和行动为后人认可。他坚毅不屈、专心致志、百折不挠的复仇精神，他为吴国鞠躬尽瘁，犯颜直谏，忠心耿耿的牺牲精神，为国家而置个人安危于不顾，都令世人震撼。然而这毕竟是一个悲剧，一场冤狱。正直无私、自视与天地齐重的伍子胥毕竟被执拗、愚昧的夫差赐死。狡兔死、良弓藏的训诫，伍子胥并非不知。在其晚年，家仇得报，辅佐阖闾争霸，名位兼得，却为吴国的安危不愿苟且，宁肯与夫差冲突，甚至不惜性命。这才是忠臣。

司马迁在评论伍子胥时，说："向令伍子胥从奢俱死，何异蝼蚁？弃小义，雪大耻，名垂于后世，悲夫！"夸赞的是伍子胥的复仇精神。所以如此，是因为两人身世有很多雷同，忍辱负重的司马迁与之有戚戚之感。但把伍子胥归结到追求留名后世上却稍嫌不足，起码不够全面。司马迁只说了伍子胥的前半生和一个侧面。他的前半生不能容忍君王的残暴，为父兄之仇远去敌国，终报大仇，一手缔造了吴国的霸业。在传统的读书人眼里，伍子胥是过于扬厉，不遵圣人恕道，而其后半生则恪守忠义之念，虽死不悔，这大概也是传统忠义的观念太重了。对伍子胥来说，背楚不是对忠义的背叛，恰恰是楚平王的暴举已经彻底将忠义的砝码打翻，而要背吴则无疑是艰难得多的抉择。作为三朝老臣，要背弃先王恩义、国家重托那是太难了，明知前路渺茫却仍然坚守自己的信念，伍子胥的悲剧正是个人坚定的理想信念与无力扭转的外部环境之间强烈冲突的产物。他的死，完成了个人的信念，也使伍子胥这一名字升华为一个更加光辉灿烂的文化符号。

只是伍子胥站在中国历史的前列，似乎开了中国忠臣冤案的头，比之他以前仅只片言只语的关龙逢、比干等，伍子胥无疑是血肉丰满、有大量可靠信史记录的"这一个"。他不是冤死人物的第一个，当然也不会是最后一个。正如唐代罗隐所感喟的一般：

> 市箫声咽迹崎岖，雪耻酬恩此丈夫。
> 霸主两亡时亦异，不知魂魄更无归。

兔死狗烹　鸟尽弓藏

——韩信案

　　韩信的一生充满了传奇色彩，尤其是他出神入化的兵法，令人叹为观止，被后人称为"兵家之仙"、"兵家智圣"。韩信之所以名垂青史，还在于他"成也萧何、败也萧何"的悲惨结局。一位百战百胜、叱咤风云的沙场名将就此灰飞烟灭，而导致他身败名裂的原因竟然是至今为人怀疑的莫须有的谋反。

一

　　秦始皇在结束战国纷争、完成统一大业后，废除分封，设立郡县，从而为我国2000多年的封建制度奠定了基础，但他的残暴政策带给人们无尽苦难，严刑峻法让百姓苦不堪言，修筑长城、阿房宫和骊山陵墓给百姓以繁重的劳役。他死后，继位的秦二世胡亥更是暴虐成性，加重赋税徭役，导致怨声载道，天下百姓"欲为乱者，十室而五"。

　　秦二世元年（前209年）七月，陈胜、吴广首先发难，在大泽乡发动起义，迅速占领附近州县。在他们的带动下，各地起义风起云涌，反秦烈火渐成燎原之势。其中以项梁和项羽叔侄、刘邦、黥布、郦商等人所率的义军最为耀眼。

　　项梁是楚国名将项燕之子。提起项燕，秦人无不钦敬。他是楚国名将，不仅能力超群，且爱兵如子，关爱百姓，深得民心，后因抵抗秦军入侵而死，但百姓认为他还没死，等待他重振旗鼓。

项羽画像

在这种情况下，陈胜、吴广假借项燕之名发动百姓起义。后来项燕死，其子项梁继承父志，带领项羽起兵响应陈胜。陈胜起义不久就被秦军击溃，兵败身死。

项梁、项羽均系楚国贵族，项羽是项梁的侄子，身高八尺，力能扛鼎，神勇过人。两人见陈胜身死，便于次年（前208年）二月共同拥立楚怀王的孙子芈心，仍称之为楚怀王，以收拢人心。此后，项梁、项羽率军征战进攻秦军，接连获胜，项梁逐渐轻敌，时有骄色。九月，秦将章邯在定陶大破楚军，项梁战死。楚军遭受重创。

章邯大败项梁，认为楚地已经平定，就进军赵国。此前，陈胜吴广起义后，张耳、陈余拥立原赵王室之后赵歇为王。章邯进军赵国后，张耳、陈余携赵王逃入巨鹿。章邯随之包围巨鹿城，与赵军对峙。张耳、陈余向驻跸彭城的楚怀王求救，楚怀王派宋义、项羽、范增率兵赴援。项羽身怀国仇家恨，心急如焚，而作为援军总帅的宋义却按兵不动40多天。项羽忍无可忍，杀死宋义，夺得军权，挥师猛攻，九战九捷，大败秦军，取得了巨鹿之战的巨大胜利。项羽在战斗中身先士卒、叱咤风云的表现令许多诸侯深感敬畏，纷纷前来投拜。一时间，项羽威震天下，诸将莫敢仰视，项羽就此奠定了其义军盟主的地位。秦将章邯经此一败，内外交困，不久就投降项羽，项羽势力更加强盛。

而就在楚怀王派出项羽赴巨鹿驰援赵军的同时，他还派出砀郡长、武安侯刘邦带兵西行略地，进军关中，并以诸侯之王的名义约定诸将：谁先进入关中，就册封谁为关中王。而在当时，秦军势力还处在旺盛期，进入秦朝首都咸阳所在的关中地区无疑非常艰难，诸将还在狐疑，刘邦和项羽两人自告奋勇要去攻占关中，但楚怀王看不惯项羽的暴虐狂妄，就派刘邦先西进入关。

因当时秦军的主力在赵国巨鹿一带与项羽作战，刘邦没有遇到太多抵抗，所过城邑百姓早就对秦朝暴政不满，纷纷献城投降。秦二世三年（前207年）八月，刘邦采纳萧何、郦食其等人的建议，避实就虚，绕开秦军

刘邦画像

重兵屯守的函谷关，没费多大力气，就攻陷秦国重要关隘武关，迫使秦相赵高杀死秦二世，乞求停兵。刘邦不为所动，继续进攻，于是年九月攻入秦国都城咸阳。秦国新君子婴杀死赵高，出城投降。刘邦进入咸阳，一时为秦宫的奢华雄伟、美人珍宝所吸引，欲占为己有，不肯退出。但樊哙、张良苦苦劝谏，晓以大义，终于劝得刘邦封存财宝，严明军纪，无所取动，同时将部队退驻霸上（今西安市东）。同时，告示秦朝官兵百姓，废除秦朝的严刑峻法，约法三章："杀人者死，伤人及盗抵罪。"关中百姓欢呼雀跃，将刘邦当作圣贤之君，送来牛羊牺牲之物，刘邦也一律不受，而派军队驻扎扼守函谷关，以防外军入侵。此时，他在内心里已经按照楚怀王的约定，把自己当成了关中王。

项羽在巨鹿大败章邯的秦军主力后，也开始按照楚怀王"先入关中者王之"的约定，以新降的秦军为先锋，朝关中进发。当大军行至新安（今河南渑池县）时，新降秦军因不堪忍受项羽兵士的羞辱而与之对骂，项羽恐发生兵变，将20余万秦军降卒全部活埋，只留下秦军章邯、司马欣和董翳三位投降的将领。

不久，项羽得知刘邦已入关中，很是气愤，即封章邯为雍王。因秦地古称雍州，项羽这一举作实是否认楚怀王先初的约定。等大军到了函谷关，刘邦军扼守不放，项羽大怒，率大军攻破关门，

进驻鸿门（今陕西临潼县东北），与刘邦的军队只相距40里。当时项羽的军队共40万，号称100万，而刘邦的军队仅10万，号称20万，根本无法与项羽相抗衡。项羽心高气傲，连夜大犒军士，准备发起总攻。一场争夺关中王位的血战眼看就要展开。

项羽的叔父项伯与刘邦的谋士张良交情很深，张良曾救过项伯的命。项伯见刘邦岌岌可危，半夜跑去给张良送信，让他赶快逃走，张良却将他引荐给刘邦。刘邦设宴招待项伯，并与他约为亲家，向其表明心迹，说自己入关以来，毫发无动，只派兵士以防盗贼，等待项将军。项伯返回营中为刘邦求情。次日，刘邦与张良一同前往鸿门，向项羽谦卑道歉。席宴间，项羽优柔寡断，不顾范增的屡次暗示，错过了杀掉刘邦的良机。这就是历史上著名的"鸿门宴"。

鸿门宴后，项羽不顾楚怀王的禁令，攻入咸阳，杀死子婴，放纵士兵抢掠屠城，放火烧毁阿房宫。项羽的残暴贪婪，令秦人大失所望。

随后，项羽又倚仗兵力雄厚和本人在诸侯间的威望，发布号令，分封天下。他假装尊戴楚怀王，号令诸侯尊称其为义帝，却又将义帝迁到僻远的长沙郴县，命令他立即南迁，随后又在途中派人将义帝杀死，沉尸河中。同时，他根据个人喜恶和各诸侯的表现，分封了十八人为诸侯王：

封刘邦为汉王，定都南郑，辖汉中、巴蜀等偏远的不毛之地，封秦朝的降将章邯、司马欣、董翳分别为雍王、塞王、翟王，三人将秦朝的关中之地瓜分，号称"三秦王"，目的在于堵截刘邦，防止刘邦东进。其他则封魏豹为西魏王、申阳为河南王、韩成为韩王、司马卬为殷王、赵歇为代王、张耳为常山王、英布为九江王、吴芮为衡山王、共敖为临江王、韩广为辽东王、臧荼为燕王、田市为胶东王、田都为齐王、田安为济北王，项羽本人则自封为西楚霸王，定都彭城（今江苏徐州市）。分封完毕，项羽即率军东撤。有人劝他留守富饶且有天险的咸阳以霸天下，项羽以"富贵不归乡如衣锦夜行"答之，决然定都彭城。

关中之地素来物阜民丰，又地势险要，易守难攻，秦始皇就相中此地，定都于此。项羽既欲衣锦还乡，又不愿刘邦占据，就将刘邦封到僻远的汉中巴蜀之地，而派三秦王扼守关中监视，防止刘邦东行复出。刘邦得知项羽分封，大怒，欲与项羽拼死一战，被萧何、樊哙等人劝止，让他暂且忍耐，韬光养晦，积蓄力量等待反戈一击，再图东进。刘邦只得怏怏应允。

张良

汉元年四月（前206年），项羽分封的十八个诸侯王分别就国。刘邦带着项羽分拨的3万士兵从杜县（今陕西西安东南），经过蚀中（今陕西西安南)，而后由眉县进入斜谷，最后抵达汉中。因刘邦系沛县（今江苏沛县）人，所部也多为同乡人，一路翻山越岭，西行入汉，离家乡日渐遥远。将士心情沉重，思乡之情愈切。

汉军行至秦岭，望见秦岭的悬崖峭壁尤其是蜿蜒盘旋的栈道，不寒而栗。这些栈道是前人为通过秦岭所凿，在峭壁上钻出石孔，插入横木而后铺以木板。栈道下面就是万丈深渊，而更重要的是，这条栈道是汉中通往关外的最便捷通道。张良当时也随大军前行，因他仍是韩王韩成的丞相，当初为了响应楚怀王的号召而随刘邦进入关中。当大军行到褒中（今陕西勉县）时，张良辞别，并劝刘邦烧毁栈道以示决不回返山东之心，以稳定项羽。刘邦沉思再三，表示同意，待张良返回后，派人将经过的栈道烧断。

到达南郑后，刘邦拜萧何为丞相，安定秩序，作出一副长期定居于此的样子，积蓄力量，打算一举而东。但刘邦尚未安排妥当，一些将士因思恋故土，难耐艰苦而开始逃离，这种现象还逐渐在军中蔓延开来。刘邦对此心急如焚。而正在他愁闷不解时，忽然有人报告说丞相萧何也逃走了，刘邦大吃一惊，萧何从自己在沛县时就跟随自己，出生入死，已经数年，而且是他极力鼓动自己接受汉王封号，等待时机反攻，怎么也在这百废待兴的关键时刻撇下自己逃走呢？个别士兵的逃走也就罢了，谋士大将的逃走可是无法弥补的损失。

没想到，过了几天，萧何忽然又回来了，径直闯入刘邦寝内。刘邦又惊又气又喜，质问其缘何不辞而别，萧何说是去追赶一位夜间逃亡的将才。刘邦惊讶不已，连萧何都崇敬的人肯定不一般，追问是谁。萧何从容答道："是韩信。"刘邦更是惊诧，这么多逃离的将士都不去追，为何只追不过是治粟都尉的韩信，认为萧何在说谎。萧何正色道：如果大王打算长期守困汉中，韩信是用

萧何

不着的，如果要称王天下，必用韩信。而要想留住韩信，必须重用他，封之为大将，否则韩信会再次逃亡。刘邦将信将疑，答应封韩信为大将。萧何又说，封大将必须要择良日，设坛场，沐浴斋戒，举行隆重的典礼。刘邦从之，命人搭建高台，自己斋戒数日。将士们听说汉王将登坛拜将，无不惊喜好奇，纷纷猜测。不少大将更是认为自己出生入死，此次所封大将可能就是自己。及至拜将这天，方知汉王所拜的竟是韩信，无不大跌眼镜。

殊不知，正是韩信这次颇带传奇色彩的登场揭开了他的人生的序幕。我们故事的主人公开始真正崭露头角。

二

韩信（前230～前196），淮阴（今江苏淮阴县）人，出身于贫苦布衣之家，自幼父亲去世。当时官吏实行推举制，韩信家贫，自然没有人推举他作官吏。而他本人又不屑于去经商，为了填饱肚皮，只能寄人篱下，四处乞讨，乡人对他十分厌恶。他曾到当

地的亭长家里去求饭吃，一连数月都是如此，亭长的妻子很反感，就早早煮好饭给自己家人吃过，等韩信来时他们已经洗碗刷锅。韩信也知晓其意，愤然离去。他十余岁时母亲去世，虽因家贫无法厚葬母亲，却依然给母亲选择了一块可以安置万户的墓地安葬了母亲，为此遭到乡邻的嘲笑。韩信人穷志大，喜读兵书，经常佩带刀剑，渴望将来能率兵征战沙场。

韩信

韩信曾在河边钓鱼，一些妇人来此漂洗衣絮。其中一个妇人见他面露饥色，将自己的饭分给他吃。一连十几天都是如此，韩信感激不尽，说以后将报答她。漂母生气地说，你身为大丈夫却养不活自己，我可怜你才给你饭吃，难道还指望你报答吗？韩信羞愧万分。一次，一个屠夫的子弟在大街上拦住韩信，当着众人的面羞辱他，说你狐假虎威地带着刀剑上街，其实胆小如鼠。你要真不怕死，就用剑刺我，不然就从我胯下爬过去。韩信沉寂良久，俯身从恶少胯下爬了过去。众人皆嘲笑韩信怯懦，成不了气候。

秦末各地义军纷纷揭竿而起，诸侯豪强更是各显神通。韩信时刻关注战场上兵力的兴衰更替，认为项梁、项羽统率的军队最为威猛，前途广大，就去投奔。孰料项梁对韩信根本不重视，韩信无所知名。项梁死后，韩信又投奔到项羽手下，项羽任他为郎中，负责在军帐门口站岗。韩信不甘于此，屡次向项羽献策谏言，都不为所用。最终他心灰意冷，得知汉王刘邦体护百姓，很受拥戴，就转投刘邦。但当时刘邦正率军从霸上向汉中开拔，军中很

萧何月下追韩信

是混乱，对前来投奔的韩信也没有多大兴趣，只封他作负责接待宾客的小官。

不巧，韩信又触犯兵法当斩，与另外 13 个死刑犯一齐被绑缚刑场。那 13 个犯人相继被斩下头颅，到了韩信这里，适好见刘邦的亲戚兼马夫夏侯婴路过。韩信大吼一声："要夺天下，勿杀壮士！"夏侯婴心中一颤，见其容貌威武，就释放了韩信，与之谈论片刻，为其言折服，向刘邦推荐。刘邦却并不感冒，仅升韩信为治粟都尉，让其管理粮粟。韩信再一次陷入了寻求伯乐的苦闷之中。

终于，他与丞相萧何有了接触，萧何对他很是赏识。等刘邦到了南郑驻地，开始出现将士逃离。韩信认为萧何已经向刘邦推荐了自己，但仍未有受重用的动静，可见不为所赏，就连夜离开，打算另投明主。萧何得知他逃走后，连夜追赶，追了几天几夜方才追回韩信。这就是历史上有名的"萧何月下追韩信"。

现在，萧何劝说刘邦登坛拜将，拜韩信为大将军，统率各路军马。拜将仪式毕，刘邦询问韩信计策，韩信反问他，如今与大王争天下的是项王，大王估计您在勇武强悍和兵士精良上，与项王比，如何？刘邦没有想到韩信会问如此尖锐的问题，沉默良久方才答："不如也。"韩信又说："臣也认为你不如项王。"随后，他向刘邦详细剖析了天下大势。

他说，自己曾在项羽手下做事，项羽威武叱咤，勇猛无比，却不会任用贤将，只是匹夫之勇。他对人温和恭让，部下有病亲自去探望，但部下有了战功，他却吝惜封赏，这是妇人之仁，没有大将的魄力。如今项王表面上称霸天下，臣服诸侯，不驻屯关中却定都彭城，又违抗义帝约定，按照自己的喜好分封诸侯，诸侯心怀不平。他们见项王将义帝迁逐到江南，也纷纷效尤，驱逐了故地的封君而自己称王。更为重要的是，项王所过之处，烧杀抢掠，城破人亡，百姓怨声载道，并不真心依附，只是惧怕项王淫威假意屈服。因此，项王名义上虽称西楚霸王，实则已失天下公心，外强中干，容易折服。如今，大王只要能抛开项王的匹夫之勇，大胆任用勇武之士，何处不诛？把攻下的城池土地分封功臣，何所不服？大王的兵士都是东土人，来到不毛的西土，思乡心切，必然拼死杀敌以图早日归乡。况且，当前章邯、司马欣、董翳这所谓的三秦王，带领关中百姓组成的秦军，屡战屡败，死伤不可胜数，后又欺给兵士投降项王，20万兵士被活埋，只有他们三人幸免。秦国百姓恨之入骨，无不欲生啖其肉。大王进入关中，秋毫无犯，约法三章，废除暴政，关中百姓无不欲让大王称王。而且，按照约定，先入关者为王，大王当称王却被迁置汉中，关中百姓很是同情。如果大王起兵东征，关中地区传檄可定，以之为依托，与项王争，必然席卷天下。此一席话让刘邦豁然开朗，与韩信相见恨晚，当即听从韩信计策，准备东征。

而在此前，项羽封的十八位诸侯王中，田都为齐王，田市为胶东王，田安为济北王，而对于齐国最重要的人物田荣却寸土未封，引起田荣的极大不满。秦朝时，田氏家族原是齐国的公室贵族，秦末乱起，田儋起兵控制齐国自封齐王。他战死后，从弟田荣统其军马，拥立田儋的儿子田市为齐王，自为齐相，弟弟田横为大将。田荣与项羽过节甚深，项羽曾派兵为田荣解围，但田荣却不发兵支援项羽的巨鹿之战，因此项羽将田荣拥立的田市封为胶东王，远离中原。田荣愤恚不已，阻止田市就封。未想，田市惧怕项羽，暗中潜逃到胶东，田荣怒而杀之，自称齐王。随后又出兵济北王田安，五月又发兵击走田安，一时间控制了齐、济北地区，尽有全齐之地，与驻扎在彭城的项羽相距不远。田荣还派兵支援陈余，共同击败项羽分封的常山王张耳，重新立被封为代王的赵歇为赵王。此外，他仍不罢休，联合枭雄彭越，约定共同反抗项羽。

项羽对以田荣、陈余、彭越为首的反楚联盟极为恼恨，决定起兵东征，平定齐、赵之地。刘邦、韩信见项羽注意力被齐国吸引，无暇西顾，决定趁机重返关中。

从汉中重新打回关中，必须经过秦岭天险。通过秦岭的通道，自古以来仅有三条：一是傥骆道，又称骆谷道，路窄狭长；二是褒斜道，道路稍平，但较傥骆道远；三是子午道，也就是蚀中道，刘邦数月前从关中来到汉中走的就是此条通道。在关中地区，雍王章邯驻扎关口，防止汉军突破，塞王司马欣、翟王董翳稍远，但也可急驰赴援。为此，如何选择线路，轻易突破章邯军就成为韩信的首要难题。韩信经过详细考察，对地形了然于胸。是年八月，他大张旗鼓地征集百姓去修复子午道沿线汉王入汉中时所烧毁的栈道，毫不掩饰。章邯见此，认为韩信必定从原路杀回关中，就分兵布防，派驻主力部队驻扎在子午道关口，而在其他两个道口只派了少量部队。韩信见此，急忙调集樊哙、曹参等带领军马，从褒斜道入关，进入故道县（今陕西凤县），韩信本人则与刘邦押后跟进。章邯在此道兵力薄弱，仓促应战。双方在陈仓（今陕西宝鸡市东）相遇，章邯军一触即溃，逃往都城废丘（今陕西兴平县），派人向司马欣、董翳求援。雍地大部归降。韩信明修栈道、暗渡陈仓的战术全面实现。

随后，韩信分兵围困龟缩废丘的章邯兵，又派兵阻挡前来驰援的司马欣、董翳军，将三秦王分割开来，使其互不能支援，陷入了孤立境地。不久，汉军大将曹参强行攻占咸阳，关中地区大震。司马欣、董翳见汉军势不可挡，军心摇动，只好献城出降。至此，仅一个多月时间，除章邯驻守的废丘城外，关中地区已为汉军所控。韩信"还定三秦"的战略目标迅速得以实现，初步展示出卓绝的军事才能。

项羽已经出兵进攻田荣的齐国，得知刘邦兵出汉中，心急如焚，却又无暇东顾，决定倾举国之力一举荡平齐、赵、彭越反楚联盟，清除在背芒刺，再全力对付刘邦。汉王二年（前205年）正月，项羽亲自率领精锐主力在城阳与齐军大战，齐军大败，田荣抛弃国都临淄，退守平原。本来齐地百姓厌恶田荣的专横残暴，项羽有民心基础，但项羽恼恨田荣，纵容士兵肆意掳掠，齐地百姓苦不堪言，愤起还击，原来一度胜利在望的项羽大军不得不陷入僵持。双方的拉锯战无疑使刘邦、韩信得以喘息。韩信说服刘邦，施行了一系列稳定民心、发展生产的政策，由萧何负责后勤保障，将关中与汉中之地作为辖地，准备东出函谷关，与项羽争霸天下。

此时，项羽勾勒的十八位诸侯共尊一主的蓝图已经土崩瓦解。一些诸侯王根本不听项羽节制，肆意扩张攻伐，如燕王臧荼就赶走辽东王韩广，占据了辽东和燕两地。而各诸侯王见刘邦一举而突入关中，纷纷叛项投汉。韩王韩成虽被封王，却因遭项羽猜忌，被软禁进而被杀死，他的丞相张良投靠刘邦，成为重要谋士；河南王申阳慑于刘邦威力，献地投降。刘邦封韩王韩成的太尉韩信为韩王，是为韩王信；殷王司马卬，曾随赵反楚，项羽派陈平平叛。随后，刘邦攻入殷地，司马卬又投降刘邦。项羽认为陈平冒功邀赏，欲杀之。陈平逃归汉王，与张良、萧何一起成为汉朝的重要谋士。此外，西魏王魏豹也投降了刘邦，愿与刘邦一起讨伐项羽。

刘邦为赢得民心，大肆宣扬项羽暗杀义帝，为义帝发丧，发表讨楚檄文，称项羽大逆无道，号召诸侯王一起讨伐项羽。此时，刘邦声势浩大，又师出有名，各诸侯王纷纷响应，常山王张耳、河南王申阳、韩王信、西魏王魏豹、殷王司马卬等均加入伐楚联军。赵相陈余与张耳嫌隙过深，派使对刘邦说，只要杀了张耳就可派兵参战。刘邦诡计多端，两者都不想放弃，就找了一个与张耳长得酷似的人斩首，将头颅送给陈余。陈余信以为真，如约出兵。这样，诸侯联军共56万大军，由刘邦率领杀入中原。因为雍王章邯还在废丘被围困，刘邦派韩信继续攻打，韩信没有参加此次东征。

因为此时项羽正在与齐王田荣角逐，主力部队很难调回，诸侯联军势如破竹，顺利攻占了项羽的都城彭城。刘邦得意忘形，与各诸侯王设宴庆功，莺歌燕舞，士兵也放纵饮乐，军纪荡然。项羽得知彭城被破，火速率3万兵马连夜返回驰救，尽管两军军力悬殊，但汉军毫无防范，溃不成军，四散奔逃。十余万士兵尸体塞满濉水，河水为之阻塞。刘邦仅得带十余骑兵拼死逃出。56万之众所剩无几。

彭城之败使诸侯王对刘邦灭楚的能力产生了极大怀疑，纷纷开始动摇。毕竟项羽在巨鹿之中的叱咤威猛比起刘邦的约法三章更奏效，一些诸侯王又叛汉投楚。除殷王司马卬、河南王申阳在混战中身亡外，塞王司马欣、翟王董翳先后再次投归项羽，韩王信被俘投降。西魏王魏豹和赵王陈余见情势不妙，双双叛汉独立。悍将彭越也保持中立，准备坐山观虎斗。只有常山王张耳还追随落魄的刘邦。

彭城战败的消息传到留守关中的萧何、韩信耳中，两人大惊失色。项羽率兵继续对刘邦的诸侯联军穷追猛打，刘邦仓惶西逃至荥阳，情势危急。萧何广泛动员，大肆征兵，不论老弱病残，一律调往前线。韩信当时负责围困章邯，命部下封锁消息，继续困守，自己带精兵赶往荥阳。是年五月，韩信带领援军赶到荥阳，加上樊哙的部分兵力，刘邦军队重新有了起色。韩信指挥汉军在荥阳南的京城、索城之间与追击的楚军激战数日，大败楚军，挽住了汉军的颓势，使汉军的荥阳防线得以稳固。楚汉双方的争战也进入了相持对峙阶段。

见荥阳战线暂时无有险情，是年六月，刘邦、韩信返回关中，决定全力拔除章邯，统一关中。几次强攻无果后，韩信引水灌城，一举攻克废丘，章邯被俘自尽。关中之地尽为刘邦所有。刘邦立刘盈为太子，令萧何治理关中，解除了东征的后顾之忧。

三

汉王二年（前205年）八月，刘邦重新返回荥阳前线，经过审时度势，决定从项羽后方开辟第二战场，使项羽首尾难顾，疲于应付。而开辟第二战场的重任自然落在了韩信身上。刘邦拜韩信为左丞相，掌军政大权，独领一军，从项羽后背杀出路来。韩信接令，当即率军北上，征讨背汉盟楚的西魏王魏豹。随军同行的还有大将曹参和灌婴，听从韩信节制指挥。

西魏与关中隔黄河而治，都城在平阳（今山西临汾）。韩信派士兵对魏地详细打探消息，又召来曾经赴魏劝降的汉使郦食其询问，得知魏豹任不知兵法的柏直为将，很是高兴，当即率兵直抵黄河西岸，做出一副欲强行渡河的姿态。

魏豹与柏直君臣经过分析，认为韩信十有八九会选择黄河西岸的的临晋关口强渡黄河，因为临晋关水势较缓，河面较他处平稳，适宜横渡，而且此前刘邦率诸侯联军就是从临晋关渡河东征的，汉军比较熟悉地形。柏直派人刺探到的消息显示，汉军在临晋关集结了大量兵力，调动兵民日夜打造船只，加紧操练，一片战前的紧张气氛。而与之相比，其他渡口则明显安静。汉军自临晋关渡河的意图昭然若揭。柏直将主力精锐部队都放到了与临晋关隔河相望的蒲坂城（今山西永济县），在其他渡口只派驻哨兵哨探。而魏王豹自己对汉军动向也深信不疑，为鼓舞士气，他从平阳进驻到军事重镇安邑（今山西夏县）。安邑距蒲坂城很近，一旦蒲坂有急，即可迅速出兵增援。魏地君臣部署完毕，踌躇满志：韩信选择在夏季八九月份河水暴涨的时候渡河，无疑是自寻死路。

然而，正在此时，突然传来消息：汉军已经在距临晋关100多里外的夏阳（今陕西韩城）渡河，正浩浩荡荡杀奔安邑！魏豹、柏直登时呆若木鸡。

原来，韩信知道柏直为将，故意派灌婴在临晋关虚张声势，集结兵力，吸引魏军主力，暗中却派曹参带兵悄悄赴夏阳，严密封锁消息，对岸魏军竟毫无知觉。为缩短造船时间，韩信让士兵搜集罂缶（也即木桶之类）等物，乘夜泅渡黄河，如天兵天将，转眼出现在魏境。随之，韩信又兵分两路：一路进攻柏直驻屯的蒲坂城，打乱魏兵部署，给尚未渡河的汉军创造时机，一路直逼魏豹坐镇的安邑。魏军一听汉军奇袭渡河，惊慌失措，军心大乱，丧失斗志，四散奔逃。灌婴部队也顺利从临晋关渡河。汉军以迅雷不及掩耳之势包围安邑，魏豹稍作抵抗即弃城而逃，被兵士俘虏。韩信将其交给在荥阳的刘邦处置，自己继续进兵魏腹地，都城平阳不战而降。至此，韩信开辟第二战场的第一战完满结束。韩信以其神勇才识又创造了一个战争经典范例。

伐魏之役后，韩信又与刘邦商议，请求给予其3万兵力，平定燕赵、东伐田齐，继而向南切断其粮道，两面夹击，项羽必败。

刘邦大喜，派张良辅助韩信一起进攻赵国。

赵国丞相陈余曾与刘邦一起伐楚，后刘邦兵败，他叛汉归楚，面对刘邦的质问，还振振有辞：当初他出兵是以刘邦杀死张耳为条件的，后得知刘邦杀的是一个替身，自然要与刘邦决裂。此刻他得知韩信带兵来伐，晓谕全军利用太行山的险恶关隘，将汉军阻于国门之外。

陈余当时身为代王和赵相，博古通今，颇有学识，又熟知赵国地形，对阻止汉军进攻信心十足。他调集全国的精锐部队，号称20万，自己和赵王歇亲自统率，在一夫当关万夫莫开的井陉关口驻守，严阵以待。

韩信先派曹参等人左冲右突，擒赵将夏说，连克邬县、阏与(今山西省和顺县西)，瞬间冲破了赵国的第一道防线。但此时刘邦在荥阳战败的消息传来，刘邦请求急援。韩信无奈，只好让曹参带3万精锐兵马前去赴援。韩信原来有兵力5万人，此时仅剩下2万素质参差不齐的弱兵。韩信经过考虑，仍然决定继续进兵。

太行山南北横亘千里，仅有八处关口可以通行，称"太行八陉"，井陉关就是其中之一。井陉关又称土门关，是太行山上最重要的关隘。此关四周均是陡山，关前一处平地，形如深井，故称井陉。陈余对井陉险关颇为自信，认为胜券在握，传令兵士，只要汉军胆敢前来，即开营接战，荡平韩信。正在此时，赵国广武君李左车却提出异议。他劝阻陈余说，韩信现在势头正猛，虏魏王，擒夏说，锋不可挡。但古人有言"千里馈粮，士有饥色；樵苏后爨，师不宿饱"，意思是说，从千里外运粮草给兵士，兵士必然挨饿，就地抢夺食物很难保证兵士温饱。现在井陉道路狭窄，不能并排走两列战车。汉军劳师袭远，粮草必然在后，只要将其辎重粮草抢断，大王仅需深沟高垒，不必与战，汉军进退两难，不出十日，韩信必亡。陈余一贯刚愎自用又迂腐不堪，对李左车的话很不以为然，反驳他说："义兵何用诈谋？兵法云：'十则围之，倍则战。'韩兵不过数万，千里奔袭，如果弃而不击，诸侯皆以我为怯，轻易伐我。"李左车只得悻悻而退。

韩信得知李左车策不用，大喜，遂率兵进入井陉，距井陉关口30里下寨。半夜子时，选骑兵2000人每人手持一面红色汉军

44

大旗，抄小路迂回到山上潜伏。而后又下令准备好早餐，传谕军中："今日破赵后会食。"将士面面相觑，心中狐疑，却也只好答应。韩信又对部下说：赵军已占据有利地势，准备围歼我军，为防止我军后退，在我大军全部到达前是不会开战的。我们可以放心构筑营垒，以求立足之地，据守备战。随后，韩信派1万人的先头部队，背靠绵蔓河建起一座营垒。

赵军见汉军主力未到，遵守陈余号令，不能出兵。此时又见汉军背水布阵，犯了兵家大忌，哈哈大笑。因为兵书上强调布阵应"右背山陵，左对水泽"，韩信却反其道而行之，令他们背水列阵，岂不自断退路？黎明时分，韩信鼓兵出井陉口作战，赵军开营出击，双方大战良久，韩信佯败逃回河边的营垒。陈余、赵歇见韩信后退，下令全军出击，活捉韩信。登时，赵军倾营而出，陈余、赵歇也出营督战，不留一人。潜伏的2000汉军见机冲入营中，拔掉赵旗，全部换上汉军旗帜。

汉军与赵军在关前激战，赵军人数众多，韩信通谕士兵：我军背水而阵，没有退路，只能拼死一战。汉军遂誓死血战，无不以一当十。战至中午，赵军见不能取胜，打算回营歇息，一看营中竟全为汉旗，大惊失色，以为汉军已经擒获陈余、赵歇，夺得赵营，登时大乱，四散奔逃。陈余、赵歇无法阻止，赵军大败。韩信趁机大举反攻，将陈余斩杀于泜水之上，俘虏了赵歇和李左车。

将士庆贺毕，有人问为何触犯用兵大忌还能取胜，韩信说，兵法中有云"陷之死地而后生，置之死地而后存"，汉军兵将参差不齐，这就等于是驱赶着从集市上抓来的人去作战，只有让他们没有退路可走，他们才会拼死一战，不如此他们早就逃散了。

韩信对赵国广武君李左车很是钦服，亲自给李左车解开绳索，尊其为师，向他问计。李左车推辞再三，韩信说：百里奚居虞而虞亡，在秦而秦霸，并非其在虞愚钝而在秦聪慧，在于国君用不用其计谋。如果陈余听从您的计策，我等早已被擒获了。李左车方才说：汉军渡黄河，虏魏王，擒夏说，又一举而下井陉，破赵20万军，诛陈余，擒赵王，威震天下。但同时汉军以疲敝之兵攻强燕，只恐士兵疲惫，粮草尽净，难降弱燕，齐国比燕国强大，更难攻克。为今之计，不如先按甲休兵，大宴士卒，而后派辩士去说服燕国，燕国惧惮汉军威势，必然臣服，之后再遣使到齐国游说。至此，谁也无法为齐国献策了。韩信闻听，拍案叫绝，听从其计，派使者前往说服燕国。燕王臧荼权衡利弊，只好归降。韩信不费一刀一枪就将燕地归属到了刘邦麾下。

经历了井陉之战，韩信更得到将士认可，威信更高。此时，韩信也认为自己在刘邦将士中举足轻重，就听从李左车的建议，向刘邦请求封张耳为赵王，以收拢人心。刘邦表示同意，遂立张耳为赵王。

韩信在第二战场节节胜利的时候，刘邦在荥阳却接连失利，几乎丧失了汉军阵地。刘邦驻守荥阳，招纳九江王英布抗楚，派其驻守成皋（今河南荥阳汜水镇）。项羽怒其侵入彭城，毅然放弃攻打齐国，转攻荥阳。为尽早攻破荥阳、成皋防线，他征调项声、龙且、钟离眜等大将，自汉王三年（前204年）四月开始对汉军发动猛攻，并派人将汉军在敖仓的粮草运输线切断。汉军粮食不足，开始恐慌，刘邦派人向项羽求和，说要出城投降。项羽信以为真，准备纳降。汉将纪信主动请求代替刘邦出营假降，让刘邦乘乱连夜逃出荥阳东门。项羽发现上当，怒不可遏，将纪信活活烧死，派人追赶，可惜刘邦已经逃得无影无踪了。

刘邦逃出荥阳，南逃至宛县（今河南南阳市）、叶县（今河南叶县），与英布军合，进驻成皋。项羽军穷追不舍，旋攻破成皋，荥阳不久也破，刘邦只得狼狈逃窜，最后只剩下自己和车夫夏侯婴两人。经过再三考虑，两人没有逃回关中根据地，而是北渡黄河，逃到了韩信驻扎的修武（今河南修武县）。

当时，韩信、张耳在胁降燕国后，准备率军南下接应正面战场的刘邦，驻军在修武。本来，韩信是其部下，作为主上，刘邦可以随意调遣支派韩军，但刘邦此时没有一兵一卒，仅有车夫夏侯婴相随。他担心韩信趁机谋叛，就与夏侯婴乔装扮成刘邦派来的使者，黎明时分，两人驰入韩信、张耳大帐。韩信、张耳此时还未起床，刘邦从其卧床上收去他们的印信兵符，号令诸将，将韩信军中原有的军官全部撤换成自己的亲信。韩信、张耳醒来，方知汉王自己已经袭入帐中取走印符，夺得兵权，大惊失色。刘邦命张耳留守赵地，拜韩信为相国，让他征发赵国的游兵散卒东征伐齐，而自己则带领韩信的军队仍赴正面战场。

先前，在项羽围困荥阳正急时，陈平向刘邦献离间计，派人去离间项羽与手下谋士、大将的范增、钟离眜、龙且、周殷等人的关系。项羽一贯疑忌部下，心胸狭窄，果然中计，解除钟离眜的兵权，逼迫范增返乡。范增气愤交加，发病死于归乡途中。项羽的实力大为削弱。而此时，韩信正紧锣密鼓地筹划着伐齐行动。

四

齐国自古以来就是大国，战略地位极为重要，可以说，能否攻占齐国，关系楚汉两国的胜败。如今的齐王田广是较为开明的君主，齐相田横也是一个善于将兵的大将。先前，两人共同抵住了项羽大军的攻伐，使齐国雄踞东方，与楚、汉鼎足而立。田广、田横得知韩信破魏占赵胁燕，直逼齐境，大为震惊，立即派大将华毋伤、田解率20万大军驻屯历下（今山东济南），做好了抵抗韩军的充分准备。

韩信此时仅有数万兵力，且素质参差不齐，幸而刘邦派曹参前来助战，势力有所增强，乃于汉王三年（前204年）九月率军行至平原渡口，准备强渡黄河，与齐决战。

而就在此时，忽然传来田广、田横接受汉使郦食其劝降，同意停战议和的消息。韩信将信将疑，派人打探，方知消息果真不假。原来，郦食其是汉王的得力辩士，曾前去说服魏国，结果以失败告终。刘邦对其能力有所怀疑，此次郦食其主动要求去说服齐国，并与刘邦立下军令状。刘邦心不在焉，认为成功的可能性不大，也就没有通知韩信暂缓进兵。未想，郦食其到了齐都临淄，凭其三寸不烂之舌，极言项羽为人残暴，假仁假义，刚愎自用，貌似强大，实则不堪一击，而刘汉出正义之师，势不可挡，尤其是韩信独树一帜，渡黄河，破魏豹，下井陉，斩陈余，连克32城，威猛无比，天下影从。田广、田横见郦食其所言符合事实，又见韩信用兵神奇，料想单凭自己兵力难以抵抗韩信大军，同意停战结好，共谋项羽。随后，齐国将驻守历下的华毋伤、田解20万军队解除戒备，放心地与郦食其在宫内纵酒高谈。郦食其则致书韩信，得意地炫耀自己已降服齐国，大军可以返师。

韩信接到郦食其来书，即驻兵不前。他的幕僚蒯通（原名蒯彻，史书因避汉武帝刘彻讳而名之蒯通）却说：将军受汉王诏命伐齐，如今没有诏令停军，如何止兵不前？况郦食其不过一个辩士，凭三寸之舌，攻下齐国70余城，将军带数万兵，岁余方下50城，难道还不如一个腐儒么？韩信有所心动，思虑再三，依从其计，于汉王四年（前203年）十月下令大军渡河，袭击驻守历下的齐军。当时齐国本以为已经约和，令华毋伤等解除严防，毫无准备，得知韩信大军突然杀至，登时惊慌失措，乱作一团，溃不成军。韩军迅即攻克历下。

消息传至齐都临淄，田广、田横大惊失色，认为郦食其出卖自己，实为奸细，将其放在锅中煮死。韩军风驰电掣杀奔临淄，田广、田横仓惶逃至高密，派使者赴楚求援。项羽深知齐国地位之重，急遣大将龙且率20万大军救齐。

龙且是项羽最为宠信、得力的大将之一，统率项羽最为精锐的主力部队。他奉命与田广联合抵御韩信，气势汹汹。有人劝龙且说：汉军拼死作战，锐不可当，如今不如坚壁清野，坚守不战，让齐王招抚已陷城池。百姓得知齐王尚在，楚兵来救，必定反汉。汉军劳师袭远，又无从得粮，不出多久，汉军必然不战而降。龙且与项羽一样，刚愎自用，自命不凡。他说：我素知韩信为人，不过色厉内荏，很易对付。何况我们前来救齐，不战就让韩信投降，我们有何功劳？现在战胜他，即可割齐国一半土地，怎能停战呢？于是两军以潍水为界，夹水而阵，剑拔弩张，一场大战即将展开。是为汉王四年（前203年）十一月。

潍水发端于今山东五莲县，向东流经诸城，又折向北流，经高密、潍坊、潍县等注入莱州湾，是胶东半岛最大的河流。河水两边都是一望无际的大平原。在此展开厮杀，无处躲藏，也无以埋伏士兵，无疑将是一场硬碰硬的血战。韩信详察地形，深思熟虑，终于得出妙计。他让兵士连夜赶制布袋，选择数里之外的上游之处，将布袋装满沙土，而后投入水中，阻塞潍水使之积水成了一个很大的湖泊。

次日，双方列阵，引兵出战。韩信亲自带兵两万余人，越过因断水已经接近干涸的河床，杀向齐楚联军大营。龙且派军截杀，双方混战成一片。一阵厮杀后，韩军佯装不敌，转身后撤，退过潍水。龙且身先士卒，带兵冲杀，一直追过河床。韩信见龙且大军中计，向上游筑堤汉军发出信号。上游汉军掘开堤坝，大水奔腾而下。齐楚不少士兵已经追杀到了对岸，龙且本人一马当先，也杀到汉军这边。河水肆虐冲下，他们还没反应过来就被冲入下游。尚未过岸的楚军四散奔逃。韩信率大军转身追杀，过岸楚军全军覆没。龙且也被灌婴部下的丁礼所杀。齐楚20万大军遭到惨败。

潍水之战后，韩信分派兵力，攻城略地，齐王田广被俘处斩，齐地皆平。齐相田横带逃兵东躲西藏，先是到彭越处躲藏不出，在刘邦称帝后，又避居海岛，最后自尽身亡。

在韩信获得大胜的时候，刘邦在正面战场的战斗依然无甚起色。项羽先前睥睨群雄的气势有所收敛，但还有足够多的兵力对刘邦进行围困。在一次双方对峙中，刘邦还被项羽一箭射中胸部，差点丢了老命，卧床几天，但为了稳定军心，不得不挣扎起来巡视军营，鼓舞士气。就在刘邦穷蹙不堪时，却忽然接到韩信使者的通告，说："齐地民风一贯伪诈多变，反复无常，南靠楚国，若齐楚联盟则难以控制，如不设立国君，国势难稳。为便宜起见，请立韩信为代齐王，暂且代管齐地。"刘邦本来就对韩信不顾大局只顾逞强而擅自攻齐的作派极为不满，此时再也抑制不住，破口大骂："吾困守于此，日夜盼你来救，你居然乘危妄图自立为王！"旁边的张良、陈平用脚轻轻踢了踢刘邦的脚，低声说：我们正处于困境，没有力量阻止韩信称王，不如顺势封他为王，安稳其心，让他在齐地按兵自守，否则其心怀不满，必生变故。刘邦也醒过神来，冷静一会，因当时韩信使者还在外面等候回音，刘邦顺势假骂道：大丈夫平定诸侯，就应正式封王，还要做什么代理王？将先前的冲动巧妙地掩饰过去。而后，他派张良为使，赴齐地举行隆重仪式封韩信为齐王。韩信高兴不已，听从张良劝说，遣兵将赴荥阳前线帮助刘邦共同击楚。

韩信的此次要王行为，给刘邦的触动甚大，韩信在刘邦心中的形象一落千丈。自己身受重伤，处处被动，翘首以盼支援，未想韩信居然公开要求封王。在任何人看来，这都是一种拥兵自重、挟主自立的作派。韩信虽名为汉王部下大将，助汉灭楚，但一直是独将一军开辟战场，并不为刘邦隶属，而且韩信的军事才能超群，百战百胜，深得兵将拥戴，刘邦本人率领的军队却一败再败，狼狈不堪，这使刘邦不得不开始提防韩信。前次他与夏侯婴在修武夺取韩信兵权就是给韩信的一个警告。

再说项羽得知大将龙且阵亡，20万大军几乎全军覆没，方才有些慌乱。这20万大军是他的精锐部队。他生怕韩信与刘邦联合攻楚，就派自己的谋士、盱眙人武涉前往齐地劝说韩信，争取韩信联楚击汉，如果不行，起码保持中立。武涉领命，赶到韩信大帐："秦王失政，天下诸侯约定共同击秦。秦亡，按功劳分封诸侯以休兵甲。但汉王刘邦却不安守本分，引兵出关，侵夺人地，必欲尽吞天下而后止，其贪婪如是。且汉王为人奸诈多变，屡次为项王所擒。项王怜而释之。未想刘邦一旦得脱，随即背约。今足下自认为与汉王交厚，为之尽心竭力，殚精竭虑，但臣以为必为汉王所擒。大王如今能安然得存，是因项王尚在。现在楚汉之事，权在足下。足下右投则汉王胜，左投则楚王胜。项王若亡，足下必亡。足下何不反汉与楚联合，三分天下？"韩信见武涉系项羽亲信，心里很是排斥，当即辞谢武涉："昔我在项王军中，为郎中官，执剑戟而立，计谋不用，故背楚归汉。汉王授我为将军，言听计用，我方得至此。汉王对我如此恩义，我何忍叛之？虽死不为。"

武涉站在中立的立场上，与韩信推心置腹，设身处地替韩信剖析天下形势。客观上讲，其分析还是合乎情理的，但韩信的回答也很坚决。双方的谈判很难再进行下去。

韩信的谋士蒯通见刘项陷入了鹬蚌相争的僵持局面，也打算说服韩信。为了能增强自己的说服力，蒯通称自己擅长相术，说给人看相"贵贱在于骨法，忧喜在于容色，成败在于决断"。韩信见他是自己人，又说得玄乎，戒心有所放松，就屏去左右，让蒯通给自己算了一卦。蒯通装模作样地审视了韩信一番，说："看君的面相，最多不过封侯，且不够安稳，而相君之背，却贵不可言。"韩信追问原因，蒯通说：当初天下共同发难击秦，各路诸侯云集响应。秦灭后，楚汉两国纷争，数年不止，生灵涂炭。项羽起彭城，威震天下，势不可挡，却被困于京、蔡之间而不能进者三年矣。汉王率军出关中，定三秦，锐利无比，天下影从，然而却败荥阳、伤成皋，逃宛、叶之间，此所谓智勇俱困也。双方锐气均销蚀殆尽，粮草竭于内府，百姓疲弊埋怨。恰此之时，足下携虎威之势，席卷天下，所过之处，望风而靡。两主之命悬于足下。足下为汉则汉胜，为楚则楚胜，然此何如三分天下，鼎足而立？以足下之贤圣，踞强齐，从燕赵，割大弱强，以立诸侯，如此则天下之君王相率而朝于齐矣。古语云：'天与弗取，反受其咎；时至不行，反受其殃。'足下熟虑之。"韩信又拿出劝退武涉的言辞挡塞，说："汉王待我甚厚，载我以其车，衣我以其衣，食我以其食。乘人车者载人之患，衣人之衣者怀人之忧，食人之食者死人之事，人臣岂能为利弃义乎？"

蒯通毫不退让，举出了常山王张耳和成安君陈余、越王勾践与大夫文种、范蠡的例子来批驳韩信论点。张耳与陈余原为刎颈之交，后因故反目，张耳降汉，借汉王兵袭杀陈余，为世人所笑。昔日范蠡所云"野兽尽、走狗烹，飞鸟尽、良弓藏"足以警醒世人。最后，蒯通说："臣闻勇略震主者身危，功盖天下者不赏。足下涉西河，虏魏王，擒夏说，下井陉，诛陈余，杀龙且，胁燕定齐，略不世出。戴震主之威，挟不赏之功，归楚楚人不信，归汉汉人震恐。夫势在人臣之位而有震主之威，名高天下，窃为足下忧之。"韩信听此也有所动容，答应思虑数日再答复蒯通。

几天后，蒯通见韩信没有动静，又登门劝说，督促韩信当机立断，决不能优柔寡断，贻误时机，最后强调说："夫功者难成而易败，时者难得而易失也，愿足下详察之。"韩信沉吟良久，犹豫再三，还是认为汉王对自己有知遇之恩，两人感情笃厚，同时又觉得自己出生入死，为汉王立下了汗马功劳，汉王必不会侵夺齐地，更不忍诛杀自己。最后他下定决心，誓不背汉，辞谢蒯通。蒯通见韩信不用己策，哀叹数声，假装疯狂而去。

鸿沟（在今河南省荥阳）

此时，项羽的势力已经明显下降，而刘邦又争得了英布、彭越等人的协助，使楚都彭城成为孤城。项羽首尾难顾，只得答应停战议和。汉王五年（前202年）八月，楚汉达成和约，两国以鸿沟（位于荥阳东南）为界，鸿沟以东为楚地，以西为汉地。和约签订后，项羽开始撤兵东归。张良、陈平却嘱汉王继续追击，以免养虎遗患。刘邦遂下令汉军越过鸿沟追袭楚军。十月，汉军追击楚军到阳夏（今河南太康），派使约韩信、彭越，商定共同出兵，会师固陵（今河南淮阳），夹击楚军。殊不知，到了固陵，约定会师的韩信、彭越却没有出兵。楚军见汉军势单力薄，趁机出兵反击，汉军遭到惨败。

韩信、彭越按兵不援，刘邦恼恨不已。张良进言说："项楚即破，韩信、彭越二将封地仍悬而未定，大王当速封诸将，以释其疑。"刘邦恨得咬牙切齿，却又无可奈何，只得下令：灭楚后，自陈县以东均属齐王韩信封地，自睢阳以北到谷城均为相国彭越封地。这样，韩信、彭越接到来使告谕，方才表示出兵。

韩信出兵，汉军威势复振。韩信首先一举攻下楚都彭城，控制楚军背后大片土地，令他们无路可退。汉军随之四面合围，项羽只得退到垓下（今安徽灵璧县）。在韩信等人的拥戴下，刘邦在山东定陶汜水之阳举行登极大典，定国号为汉。是时为汉王五年（前202年）十二月。

汉军此时各路军马加在一起约有50万人，刘邦对韩信的将兵才能依然很钦佩，将军权交给韩信，由他调兵遣将，负责指挥与楚军的最后一战。韩信派人侦察到，项羽将楚军分三营，分别由他与大将季布、钟离昧统领，成"品"字形严阵以待。针对此阵，韩信对症下药，自己率军作主力冲击，两侧埋伏汉军包抄。战斗开始，韩信率军稍战片刻即佯败后退，项羽血气冲荡，带兵奋起直追，汉军左右两翼伏兵一齐杀出。双方一阵厮杀，项羽大军逐渐不敌，10万大军死逃过半。项羽带少数兵马退回本营。

是夜，项羽兵将疲惫不堪，却闻得营外四面楚歌传来，大惊失色，心疑楚地已尽为汉所占。不少兵士潜逃降汉，项羽势力更孤。面对时刻陪伴自己的虞姬和乌骓马，英雄末路，悲痛慨叹，留下了千古传诵的诗作：

力拔山兮气盖世，
时不利兮骓不逝；
骓不逝兮可奈何，
虞兮虞兮奈若何？

虞姬见昔日霸王如此落魄，还在担心如何安置自己，和诗一首，拔剑自刎，香消玉殒。

项羽带800骑兵趁夜突出重围，刘邦派灌婴率军追击。项羽且战且退，经过几次血战，仅剩28骑逃到了乌江（今安徽和县境内）。乌江亭长见项羽无路可逃，请项羽登船逃生。项羽笑曰："天之亡我，我何渡为！且籍与江东子弟八千人渡江而西，今无一人还，纵江东父兄怜而王我，我何面目见之。"遂自刎身亡。至此，持续五年的楚汉战争就此结束。

韩信在灭楚的最后一击垓下之战中最后一次展现了他的军事才能。

五

垓下之战后，汉军班师凯旋，行至定陶安营扎寨。韩信及兵将疲惫不堪，未曾严防。深夜刘邦带一支骑兵驰入帐内，重演昔日"修武夺军"的一幕，夺去了韩信牌符和兵权。次年正月，刘邦分封诸侯王就国，立彭越为梁王，都定陶；昔韩王信为韩王，都阳翟（今河南香县）；昔衡山王吴芮为长沙王，都临湘（今长沙），淮南王黥布、燕王臧荼、赵王张敖仍就原封，以韩信生于楚地为由，改封楚王，定都下邳。韩信此时已无兵权，对于改封之事无可奈何，又想回到故土作王，衣锦还乡，未为不可，也很快到下邳就国。

而刘邦对此次改封却是有着深远考虑的。齐国地理位置险要，且物产富饶，韩信收复齐地，齐国百姓对其敬仰尊崇，容易形成割据一方的局面，更重要的是随韩信征战数年的韩家军，与韩信感情笃厚，一旦韩信谋反很难控制，只有使之将兵剥离方可根除此患。因此，改封韩信已经是刘邦防范韩信的一个策略，只是韩信长于掌兵，但政治敏感性却很是不足，根本没有考虑如此之深。

韩信到了下邳，首先是整修其母亲的墓地。其幼年时母亲病逝，他给母亲墓地留出了千户人家供养的位置，还遭到乡邻的嘲笑。如今他将陵墓修建整饬一新，扩大规模，乡邻惊叹不已。随后他派人找来当年给他饭吃的那位漂母，赐给她千两金子，又派人找来那位亭长，仅仅赐给他一百钱，对他说："公为人行善未能善始善终。"他还让人找来当年让自己蒙受胯下之辱的屠户子弟，授他为中尉，并说："此为壮士，昔辱我时，我并非不能与他以死相拼，只是考虑杀之无益，忍辱负重，方有今日，故应谢之。"

韩信回到楚地故土，踌躇满志，巡行县邑，也一定要带一支部队充当护卫，名义上是防范楚地刺客，实则耀武扬威，丝毫不知收敛，根本没有意识到刘邦对他的戒心。而不久后发生的一件事却打破了他和刘邦之间这种表面的平静。

项羽的重要大将钟离眛是楚地伊庐（今江苏连云港）人，与韩信的老家淮阴相距不远。两人早年即为好友，又一同投奔项羽。后韩信改投刘邦，钟离眛则一直留在项羽军中，因有雄才大略，升为大将。在垓下之战中，韩信为避免好友血战的尴尬，派他将迎战钟离眛。钟离眛在垓下之战中大败之后，四处逃亡，后得知韩信在楚地为王，就前来投奔。韩信看昔日老友如此落魄，就收留了他。未想刘邦得知此事，唯恐韩信与钟离眛联手攻汉，赶紧与张良商议。两人讨论良久，决定先发诏给韩信，让他秘密拘捕钟离眛，押送洛阳。

韩信接到诏书，左右为难：捕系钟离眛是卖友求荣，不捕系则是违抗旨意。正在他犹豫不决时，汉高祖六年（前201年）十月，有人向刘邦举报说韩信正策划谋反。刘邦大吃一惊，也不问消息真伪，当即召来手下大将商量对策。诸位大将早就嫉妒韩信功勋，义愤填膺，摩拳擦掌，打算出兵讨伐。陈平却说，陛下军队不如韩信，将领才能又不如韩信，不可与之硬拼，如今韩信不知有人告发，陛下可以借口巡游，召集诸侯谒见，韩信必来，只要遣一二个武夫即可将之拿下，不必出动大军。

刘邦遂依此计，通谕诸侯说皇帝即将南巡云梦泽，各诸侯到陈县聚集相见，接着，带领陈平、樊哙、夏侯婴等及兵士开赴云梦。韩信得知刘邦带领军队南下，不由心虚，尽管自己没有谋反意图，但先前的修武夺军、定陶夺军事件无疑表明刘邦对自己的猜忌，如今自己是坐以待毙还是起兵自救？如果与其他诸侯一样，前去拜见，恐怕堕入圈套自投罗网，而如果起兵抵抗，等于承认自己意图谋反。他心神难定，最后有人献策：只要提着钟离眛的人头去见，刘邦必然不再追究。

韩信听其言之有理，思虑良久，去见钟离眛，说明刘邦之意。钟离眛猜出韩信意图，说：刘邦所以不敢伐楚，是因为我尚在你处。你我联合抗汉，莫可阻挡。倘你逮系我向汉王请罪谄媚，我今日死，你必随之亡。韩信沉默不答，钟离眛知其必欲杀己，破口大骂：韩信卖友求荣，绝非忠厚之辈，说毕自刭。韩信割下其头，赶到陈县拜谒刘邦。未想，他刚献上首级，刘邦一声令下，几名武士冲上来，将韩信捆绑结实。韩信挣扎了几下，愤愤大骂："果如人言'狡兔死走狗烹，飞鸟尽良弓藏，敌国破谋臣亡'，今天下已定，我固当烹。"刘邦见其口无遮拦，忙说：有人告你谋反，将韩信装入囚车械系至国都洛阳。是为汉高祖五年（前202年）十二月，距韩信改封楚王仅一年时间。

回到洛阳，刘邦即调查韩信谋反大案。经历了三个月的审理，没有找到韩信谋反的证据。次年四月，当时国内局势刚刚稳定，各异姓诸侯都盯着看刘邦如何处置韩信。刘邦知道此时处死韩信时机未到，就找了个借口，说韩信巡行县邑，动辄出动军队护卫，树立威信，欲图谋不轨，废黜其楚王封号，贬为淮阴侯。刘邦还担心韩信回到老家形成割据势力，不准韩信赴淮阴就封，而将其留在洛阳。

韩信无辜被贬，郁郁寡欢，就经常称病不上朝，日夜怨望，愁闷烦躁。他又自命不凡，不屑与周勃、灌婴等人交往。一次，他闲走时路过樊哙家门，樊哙平素敬仰韩信，立刻跪地迎接，不称韩信为侯而仍称为大王，自称为臣，极为谦卑，说什么"大王屈尊降临寒舍"云云。韩信出来后自嘲说：未想我韩信今日竟然沦落到与樊哙之流为伍。

刘邦即位的最初几年里，进行了一系列改革，轻徭薄赋发展生产，分封诸侯为王，后又开始营建新都长安并于高祖五年五月将都城由洛阳迁往长安，还请叔孙通制订礼仪规章，请萧何草拟法律，让韩信整肃兵法。

对于韩信的军事才能，刘邦十分钦佩，他曾当着群臣的面称韩信"连百万之众，战必胜，攻必取"，还将他与张良、萧何并列为汉朝三位人杰。他令韩信与张良一起整理、编订各家军法。《汉书·艺文志》载，韩信编订的兵法"凡百八十二家，删取要用，定著三十五家"。可惜的是，这些兵法在诸吕作乱时都已被毁，后世很少能看到韩信的兵法著作，只能从史书记载中了解一二。

此时，刘邦对韩信还很不放心，经常与之交谈，察看他的思想动机。在这交谈中，有一次交谈被史书津津乐道。这天，两人谈论楚汉各大将的军事才能，韩信口若悬河，兴致勃发。刘邦忽然问：你看如我者能将多少军马？韩信说：不过十万。刘邦很是惊讶，问他能带多少军马？韩信说：臣将兵多多益善。刘邦一下征住了，停了一会方问："你将兵多多益善，如何反为我所擒？"

韩信也停了一会，答：“陛下不能将兵，而善将将，故我为陛下所擒，且陛下将才乃是天授，非人力可为。”此番话一出，刘邦心情大快，据说此后两人之间的矛盾有所缓解。

刘邦一方面整顿国内秩序，稳定民心，另一方面对外姓诸侯王始终怀有戒心，想方设法逐一消灭。一时间，各诸侯王风声鹤唳，纷纷异动，伺机谋反。先是，燕王臧荼于高祖五年七月起兵反叛，刘邦亲率大军征讨，两月后臧荼兵败被俘，刘邦载胜而归。然而喘息未定，颖川侯利几又叛乱，刘邦再次亲征，利几兵败而逃。

此时，在汉朝北部边境的匈奴日益强盛，不断侵扰边境百姓。匈奴原是北方的一个游牧民族，秦朝时大将蒙恬曾率军深入荒漠追击匈奴，收复河套等地，并筑长城以防御匈奴南侵。楚汉之战开始后，匈奴趁机大肆扩展势力。刘邦将韩王信迁到代国，定都马邑，试图抗拒匈奴。匈奴又包围马邑，韩王信不为刘邦信任，投降匈奴。汉高祖七年（前200年）十月，刘邦亲率32万大军向太原进发，打算击溃匈奴，一劳永逸。时值隆冬，天寒地冻，汉军兵士冻馁交加，匈奴单于冒顿率军将刘邦围困于白登山整整七天七夜，汉军粮草殆尽，危在旦夕。幸得陈平献计，汉军突出重围。白登山之围，使刘邦加重了对外姓诸侯王的疑忌。

不料，三年后，又发生了陈豨叛乱。

陈豨，宛朐（今山东曹县西北）人，曾随刘邦平定诸侯叛乱，封阳夏侯，后授为代相。他平素崇仰善于养士的信陵君，自己收养的士子有数千人，到别人家作客也常常带着众多士人，在当地颇有影响，也传到刘邦耳中。汉高祖十年（前197年）七月，刘邦父亲太上皇病死，各地诸侯王都来会葬，唯有陈豨托口不至。丧事已毕，赵相周昌暗地向刘邦密告：陈豨私交宾客，擅拥强兵，意图谋反。刘邦派人严密监视。是年九月，陈豨果然与韩王信等勾结，举兵叛汉，自称代王，四处征兵遣将，准备攻入长安。刘邦闻报，二话不说，再次引兵征讨，同时飞檄各路诸侯驰援。次年元月，各路军马汇集，共讨陈豨，不久就平定代地，陈豨一败涂地，逃往匈奴。

刘邦得胜而归，回到长安，忽得昌后密报，说已经诛杀韩信，

吕后

并夷三族。刘邦大吃一惊，又心中窃喜，追问事情经过。据《史记》载，吕后斩韩信的过程是这样的：

韩信与陈豨一向过从甚密，陈豨拜为巨鹿郡守时，向韩信辞别。韩信拉着他的手，边走边谈，对陈豨说：你的辖地位置重要，而你又是陛下宠幸之臣。若有人突然向陛下说你谋反，陛下肯定不信；第二次这么说，陛下会将信将疑；第三次说，陛下必定怒而亲征。与其坐以待毙，何如先发制人？我愿做你的内应，你我里应外合，天下必定。陈豨知道韩信军事才能，表示同意。汉十一年（前196年），陈豨反，韩信称病不随刘邦征讨，却暗地里派人通知陈豨将作内应相助。他阴谋与家臣趁夜矫诏释放囚徒，组织奴仆，攻入王宫，偷袭吕后、太子，计议已定，正等陈豨回音。未想其门客中有一个因得罪韩信而被囚的人，韩信原打算处死他，还没有执行。他的弟弟出首告发，向吕后密告韩信将反。吕后大惊，想派人去捉拿韩信，又恐怕韩信党羽众多不肯就范，遂派相国萧何前去召从。萧何来到韩信居所，对韩信说：陛下派人送来捷报，说叛兵被灭，陈豨已死，诸臣都去祝贺，你虽有病在身，也应当勉强入贺。韩信信以为真，跟随萧何进入大内。刚一进入宫内，吕后喝令武士捆缚韩信，质问韩信如何与陈豨私通谋反？韩信争辩不止，吕后斥曰："现奉主上诏命，陈豨就擒，供出实情，乃因汝之使。汝谋反属实，尚有何言？"下令将韩信推至大殿旁侧放置编钟的房间里处死。韩信临死前哀号："我悔不用蒯通之言，乃为你们这些小人所诈，岂非天哉？"吕后杀死韩信，又连夜将韩信三族之内的家人全部捉来处死。韩信从一个下级军官，被萧何追回，登坛拜将，立下累累战功，此时又被萧何诱骗入宫，斩首钟室。为此，千百年来人们发出了"成也萧何、败也萧何"的长叹。

刘邦得知韩信之死经过，"且喜且怜之"，又派人将蒯通捉来讯问。蒯通倒也畅快，承认曾试图说服韩信反汉，并说："只恨竖子不用臣策，方至灭族。倘用吾计，陛下安得杀之？"刘邦大怒，下令将蒯通烹死。蒯通大呼冤枉，刘邦问他何冤之有？蒯通说：盗跖的狗朝尧吠叫，并非尧不仁，而是狗不认识尧。秦末大乱，群雄逐鹿，各为其主。臣仅知有韩信，而不知有陛下。何况天下这样各为其主的人比比皆是，独独杀我一个，我如何不冤？刘邦听其言之有理，就放走了他。

韩信一案，至此尘埃落定。

关于韩信之死的原因，最早为韩信写传的司马迁评论说："假令韩信学道谦让，不伐己功，不矜己能，则庶几哉，于汉家勋可以比周、召、太公之徒，后世血食矣。不务出此，而天下已集，乃谋叛逆，夷灭宗族，不亦宜乎？"认为韩信所以被杀是因为他不够谦虚，自负骄傲，且不懂得审时度势，谋反不合时宜，但话却说得很是言不由衷。司马迁处于汉武帝的高压政策下，一些话不能秉笔实录。韩信是否真的谋反、缘何谋反、谋反的过程是否真的如书中所载，千百年来争论从未休止。

尽管韩信之冤仍在争论中，人们见惯了皇帝的寡恩刻薄，更愿意相信韩信确系蒙冤。兔死狗烹、鸟尽弓藏在韩信那里又得到了更好的阐释。与其他冤案的主人公都得到平反不同，韩信一案，历来的统治者都没有给他正式平反昭雪，但这却并不妨碍人们歌颂韩信。东汉刘秀曾说"韩信破历下以开基"，唐太宗李世民评价韩信有"背水纵神兵"的诗句，唐德宗更是将韩信与武成王姜太公相并配享，宋太祖赵匡胤也将韩信称为"勋德高迈，为当时之冠"。史学家、文学家纷纷呶呶，将韩信案称为是有汉第一大案，为韩信辩冤，将之看作是开国皇帝诛戮功臣的典范之作。此后，关于韩信的诗词歌赋代不绝书，只要在文学史上稍有名气的文学家，其作品中总能寻出一首关于韩信的诗文作品。而在韩信足迹所历各地，当地百姓以各种形式祭奠追悼这位传奇人物。他已经成为人们歌咏抒怀的文化符号。韩信以他的忍辱负重、自强不息、叱咤风云、出奇制胜、优柔寡断还有他的覆盆之冤成为后人永远品咂不已的存在。姑且以唐代罗隐的一首诗为尾：

寒灯挑尽见遗尘，试沥椒浆合有神。
莫恨高皇不终始，灭秦谋项是何人？

权力场下的浩劫

——巫蛊案

　　汉武帝末年，发生了一起旷古未闻的巫蛊惨案，也有人将之称为"巫蛊之祸"。这是一场空前的浩劫，京城长安几乎被血洗一空，冤死者数以万计。无论是皇后、太子、丞相、将军等皇亲国戚，还是普通兵士、寻常百姓甚至牢狱囚徒，都难逃此劫。巫蛊案是如何发生的？其肇祸者是谁？内中有何错综复杂的原因？

一

　　"巫"原指古代一种以歌舞祭神的迷信职业者，如巫、觋等，也指画符念咒的巫术。"蛊"则有两种含义，一指在器皿中放置喂养毒虫，使之相互吞食，最后剩下不死的也就是毒性最强的，称之为蛊；二指用蛊害人，使人受到蛊惑，迷失心性，进而丧命。"巫蛊"也称厌胜之术，是一种诅咒害人的巫术。古书上记载的一般做法是，用纸人、草人、木偶、泥俑、铜像乃至玉人作为被施术者的替身，刻写姓名或生辰八字，或者取被施术者的衣物、身上的一点毛发乃至指甲，或埋入土中，或以针钉相刺，或用线捆住木偶双手，巫师画符念咒，被施术者就会产生感应反应，心智模糊昏迷，直至发狂失性，完全受巫师控制，直至不明不白地死去。

　　据说，这种巫蛊术起源于胡人的萨满之术。萨满，是女真语，指巫师、巫术。战国中后期，由于民族的迁移与混合，巫术之风逐渐浸染中原，先是在民间流行，以后逐渐传入上层社会直至宫廷内禁，受到追捧青睐。巫蛊术从此在中国大行其道，不绝如缕。一代女皇武则天借巫蛊而夺权，清乾隆皇帝精通武略，也迷信巫蛊，曾在朝廷上闭目吟诵咒语，幻想咒死远在万里之外的起义军首领。《红楼梦》第二十五回《魇魔法叔嫂逢五鬼，红楼梦通灵遇双真》中写到赵姨娘买通马道婆暗里算计凤姐和宝玉，就用了这种巫蛊术。马道婆用的是纸人，写上凤姐和宝玉的生辰八字，然后在家中念咒作法，结果凤姐和宝玉两人发起癫狂症，大吵大嚷，寻刀弄枪，最后不省人事，口内胡言乱语。这足可见巫蛊术之一斑。也正因其神秘和恐怖，自其出现后，就再也没有消失，一直笼罩在中国社会上空，直至今天还时隐时现。

汉朝迷信之风尤盛。汉初就允许各地巫师如梁巫、晋巫、秦巫、荆巫等汇集长安，中叶又增加了越巫和胡巫。汉儒也多信巫术，如大儒董仲舒的著作中就夹杂了许多巫术。汉武帝本人一生笃信方士，倾心神仙，乞求不老仙丹，几次欲泛舟越海寻仙，遍求各地高人。一时间，都城长安汇聚了各式巫觋，并受到上流阶层和百姓的追捧，宫廷中失宠落寞的女子对此也趋之若鹜。整个长安地下被埋入了不少木偶，一片阴森恐怖、神秘压抑的气氛。雄才大略的汉武帝就是在这样的背景下一手制造了巫蛊冤案。

武帝元光五年（前130年），曾经备受尊宠的陈皇后被废，就是因为巫蛊。只不过这仅是巫蛊案的一个小小的引子，因为这个伏笔过于漫长，没有引起人们足够的警惕。

陈皇后是汉武帝的第一个皇后，名叫陈阿娇，其母亲是文帝窦皇后的长女、景帝的姐姐，也就是武帝的姑姑，叫嫖。陈皇后就是由其母亲做主，在武帝4岁时许配给武帝的。其中的一段"金屋藏娇"典故，至今还为世人津津乐道。

武帝在父亲景帝的14个儿子中排行第十，他原名刘彘，因聪颖灵透，7岁时

汉武帝

父亲景帝为其改名为刘彻。传说他的母亲王氏"梦日入怀"而怀孕。这给刘彻罩上了一层神秘高贵的光环，不过并不能让他凭这一点就当上太子。按照当时惯例，太子应择长而立，根本轮不到刘彻。而从刘彻的家族背景来看，刘彻当上太子的可能性也是微乎其微。

刘彻的母亲叫王娡，是一个平民家的女儿。王娡的父亲叫王仲，母名臧儿，系汉初燕王臧荼的孙女，原住扶风郡槐里（今陕西兴平县），他们有一子两女：儿子叫王信，长女名王娡，次女名王姁。王仲去世后，臧儿带两个女儿改嫁给长陵（今陕西咸阳）田氏，又生两男即田蚡、田胜。长女王娡也嫁给了当地的一个平民金王孙，生一女名金俗。一次，臧儿为女儿算命，算命先生告知她，其两个女儿日后将大富大贵。臧儿疑惑不解：女婿金王孙只是个平民百姓，怎么可能富贵？她思来想去，决定让长女王娡和丈夫分开。但金王孙坚决不肯，臧儿就偷偷地把王娡送进了太子宫中，这位太子就是后来的景帝刘启。王娡进宫后得到宠幸，生下三女一男：三女为平阳公主、南宫公主、隆虑公主，男即为刘彻。臧儿的次女王姁不久也入了太子宫，受到景帝的宠幸，生四子。

这样的家庭背景，刘彻被立为太子几乎是幻想。而在各皇子和其母家族为争夺太子位闹得不可开交时，景帝的姐姐、也就是刘彻的姑姑长公主嫖对刘彻被立太子起了决定性作用。

因为景帝的正宫薄皇后没有生子，太子就只有在各妃嫔所生的诸子中择长而立。当时景帝的长子是栗夫人所生的刘荣，已经册立为太子，被称为栗太子。刘彻被封为胶东王。长公主嫖与景帝是文帝窦皇后所生的同父母姐弟，关系很好。长公主就想把自己的女儿陈阿娇许配给栗太子刘荣，本以为亲事一提就成，未想却遭到栗夫人的一口回绝。长公主很是没面子，对栗夫人也开始怨恨。

不久后的一天，王娡带刘彻到长公主处闲聊。长公主把刘彻抱在膝上逗他玩，问他："你想要媳妇不？"刘彻回答说"想"。长公主嫖指着宫内站着的百余名宫女让刘彻挑选，刘彻均不满意。长公主嫖又指着自己的女儿问："阿娇好不？"刘彻大笑说：

"好！若得阿娇做妻子，我要建一个金屋子让她住。"长公主嫖大喜，认为刘彻聪明懂事，和阿娇有缘分，就与王娡商量让两人结为夫妻，王娡慨然应允。长公主嫖又向景帝谈起此事，景帝一向喜欢刘彻聪颖，也表示同意。从此，长公主嫖经常在景帝前称赞刘彻，而诬陷中伤栗夫人和栗太子。景帝更坚信了刘彻是其母"梦日入怀"所生的传闻，对栗太子的才能产生了怀疑。

有一次，景帝提出让栗夫人在他死后照顾其他妃嫔所生的皇子，栗夫人不仅不答应，还出言不逊，骂景帝是"老狗"。景帝大怒，便有了更换太子之意。王娡见时机已到，趁景帝怒气未消，唆使大臣进言景帝："子以母贵，母以子贵，今太子母宜为皇后。"景帝正反感栗夫人母子，被王娡这一火上浇油，更是忿恨，当即废栗太子刘荣为临江王，立王娡为皇后，刘彻为太子。景帝于三年后（前141年）驾崩，太子刘彻继位，时年16岁，娶陈阿娇为妻，立为皇后。

但这位被武帝"金屋藏娇"的陈阿娇皇后一生并不幸福，因为她不能生育。武帝生性贪色，以此为借口而疏远冷落她。陈皇后终日以泪洗面，为求生子，求仙拜佛，寻医问药，最终还是一无所获。大婚不到两年，汉武帝就看上了另一个妖娆女子卫子夫。

卫子夫原籍平阳（今山西临汾），与其母均是袭封平阳侯曹寿府中的歌妓，服侍曹寿的夫人，也就是武帝的姐姐平阳公主，地位低下。恰逢一次武帝从霸上祭扫回来，顺路来到姐姐家中。平阳公主将自己家中的侍女装扮好供武帝选择，武帝都无动于衷。饮酒时，歌女进来助兴，武帝一眼看中了卫子夫。武帝起身更衣时，卫子夫便前去服侍，在轩车中为帝所幸。武帝回来后，十分高兴，赐平阳公主千金。平阳公主就将卫子夫送给了武帝。卫子夫年轻漂亮，又深谙歌舞，以此备受恩宠。

卫子夫的母亲卫媪（媪是对老年妇女的称呼）也是平阳公主家的歌妓。卫媪共有三女三子，三个女儿是卫君孺、卫少儿、卫子夫，三个儿子是卫长君、卫步广、卫青。卫子夫一入宫，其家族立刻受到优待。卫青也因为姐姐得宠的缘故，被调到皇宫里做吏役。

卫子夫的受宠自然激起了陈阿娇皇后及其母亲长公主嫖的嫉妒，毕竟武帝能获得帝位有她们的功劳。长公主嫖怕卫子夫影响女儿的地位，但又不敢动卫子夫，一口恶气就撒在了其弟弟卫青的头上，指使人找个借口，将卫青投入监狱，准备立刻处死。卫青在建章宫当差时刚刚结交的一个名叫公孙敖的朋友，与卫青关系很好，当时只是郎骑的小官，却宁愿不惜生命，为朋友而得罪皇帝的姑姑和皇后。他领着几个弟兄，冲破牢门，闯进囚室，救出了卫青。此后，公孙敖的救命之恩卫青一直没有忘，几次上战场都提携他立功。

可惜，卫子夫刚入宫时还很受宠爱，仅一年之后，由于陈皇后嫉妒，又兼武帝喜新厌旧，卫子夫也很快失宠，难以见到武帝。正好武帝见后宫妃嫔宫女过多，要遣散一批，卫子夫求见武帝，哭着请放她出宫。武帝见她娇弱，又生怜惜之情，便将之留在宫中，重言旧欢，同时将其兄卫长君、其弟卫青召入宫中为侍中。不久，卫子夫就为武帝生了三个女儿：大女儿卫长公主，二女儿诸邑公主，三女儿阳石公主。

此时，陈皇后见卫子夫日益受宠，自己日渐失势，备受冷落，便想尽一切办法试图改变这种状况。她央求母亲说情，仗着母亲的势力大闹宫廷，拦住武帝质问。武帝对其更为厌恶，避而远之。陈皇后一时无计可施，饱尝后宫苦守孤灯的寂寥生活，终日以泪洗面。忽一日，她偶然听说巫蛊之术的威力，决定铤而走险，不惜代价使皇上回心转意；就将女巫楚服召来，请其作法谋害卫子夫，自己重获宠爱。楚服当即作法设蛊，用桐木刻出卫子夫像，埋入宫廷，念咒画符。陈皇后满心欢喜。谁知几个月过去，并无效验。武帝得知陈皇后在宫中用巫蛊术谋害卫子夫，勃然大怒，命御史张汤严查涉案人员。

张汤得到皇帝御旨，当然不遗余力，按照朝廷禁止"媚道"和"巫蛊者处死"的律令，将楚服枭首。楚服徒众、宫女、太监等牵连者300余人一并处死。武帝颁旨说："皇后失序，惑于巫祝，不可以承天命，其上玺绶，罢退居长门宫。"收了陈皇后的册封，夺了玺绶，将其终身禁锢在长门宫。几年后，陈皇后在郁悒中离开了人世。

连武帝自己也没有想到，这只是巫蛊之祸的一个漫长的引子，到另一场真正的巫蛊案发时，相信任何人都会为之不寒而栗。

二

元朔元年（前128年），卫子夫生了一个男孩，这是武帝的长子。武帝欣喜万分，为其起名刘据，册封卫子夫为皇后，授予玺绶。这一年，武帝29岁。到刘据7岁时，武帝举行盛大典礼，立刘据为太子。

母以子贵。卫氏家族因此大受宠幸。卫青被升为太中大夫，不久又拜为车骑将军，出击匈奴。此后数年，卫青先后七次出击匈奴，驰骋大漠南北，均获全胜，收复河南地，置朔方郡，被封为长平侯、大将军、大司马，位在丞相之上。卫青的三个儿子无论年纪大小都被封侯：卫不疑封阴安侯、卫登封发干侯、卫伉还在襁褓中就被封为宜春侯。

更让卫氏家族增光添彩的是卫子夫及卫青的姐姐卫少儿与霍仲孺私通所生的霍去病。霍仲孺原是平阳侯曹襄府中的一个小吏，与平阳侯的侍女卫少儿私通，生下了霍去病。不过，霍去病刚开始时并不知道自己是私生子，后来立下不世功勋后才将自己的生父迎接回来。

不管怎样，霍去病因为是皇后姐姐的儿子，18岁就被选为侍中，出入宫廷，后以善骑射，跟随舅舅、大将军卫青出击匈奴，

霍去病像

以作战勇猛，封骠骑将军。元狩元年（前122年），他仅20岁就被擢升为大将军、大司马，与卫青并列。卫青、霍去病两人征战漠北，抗击匈奴，使大汉王朝声威远震，基本解除了匈奴数百年来对中原的威胁。

刘据20岁弱冠时，武帝特意为他在东宫建了一座博望苑，供太子居住、读书，让他增长见识，接交宾客，希望太子博学而有声望，树立太子的威信，将来好继

承皇位。

但是，太子刘据的处世风格与武帝迥然不同。《资治通鉴》载："上（武帝）用法严，多用深刻吏；太子宽厚，多所平反，虽得百姓心，而用法大臣皆不悦。皇后恐久获罪，每戒太子，宜留取上意，不应擅有所纵舍。上闻之，是太子而非皇后。群臣宽厚长者皆附太子，而深刻用法者皆毁之。邪臣多党与，故太子誉少而毁多。"就是说，武帝严刑峻法，多任用酷吏，造成了不少冤案。而太子刘据仁慈宽厚，平反了不少冤案，这自然引起了酷吏们的不悦。所以，主张宽厚的大臣们多支持太子，而酷吏们则诋毁他。而且，由于酷吏多结党，所以，对太子进行诋毁的言论就多于赞美的言论。太子的母亲卫皇后一贯小小谨慎，安分守己，担心太子处理事情过于宽松引起武帝和朝臣不满，让太子处理事情要顺从武帝的意图。武帝得知后，明确表示太子所为符合律法，甚至还批评了皇后。

在此期间，随着卫皇后年岁的增长，容色日衰，武帝又移情别恋，先后宠幸了几位夫人，生了几个皇子：一是王夫人所生的刘闳，于元狩六年（前117年）被封为齐王；一是李姬，生燕王

卫青墓，位于今陕西省兴平县南位乡茂陵村。

刘旦和广陵王刘胥；还有一个出身音乐世家的中山国人李夫人所生的刘髆。李夫人有李广利和李延年两个兄长。李延年通音律，善歌舞，所作歌词有"北方有佳人，绝世而独立，一顾倾人城，再顾倾人国"。武帝听到，很是向往，派人查访歌词所写为谁。有人跟他说是李延年的妹妹。武帝遂将李夫人纳入宫中，由此得幸，生刘髆，天汉四年（前97年）封昌邑王。李广利封为海西侯，李延年升为协律都尉。

武帝最为宠幸的则是钩弋夫人。钩弋夫人原姓赵，河间（今河北献县）人。太始元年（前96年）武帝巡狩到此，听说此地有一女子，生来双手握拳，无人能掰开，召来察看。武帝亲自去掰，一抚即开，因此得幸，被称为"拳夫人"，进为婕妤，居钩弋宫，又称"钩弋夫人"。次年（前95年）生下刘弗陵，是年武帝已经62岁。据说刘弗陵是钩弋夫人怀孕14个月才生出来的，武帝十分高兴，对臣下说："当年尧帝就是其母怀孕14个月才出生的啊！"下诏将钩弋宫门改称"尧母门"，还不时向群臣夸示："这个儿子像我！这个儿子像我！"

武帝这一态度，以及他与太子在施政方略上的明显差异和矛盾，加之其对钩弋夫人宠幸备至，立即让那些善于投机钻营的臣僚嗅到了某种气息，实际上起到了鼓励臣下反太子、反皇后的作用。特别是在卫青于元封五年（前106年）去世后，一些臣下竟想构陷太子，而一些宦官也放肆地在皇帝与太子、皇后之间编造谎言。

当时，武帝已经年迈，深藏于甘泉宫不出，除了与钩弋夫人、刘弗陵见面外，已经很少和太子、卫皇后见面。太子有事也只能通过黄门转奏，而卫皇后一年当中与武帝见面的次数更是屈指可数，只能在未央宫中清寂度日。正是武帝与皇后、太子之间的沟通越来越少，关系越来越冷淡，让那些时刻伺机而动的奸佞更增添了扳倒太子的信心。只是卫皇后虽然一直清冷度日，独守孤灯，仍小心本分、谨小慎微，从没有让人抓住把柄，武帝对她也很是尊重。

正在此时，一位奸佞终于应时而生了。他就是江充。

江充原名江齐，字次倩，赵国邯郸（今河北邯郸）人。因其能歌善舞的妹妹嫁给赵敬肃王刘彭祖的太子刘丹，受到赵王的宠爱，成为赵王的门客。后来刘丹以江齐泄漏自己的私情，与之反目，四处追捕江齐。江齐潜逃，刘丹将江齐的父兄全部处斩，江齐逃得一命，改名江充，来到长安。他上书武帝告发赵太子刘丹与同母姐姐以及赵王宫内的妃子乱伦，还勾结各郡的豪强奸滑之徒四处劫掠，地方官员不敢拘禁。武帝素闻赵敬肃王为人阴险，常常深夜带兵缉捕"匪盗"，弄得民怨沸腾。得到江充举报，即刻派兵逮系刘丹下狱，经廷尉审理，依法当处死罪。赵王刘彭祖仗着是武帝的兄长，就上书说："江充不过是个搬弄是非的小人，为人苟且，经常行奸造谣，激怒圣上，想借皇帝的威严公报私仇。"并表示自己愿意带兵去攻打匈奴立功来赎救儿子。武帝早就对各诸侯王的飞扬跋扈不满，打算削弱诸侯势力，于是，未准赵王所请，虽免去了刘丹死罪，但废去了其赵国太子的身份。

武帝认为江充不畏强权，精神可嘉，就在犬台召见了江充，见他身材魁梧、容貌威武，很是欣赏，对左右说："果然燕赵多奇士！"询问江充一些政事，江充应对得体，武帝甚为满意。江充自愿出使匈奴。武帝问他怎样应对？江充答曰："因变制宜，以敌为师，不可预图。"也就是说要根据实际情况随机应变，不能生搬硬套。武帝认为他很老实，就让他出使匈奴。一年后，太始二年（前95年），也就是皇子刘弗陵出生的这一年，江充载誉回来，武帝任他为水衡都尉，不久又拜为直指绣衣使者。

直指绣衣使者负责代表皇帝和朝廷缉捕活跃在京城的匪盗，同时监察王公贵戚的违制行为。当时很多贵戚宠臣和皇室成员多僭越使用仪仗车马。武帝认为江充忠直，允许他全权处理。江充不循私情，将所有违制的人员全部举报给武帝，没收他们的车马，并将本人押解到城北军，随军出击匈奴。贵戚宠臣惶恐万分，在江充面前叩头请罪，表示愿意纳钱赎罪。江充让他们按照爵位和官职高低交纳赎金，不久就收了数千万钱。

一次，武帝的姑姑、原陈皇后之母长公主嫖在皇帝专用的驰道上行驶，江充拦住查问。长公主回答说有太后的诏命，江充说："那也只能公主一人可以行走，其他车骑没收入官。"并报告武帝。武帝认为他"奉法不阿"。又一次，太子刘据派家臣去甘泉宫向生病的武帝问安，家臣为尽快到达，赶马车在驰道上疾奔，被江充发现。江充当即把太子家臣连同车马一起押到官府。太子得知急忙派人赶去求情，恳求江充不要将事情泄漏出去："我并非爱惜这些车马，实在是怕父皇知道后会责怪我对家臣缺少管教。"江充却毫不动情，径直禀报武帝。武帝大为赞赏："为臣子就应该如此！"江充告倒了太子，并得到武帝的支持，一时震动京师，这无疑给了其他不满太子的人无形的激励。

苏文就是其中的一个。他是宫中的宦官，官为黄门，也即内侍。宦官靠皇帝的好恶提拔贬斥，对今后谁继承皇位更是关心，争立拥戴之功。他与现任太子刘据的关系不好，刘据曾因一件小事责打苏文，还差点将他赶出皇宫。苏文含恨在心，时刻寻找时机报复太子。

一次，太子去未央宫拜谒母后，母子许久未见，互相问候，太子在宫中多呆了一会。苏文见机，急忙跑到武帝跟前说太子在未央宫调戏宫女。武帝不动声色，选了200名女子送到太子宫中，太子很是诧异，最后探知是苏文诬告，很是愤恨，又将苏文痛打一顿。

苏文对太子更恨之入骨，又见武帝也不追查真相，更加肆无忌惮，唆使小黄门常融、王弼专门窥探太子行踪，一旦发现蛛丝马迹，就添油加醋地奏报武帝。卫皇后得知，气得发抖，让太子去父皇那里解释清楚，请求惩治奸佞之徒。太子性情淳厚，宁愿息事宁人，说："我没有什么过错，何必畏惧这类小人。父皇明达过人，怎么会被这些人蒙蔽？母后不必忧虑。"

苏文一伙见诬告太子一举成功，更时时伺机而动。有一次，武帝偶感小恙，派小黄门常融去召太子前来问安。常融却先找到苏文，两人商讨半天，才去召唤太子。常融回到宫中对武帝说："太子听说皇帝身体有恙，马上面呈喜色。"武帝漠然不语。等太子到来，武帝仔细观察太子神情，见太子虽然谈话时强装笑颜，却掩饰不住眼角刚哭过的泪痕和忧伤。武帝颇感欣慰，召来常融质问，方知是其编造谎言离间父子，登时大怒，将常融斩首。

卫皇后得知常融被诛，心中稍稍平坦，但她深知自己一贯安分守己还招来祸患，日后就更加谨慎小心，谦和待人。江充等人只得暂且忍耐等待。正在此时，发生了一件令人意想不到的事件。

三

征和元年（前 92 年），武帝已是 65 岁高龄，步入了老迈之年，多年追求长生不老，四处求仙问药，使其多疑猜忌的性格更加严重。皇太子刘据这年也已经 37 岁，并刚刚为儿子刘进与涿郡女子王翁婆举行了大婚。刘进是太子与侧室史良娣所生的爱子，被称为史皇孙。武帝对长孙的诞生没有任何兴趣，依然不去未央宫看望卫皇后，与太子的交流也日益减少。

这年冬天一个暖洋洋的日子，武帝在上林苑建章宫内闭目养神。恍惚中，一个男子手持长剑快步窜入华龙门内，武帝大呼救驾，喝令左右搜捕刺客。宫中护卫马上在建章宫内细细搜索一遍，没有发现任何可疑迹象，守门的侍卫也说没有见到带剑男子入内。武帝惊魂难安，将守门侍卫斩首示众，又派驻守在京郊的部队搜查上林苑，也是一无所获。武帝依然不罢甘休，下令关闭城门，挨家挨户搜查，前后共搜查了 11 天，闹得长安城内鸡犬不宁。最终虽没有发现刺客，却有另外的重大收获。《汉书·武帝纪》记载说："冬十一月，发三辅骑士大搜上林，闭长安门索，十一日乃解。巫蛊起。"短短几句透出一片阴森森的气息。

这次搜查，从宫中一些妃嫔宫女居室、长安百姓家中搜出不少巫蛊所用器具。经过审讯，查出这些宫女妃嫔因为失宠怀恨在心，勾结巫婆用巫蛊术作法，诅咒皇上或其他宫女。武帝当即大怒，认为带剑刺客是有人行蛊作法谋害自己，下令将牵涉到巫蛊的妃嫔、宫女、巫婆处死，用巫蛊术的百姓也投入牢狱，严刑拷掠以示惩戒。

正在长安城内风声鹤唳、草木皆兵的时候，有人告发当朝丞相公孙贺的儿子公孙敬声用巫蛊术诅咒皇上！

公孙贺，字子叔，北地仪渠（今甘肃宁县）人，出身武将，武帝为太子时，他是舍人。他娶卫皇后的姐姐卫君孺为妻，与武帝有连襟之亲，受到重用，曾与卫青出征匈奴，以战功封侯。武帝继位，被升为太仆。他是太子卫氏政治集团的重要人物。太初二年（前103年）正月，原丞相石庆死，武帝拟升公孙贺为丞相。由于当时武帝用法峻严，先前几任丞相如李蔡、庄青翟、赵周三人接连坐事处死，石庆虽以处事谨慎得终老天年，也数次被谴。为此，公孙贺初拜丞相，极力推辞，不受印绶，叩头涕泣说："臣本边鄙之人，以鞍马骑射而为官，材实不能胜任丞相。"武帝与群臣见其如此剖心直白，也被感动得落泪。武帝让左右搀扶他，公孙贺仍不肯起身。武帝见此，起身离去，公孙贺才不得不接受丞相职位。左右问之，他回答说："主上贤明，臣不足于担此任，恐负重责，一旦失误，家族就会很危险。"公孙贺的儿子公孙敬声在父亲拜为丞相后，升为太仆，父子两人并居公卿位，煊赫一时。

公孙贺任丞相从太初二年（前103年）到征和二年（前91年），共12年时间，是武帝一朝为相时间最长者。公孙敬声放恣妄为，自以为是皇后姐姐的儿子，骄奢淫逸，目无国法，瞒着父亲擅自挪用1900万钱军款，被人揭发。武帝大怒，将之下入诏狱。公孙贺如五雷轰顶，为救儿子性命，奏请武帝准许他带兵搜捕京师侠盗朱安世，以此赎救儿子。

朱安世是阳陵（今陕西高陵县）人。当时民间有不少专事打抱不平、劫富济贫的侠士，他们侵扰达官贵族，劫掠钱财，周济百姓，使达官富户寝不安枕。朱安世就是其中为害甚重的一个。武帝曾多次下诏缉捕，但都收效甚微。公孙贺主动请缨，武帝诏准。公孙贺一面饬令属下四处查访，一面发出告示，称只要朱安世自首即可免去死罪。朱安世信以为真，前来自首，公孙贺趁机将其捆绑关入死牢。

谁曾想到，这个朱安世并非视死如归的英雄豪杰。他在狱中得知公孙贺捉拿自己是要赎救犯死罪的儿子，冷笑道："丞相自己这下将祸及全族了。"当天，他就向狱卒要来笔墨，上书揭发公孙敬声与阳石公主私通，并指使人在长安通往甘泉宫的驰道上掩埋木偶，唆使巫婆祷告诅咒皇上。武帝看到上书，联想到日前的刺客事件和种种不祥征兆，当即下诏将公孙贺一家逮入诏狱，命廷尉严审此案。

结果，公孙贺父子都判死罪，诛灭九族。只是还没等到执行死刑，公孙贺就于次年正月死在诏狱。武帝与卫皇后所生的女儿诸邑公主、阳石公主和大将卫青的儿子长平侯卫伉，也被以私通外廷的罪名处以死刑。处死两位公主时，卫皇后哭求武帝免杀亲生女儿，武

公孙贺墓，位于今陕西省彬县水口祁家崖

帝无动于衷。涉案人员越牵扯越多，很多与公孙贺父子过从甚密的大臣以及后宫的妃嫔宫女等牵涉在内，也被处死。

两位公主的被诛，无疑传达出这样一个信息——既然皇帝的两个亲生女儿都可被处死，还有什么不可舍弃的呢？

这使得江充得到了施展阴谋的机会。他肯定从公孙贺这件事情中得出了结论——如果太子、皇后搞巫蛊，也是可以被武帝舍弃的。

公孙贺案发后，武帝任刘屈氂为丞相。刘屈氂是皇室宗亲，武帝哥哥中山靖王刘胜的儿子，也就是武帝的侄子，封澎侯，食邑二千二百户。

公孙贺的巫蛊案发生在征和二年（前91年）的春天。征和二年，注定成为大汉王朝家族最为惨痛的一年。这一年，武帝已经66岁，太子也已38岁。这一年，惟一喜庆的事情是太子刘据的孙子刘病已出生，这是武帝的第一个曾孙，被称为皇曾孙。但武帝此时对曾孙并没有表现出太多的兴趣和关爱，只是给了例行的赏赐，就连让太子入宫奏报皇曾孙的程序也免去了。武帝此时被欠佳的身体和精神弄得焦头烂额，同时妖娆的钩弋夫人和四岁的刘弗陵完全牵制了他的心。

经过一场大案，这年夏天，武帝的身体又添了病症，更觉得

心神不宁，精力倦怠。为更好地养病，他从建章宫搬到甘泉宫居住。一天，武帝午睡时在睡梦中忽然看到很多木偶个个手持棍棒刀剑，奔入宫中，将自己团团包围，拿起棍棒就打，打得武帝浑身疼痛难忍，想逃又逃不开。木偶越聚越多，武帝大叫一声，醒了过来，浑身虚汗，心跳急促，方知是一场恶梦，头脑更是昏沉。正在回味时，宠臣江充进来问安，武帝向他述说梦境，江充进言道："公孙贺虽被诛除，但巫蛊并未清除尽净，想来依然有人谋害圣上。"武帝认为江充所言极是，就让江充专职搜查处理巫蛊。

江充得旨，急忙召集人马，在首都长安各地部署，准备弄个天翻地覆。他改变了前次派士兵搜查的办法，选择了几个据说从西域来的很有道行的胡人巫师，宣称这些胡巫能看见鬼魅和地下埋藏的木偶。他带领这些胡巫在长安城内四处巡查，故意把酒洒在地上，事先在地下埋入木偶，让胡巫故弄玄虚地作法念咒，说某人在这里祭酒拜神，用巫蛊诅咒皇上。从祠堂到寺庙，从店铺到民宅，后来又到官吏居所，一旦挖出木偶或者发现酒污痕迹，不管是平民百姓还是朝廷官吏，一律抓入牢狱拷问。很多人根本不知道怎么回事，也被抓入牢狱。江充指使部下使用各种酷刑，烧铁钳灼，许多人不堪忍受，只得含冤屈服，随意诬攀他人，结果越攀越多。江充正希望如此以显示功劳，对所有牵连到的人员全判以"大逆无道"的罪名处斩，一时间长安城内人人自危。各地官吏也上行下效，以查获犯案人员数量作为平步青云的政绩，争先恐后罗织冤狱。几个月下来，城内和三辅地区被牵连进去处斩的有数万人。全国其他地方也开始搜查巫蛊，同样用酷刑峻法处死了不少涉案者，整个长安乃至全国一片乌烟瘴气，直如人间地狱。

武帝此时一直精神恍惚。终日昏昏欲睡，对江充的行动不闻不问，见江充稍一稽查就将如此之多的案犯绳之以法，更坚信巫蛊已经密布长安。江充在民间兴风作浪，只是为了炫耀权势，见到百姓无论有无冤屈均不敢辩白，不少含冤屈死，心理得到极大满足。随着事态的发展，江充见自己可以为所欲为，武帝随时可能驾崩，自己与太子之间的仇隙极深，武帝一死，必为太子所诛，自己一直在寻找给太子致命一击的时机，现在奉旨勘查巫蛊，正是打击太子的绝佳机会。就这样，江充开始了他的下一步行动。

四

江充将胡巫檀何向武帝推荐，吹嘘此人能望云看气，哪里地下埋有巫蛊，一看其上空云气便知。武帝让檀何作法察看，檀何装神弄鬼一番，说："后宫中有邪气，如不尽快驱除，龙体难安啊！"昔日雄才大略的武帝此时已经头脑昏昏，对檀何所言笃信不疑，随即下诏让江充率胡巫、士兵前去后宫搜查，同时责令按道侯韩说、御史章赣、黄门苏文等协助搜查。昔日高深莫测、戒备森严的宫闱禁地顷刻陷入空前灾难。

江充先从失宠的夫人、妃嫔寝宫开始查起，范围逐步扩大。每到一处都掘地三尺，每一个角落都让人挖开寻找木偶，连皇帝的御座也不能幸免。七月九日，江充兵分两路，自己持诏令闯入太子住的博望苑，同时派黄门苏文去卫皇后住的未央宫搜查。太子自信没有罪状，毫不在乎。江充搜查得特别仔细，命士兵刨开地面认真翻检，将宫中挖得一片狼籍；苏文在未央宫也是如此，连卫皇后的凤床也被搬开。果然，江充真的在博望苑和卫皇后宫中共挖得木偶六枚，每个木偶都是武帝模样，并用铁针刺心。在太子的博望苑里还发现了许多布帛，上面写满了恶毒诅咒皇上的咒语。其实，这是江充一伙早就做好手脚栽赃太子和卫皇后的。

江充擎着木偶向随从宣布："太子宫里掘出木偶最多，还有写咒语的帛书，本官一定如实奏报皇上，严惩凶手。"太子惊惧非常，就问自己的师傅少傅石德怎么办。石德害怕自己作为太子的师傅会与太子被一同处死，就说："先前丞相公孙贺父子、两位公主和年幼的卫伉都死于巫蛊，现在江充蓄意伪造罪证陷害太子，皇上不了解其险恶用心，见到这些证据，也无法辨明真假。现在最安全的办法就是逮治江充，再揭露其罪行！而且，如今都说皇上有病，住在甘泉宫，皇后和太子去问安也被挡在门外，皇上是死是活还不知道。奸臣江充当道，一手遮天，太子如不从速行动，必定重蹈秦王扶苏的覆辙啊！"太子迟疑不决："江充是奉父皇诏令来的，我们怎能擅自捕系？不如我去向皇上说明情况，还有可能使皇上知道我们无罪。"谁知太子带人刚走到门口，就被江充派的负责监护的士兵拦住，禁止出门。太子只得回到宫中，坐立不安，心急如焚，一筹莫展，最后把心一横："我好歹也是太子，江充奸佞凭空诬陷我，将我逼到无路可走，难道现在我只能坐以待毙？"决定听从石德的意见，起兵自卫。

次日，太子让卫士假扮成武帝派的使者，带了武士，前去江充行所假传圣旨，准备捉拿江充等人。江充毫无防备，见武帝有诏令来，也没有仔细辨别。只有按道侯韩说起了疑心，怀疑使者的身份，硬是不肯受诏，并试图逃走，当即被武士砍死。御史章赣和黄门苏文见势不妙，夺路而逃。江充和胡巫则被活捉，带到太子跟前。太子指着江充大骂："你这个赵国奴才，当初把赵王父子害了不算，如今又要来离间我们父子吗？"说完将江充拉出去斩首，把檀何等胡巫捆在树上活活烧死。

处死仇人，太子马上派舍人无且连夜赶到未央宫，通过宫中的长御倚华向母后告变，说杀了父皇钦命的大臣。卫皇后坚定支持儿子，并让儿子调用皇宫内厩中的所有车马运输兵士，又打开御林军的武库散发兵器，把守卫长乐宫的卫兵全部调拨归儿子统辖。同时，向附近百姓发出布告说：如今皇上病重，困在甘泉宫，不知道是否尚在，奸臣江充已经伏诛，请百姓支持太子平定叛军。即发兵攻入丞相府。丞相刘屈氂此时听说太子带兵攻入，慌忙逃出城外，连丞相印绶也弄丢了。

黄门苏文和御史章赣逃回甘泉宫，向武帝告发太子谋反，已经杀了江充。武帝将信将疑：一定是因为被江充逼迫，太子无可辩解，恐惧害怕，一怒之下才起兵反抗，要派人把太子叫来问个仔细。他派贴身内侍进城召太子来见。侍臣担心被太子诛杀，就跑到外面兜了一圈，回来报告武帝说："太子谋反属实，不肯前来，且要将我斩首以儆效尤，臣好不容易才得以逃回。"武帝登时大怒，催促内侍发诏给丞相刘屈氂，命他即刻发兵征讨太子，拘捕太子及皇后，如太子不服拘系，就地斩杀。

此时，丞相刘屈氂已经从刚开始的慌乱中稳定下来，派丞相府的长史前来禀报情况。武帝问："丞相有何举动?"长史答："丞相因事牵皇室内部,正努力封锁消息,未敢轻举妄动。"武帝怒道:"现在人言藉藉,无人不晓,情况危急,哪里还有什么秘密可言?丞相怕杀了皇子大逆不道,难道他不知道周公也曾把管叔、蔡叔诛杀了么?"当即赐刘屈氂玺书,交长史带回,同时转告丞相:"尽全力捕杀谋反者,朕自有赏赐。一定要用牛车结阵,不要短兵相接,多用弓矢毙敌。同时要坚闭城门,不要让造反的人逃脱。"为了更好地指挥平叛,武帝从甘泉宫搬到建章宫居住。

丞相刘屈氂刚开始时闻变出逃,丢了印绶,此时接到武帝玺书,让他征召三辅临近各县的将士和各地两千石以下的官员讨伐太子。太子在宫中见丞相刘屈氂调兵遣将,军队调动集结的报告不时传来,自己仅凭宫中护卫抵抗,兵力悬殊,形势紧急,要么束手待毙,要么铤而走险。太子最终选择了后者,他决定与父亲和那些奸佞小人作一次抵抗。

当时,长安城内的大部分军队仍由丞相掌控,太子的兵很少。他可能调动掌握的军队主要有三支:驻扎在长水、宣曲的两支胡人部队和驻扎在城北的护北军。太子派门客如侯持赤色节杖前去长水校尉、宣曲营地调拨骑兵。孰料还是晚了一步。武帝知道太子可能盗用皇帝节杖调派军队,就急令在原来赤色的节杖上加上黄色的旄缨以示区别,并派亲侍四出火速传达给驻扎守军。等太子派的如侯持原来的赤节来到的时候,武帝派的侍郎马通已经到达。马通就和胡兵将如侯斩首,将这两支部队调拨去支援丞相。

太子此时还不知情,亲自持节来找北军的护军使者任安,恳求任安发北军去助战,消灭蒙蔽皇上的奸佞。任安的士兵将太子很有礼貌地拦在城外,任安亲自出城接见,太子拿出赤节让其出兵。任安内心矛盾重重,思索良久,最终还是跪拜接受了符节。等返回军营,他却闭门不出,拒不发兵。

太子没有调动一支正规部队,只得把关押在城内的囚徒全部放出,发给他们兵器,由少傅石德和门客张光统率,鼓动他们共击奸贼,必定按功封赏。不过,这些乌合之众在丞相率领的正规军的打击下,迅速土崩瓦解了。

长安城内一片混乱。当时大部分人不清楚事件的真相。有人说太子谋反，有人说武帝暴亡，奸臣夺位，太子自卫，一时不知道支持哪一派，只得四处逃散。太子见囚徒兵寡不敌众，危在旦夕，只得将长安城内的平民百姓驱赶数万出来，充当士卒，做拼死抵抗的准备。

太子的军队和丞相的军队进行了五天五夜的恶战，繁华的长安城每一条街巷都成了杀戮战场，喊杀声惊天动地，成片的百姓倒下，尸体层层叠叠，鲜血汇成了小溪，汩汩流淌，真正达到了流血漂橹的地步。五天五夜的血战后，太子的兵卒毕竟没有经过严格训练，在训练有素的正规军面前毫无还手之力，几乎全军覆没。丞相的军队逐渐控制了长安的局势。

太子见大势已去，只得趁夜带领两个儿子和几个亲兵准备从城南的覆盎门逃跑。此时守卫覆盎门的司直田仁，早已按照武帝诏令紧闭城门，重兵把守。太子来到城下，见城头上士兵林立，慨叹"今朝休矣！"司直田仁有恻隐之心，就打开城门，放太子一行出城。太子感激地盯着田仁，田仁脸色冷峻，一言不发，目送太子出城。丞相刘屈氂领兵追到，得知田仁擅自放走太子，准备将其就地正法。随军的御史大夫暴胜之阻拦说："司直身为朝廷的二千石大员，理应先行奏请，怎能擅自处斩呢？"丞相无言以对，只得暂将田仁投入牢狱。武帝得知后大发雷霆，派内侍质问暴胜之："司直擅放逆子，丞相杀他是执行律令，你为何袒护他？"暴胜之惶恐不安，自尽身亡。田仁则被腰斩。

对接受太子符节的任安，尽管其没有发兵帮助太子，武帝认为他首鼠两端，坐观父子相斗，是怀有二心，两面讨好，就将任安腰斩了。

武帝处罚了一些人，对那些立下大功的人也不吝赏赐：封斩杀如侯的马通为重合侯，抓获少傅石德的景建为德侯，捕捉张光的大鸿胪商丘成为秺侯。太子的门客、内侍被捉住全部处死，跟随太子发兵的护卫以谋反罪族诛，那些被逼从军的囚徒、百姓则发配敦煌戍边。

随后，武帝派宗正刘长、执金吾刘敢持诏书来到卫皇后居住的未央宫，收回了皇后的玺绶和册封，逼迫卫皇后自尽。卫皇后在与武帝相处 48 年、做了 37 年的皇后后，以三尺白绫自缢身亡，香消玉殒。黄门苏文将其胡乱埋在城南的桐柏亭。武帝并未就此善罢甘休，又派人将太子刘据的夫人、妃嫔、太子的儿子史皇孙刘进及其妻子处死，史皇孙的女儿虽已出嫁，也被处死。太子留在长安的家眷，惟一剩下的就是年仅一岁的皇曾孙刘病已，他也被投入郡邸狱中。

太子带着两个儿子逃出长安后，历尽千辛万苦，来到湖县（今河南灵宝县西），藏于泉鸠里的一户农家避难，在那里住了半个多月。主人家里很穷，以编织草鞋为生，却依然尽力照顾好太子父子数人。太子想起有一位故交在湖县，他思索良久，决定派内侍去寻求帮助。没想到走漏风声，八月初八日深夜，地方官派兵包围了农夫的小院。太子见无路可逃，悲愤交加，只得悬梁自尽。两个皇孙则被乱刀砍死。农夫一家也全被杀死。这场战役中，山阳县卫役张富昌和新安县令李寿立了头功，被武帝分别封为邘侯和题侯。

<h1 style="text-align:center">五</h1>

在武帝刚刚害死卫皇后时，大臣们知道武帝正在暴怒时刻，都惶惧不安，无人敢于谏言。只有上党郡壶关县的三老郑茂，他负责掌管本县的百姓教化，最先给武帝上书。

郑茂替太子申冤说，江充"造饰奸诈，群邪错谬，是以亲戚之路隔塞而不通，太子进则不得上见，退则困于乱臣，独冤结而亡（无）告，不忍忿忿之心，起而杀充，恐惧逋逃，子盗父兵以救难自免耳，臣窃以为无私心。"郑茂上书时，太子刘据还在逃亡之中。武帝读了郑茂的上书后，很受触动。《资治通鉴》记载说，"天子感悟，然尚未显言赦之也。"就是说，武帝虽然感到后悔，但也没有明确说要赦免太子。但《汉武故事》记载："壶关三老上书，上感悟，赦反者，拜郑茂为宣慈都尉，持节巡三辅，赦太子。太子欲出，疑弗实。吏捕太子急，太子自杀。"也就是说，武帝见到郑茂的上书后，就命郑茂为宣慈都尉，持节杖巡查三辅地区，要赦免太子。太子想现身，但又怀疑消息不属实。又由于地方官吏搜捕太急，太子上吊自杀。

但不论哪种记载正确，武帝对太子被害有了后悔之意应该是事实。这就为巫蛊之祸的继续蔓延埋下了伏笔。

武帝的其他几个儿子见太子已死，太子位空缺，都想方设法谋求太子位。其余几个皇子中，齐王刘闳早死，还有燕王刘旦、广陵王刘胥兄弟，昌邑王刘髆和年幼的刘弗陵四个皇子。燕王刘旦年纪最长，也颇有才略。他认为如果按年龄次序自己应当被立为太子，遂派遣使者去长安给武帝上书，请求让自己入长安护卫。武帝见奏，知道他想进入长安，顺其自然地被立为太子，不觉大怒，将来使斩首。同时又查出刘旦有窝藏罪，削夺了刘旦封地燕郡的良乡、安次、文安三个县治。

诸大臣见武帝对刘旦和其弟刘胥十分厌恶，自然知晓这实际上排除了将他们立为太子的可能性。太子人选只能在昌邑王刘髆和刘弗陵两人中选择。

征和三年（前90年）三月，武帝派二师将军李广利率7万大军出征匈奴。李广利就是李延年和李夫人的哥哥，其女儿嫁给了丞相刘屈氂的儿子，李广利和刘屈氂就成为儿女亲家。李广利准备妥当，亲家翁刘屈氂前来送行，到渭桥饯别时，李广利说："愿君侯早请主上立昌邑王为太子，如其得嗣帝位，君侯可以长保富贵，更有何忧？"刘屈氂表示同意。

昌邑王是李广利的妹妹、武帝曾经一度宠爱的李夫人之子刘髆。李广利看太子刘据、齐王刘闳既死，刘旦、刘胥又失去了争夺太子位的资格，只剩下昌邑王刘髆和刘弗陵。李广利自然想把自己的外甥立为太子。他作为当时最高的军事将领，又与当今丞相是儿女亲家，两人掌握大汉的军政大权，只要两人稍微用力，里应外合，就很有可能达到目的。然而这在汉朝制度上，却是侵犯神圣皇权的罪不可赎的行为，尤其是在当时宫廷动乱刚刚平息的时刻，觊觎谋夺皇位无疑是大逆不道的。

不久，掌管皇宫内部事务的令长郭穰告发丞相刘屈氂的夫人在丞相的数次责备下，指使巫师祭祀社神，祭祀时用恶毒的语言诅咒武帝；并与二师将军李广利祭祀时共同祝告神灵，祝愿昌邑王为帝。

武帝刚刚处置了刘旦谋立太子事，身心俱疲，又见此事，更是大怒，当即将刘屈氂夫妇逮系下狱。经官府案验查证属实，被判处大逆不道罪。武帝将刘屈氂装入拉运食物的厨车，游街示众。六月，丞相刘屈氂被腰斩于东市，其妻也在华阳街斩首。二师将军李广利的妻儿也被逮系下狱，只因李广利尚带兵征战大漠，武帝怕他闻讯谋反，没有将其家属处死。

李广利领兵 7 万，兵发五原，此时正在塞北与匈奴骑兵杀得难解难分，已经取得了不小的胜利。胡兵奔走逃散，不敢抵抗。突然有心腹从长安赶来向他报告了长安动乱的情状，李广利这才知道妻儿及全族被系诏狱，当下大惊失色，忧惧万分。李广利思来想去，本想杀退匈奴立功来赎救妻儿家人，但现在孤军深入，经历了几次大仗，损伤惨重。在部下的撺掇下，他一怒之下，率军投降匈奴。武帝得知李广利投降匈奴，当即将其妻儿及族人全部处斩。

单于敬重李广利才略，待如上宾，还把自己的女儿嫁给他。李广利在匈奴过了一年乘龙快婿的逍遥生活，很是惬意。匈奴大将卫律见李广利地位超过自己，很是嫉妒，开始筹划谋害李广利。当时正值单于的母亲生病卧床不起，单于请胡巫祈祷，卫律密嘱胡巫陷害李广利。胡巫装模作样的作弄了一番，说："去世父王的阴灵发怒，你从前出兵前总是祷告，要把李广利抓来作为祭品，现在李广利却受到无上的恩宠，为何如此敌我不分？现今母后之病即因于此。"单于一向尊信巫师，信以为真，将李广利捆缚准备处死，李广利临刑前破口大骂："我死后定做厉鬼，剿灭匈奴。"随即被处死。

经过近一年的调查，到征和三年（前 90 年）九月，武帝查明江充所判巫蛊案大多查无实据，才知道太子死得确实冤枉。此时，高寝郎田千秋上奏说："儿子擅自调拨父亲的军队，其罪不过鞭笞，天子的儿子被迫杀人自卫，何至于承担这么重的罪过？臣昨夜梦见一个白发老翁，是他教臣这么上奏的。"高寝郎负责管理高祖皇帝的寝陵，其上奏被认为是高祖皇帝托的梦。

武帝正思为太子平冤，却苦于找不到台阶，顺水推舟，认为田千秋所奏有理，忠心可鉴，立即升田千秋为大鸿胪；同时下令将江充诛灭九族，把苏文烧死在横桥上，参加湖县剿捕行动的官吏张富昌、李寿被灭族。为表达对儿子的哀思和追悔之情，武帝在长安修建了一座思子宫，在湖县修建了归来望思台，时时追悼太子和皇后的无辜冤死。

征和三年（前90年），国内发生了蝗灾，武帝不顾天灾人祸，依旧在征和四年（前89年）正月巡幸到东莱郡，准备泛舟出海寻找长生不老的仙人，因见恶浪排空才作罢。这年二月，雍县降下了两块陨石，大臣纷纷上奏说老天示警，武帝也不得不有所收敛，就顺路来到泰山封禅，并向群臣说："朕即位以来，所为狂悖，致使天下愁苦，悔之无及。自今以后，凡事有伤害百姓、靡费天下者，一概罢去。"大鸿胪田中秋趁机进谏说："方士、巫师言神仙可以找到，但却并无效验，徒费官钱，请皆罢遣。"武帝表示同意，下令将所有方士、巫师全部遣送原籍，并嘉奖田千秋，拜为丞相，封富民侯。

正在武帝准备施行"偃武修文、与民生息"政策的时候，搜粟都尉桑弘羊联合御史大夫商丘成上奏请在西域轮台东派兵驻守，屯田扎营，以久占此地，威慑控制西域诸国，休兵弃甲。武帝借此时机，下诏追悔往昔征伐扰民之害，并说："自左丞相与二师阴谋逆乱，巫蛊之祸，流及士大夫，朕痛士大夫常在心。"这篇诏书是因轮台屯田之事引起，这篇诏书被史家称为"轮台诏"，武帝这一行动也被称为"轮台悔过"。武帝也真正采取了行动，施行休养生息，使汉朝动荡的局面得到控制，转危为安，重新强盛起来。为此，司马光在《资治通鉴》里评价武帝"有亡秦之失而免亡秦之祸"，从中也可见汉武帝的雄才大略。

不过，武帝虽然下了轮台诏，对自己一生的征伐、改制等过激之处进行了反思，却仍然对巫蛊案穷治不休，毫不悔过，并以胡巫余孽犹存，驳回了丞相宽刑省狱的请求。也正因此，本来已经尘埃落定的巫蛊案又沉渣泛起，新的屠戮又开始了。

六

后元元年（前 88 年），武帝已经 70 岁，成为中国历史上寿命和在位时间最长的皇帝之一。不过他的七十寿辰却是在恐惧惊魂中度过的。

刘屈氂、李广利、江充、苏文、张富昌、李寿等在征讨太子之乱中立下赫赫战功的宠臣们先后被武帝处死，种种迹象表明，武帝已经开始报复征讨太子的武将大臣，尽管他依然没有为太子平反。这让许多为求平步青云而在太子之乱中争先恐后的臣子惶恐不已，担心下一个目标就会轮到自己。

这年六月，御史大夫商丘成自杀身亡。一时间朝野哗然，议论纷纷。商丘成原来不过是大鸿胪，因在平定太子之乱时擒住了太子手下的大将张光，被武帝升为御史大夫，封秺侯。现在他见武帝开始清除有功之臣，终日惴惴不安，趁在文帝陵庙祭祀，借醉酒诅骂皇室。武帝自然暴怒，认为商丘臣对皇室很不尊敬，逼迫其自杀。

风烛残年的武帝本以为可以稍稍平定一下，不料仅仅十天后，一场更让他心惊胆战的事件发生了：马何罗、马通兄弟在宫中行刺皇上！

马何罗、马通兄弟两人，同为武帝宠信的大臣。马何罗官为侍中仆射，与江充关系密切。太子之乱时，马何罗的弟弟马通果断斩杀了太子派去调兵的如侯，立下大功，被封为重合侯。此时，两人见各有功大臣一个个倒下，担心自己不免于难，坐立不安，最后决定先发制人。两人经过详细商讨，决定由马何罗在宫中行刺武帝、事成后马通发兵攻入行宫，一举歼灭皇宫的御林军和扈从卫队，另择新君即位。两人之所以敢于采取如此拙劣的办法进行如此冒险的行动，是因为马何罗的官职是侍中仆射，就是宫中侍卫的首领，有很多机会接触武帝。可以说，两人如此策划，直接刺杀年迈昏眊的武帝，既可以立竿见影，而且成功的可能性还是很大的。只可惜事情坏在一个匈奴人金日磾手里。

金日磾,字翁叔,原是匈奴休屠王的太子,原名叫日磾。元狩二年(前121年),休屠王与浑邪王相约一同投降汉朝,后来休屠王反悔,被浑邪王杀害。儿子日磾与母亲、弟弟都被当作俘虏没收为汉朝的奴仆,日磾被安排喂养皇宫的马匹,这年他才14岁。几年后的一天,武帝带着许多妃嫔、宫女游玩时,来到马厩赏马。日磾与十来个马夫牵马从武帝等人面前走过,供武帝逐一察看。其他马夫从没机会看到宫女,得此良机,自然都偷偷窥看,唯独日磾目不斜视,低头走过。武帝颇为好奇,又见他

金日磾像

容貌端正,身材魁梧,问他家世,方知是匈奴休屠王太子。武帝对他很有好感,就赐姓为"金",封为马监,随后又升为侍中驸马都尉。金日磾却并不得意忘形,日常仍是低调谨慎,不卑不亢。武帝对他很是器重,让日磾作了内侍,随从自己出入。金日磾的母亲阏氏病死,武帝让人画出图像,题上"休屠王阏氏",金日磾感激万分。武帝尤其喜欢金日磾的两个聪明活泼的儿子,经常与两个孩子嬉戏,金日磾则对儿子十分严厉。其长子长大后,自恃有武帝袒护,举止放纵轻佻,一次竟然在宫中调戏宫女,不料正好被金日磾看见。金日磾令人将儿子捆缚,亲手杀死儿子。武帝闻知大怒,叫来金日磾,大加训斥。金日磾顿首谢罪,说逆子胆大包天,肆意妄为,若不除去,日后必连累全家。武帝只好感慨作罢,更加敬重金日磾。金日磾在武帝左右数十年,谨小慎微,从没敢盯着武帝看。武帝赐给他的宫女,他也从不亲近,怕亵渎圣上。武帝想纳他的女儿入宫,金日磾也婉言谢绝,担心将来女儿入宫后,会给别人以口实,认为自己凭外戚势力为害。武帝没

有生气，而对金日磾更加敬佩。

这次马何罗、马通欲行刺皇上，计划确定后，时时寻找机会，不想金日磾每每在武帝身边，无从下手。金日磾也渐渐察觉出马何罗的异常神色和举动，就暗中窥探对方动静，更加悉心护卫武帝。就在商丘成自杀后没几天，马何罗的机会来了。

这天，武帝临幸林光宫，金日磾因病，虽然依然随从，不能像往日陪着马何罗一起服侍武帝，马何罗心中窃喜，认为天赐良机。当晚，他溜出宫告知弟弟马通做好发兵准备，随后又溜回宫中。第二天清晨，武帝尚在睡梦中。金日磾病体未愈，迷迷糊糊起来如厕，忽见马何罗蹑手蹑脚潜入，问他有何事禀报。马何罗心虚，惊慌失措，匕首从身上掉了出来，金日磾立刻大叫"马何罗谋反"，上前扭住马何罗，两人扭打在一起。武帝惊醒，大叫卫士救驾。士兵准备用箭射击，武帝怕伤了金日磾，阻住士兵，让两人继续扭打。一会儿，金日磾将马何罗摔倒在地，士兵上前捆缚。武帝当即讯问，马何罗供出实情，武帝派兵将尚在等候消息的马通捉拿。等待马氏兄弟的自然是腰斩极刑。

不久，在太子之乱中抓获少傅石德而被封为德侯的景建及其他"功臣"也被诛杀。

这次巫蛊案被牵连入狱的人员也不在少数。后元二年（前87年）二月，武帝临终之前，居住在长杨宫和五柞宫，望气的方士说长安城中有天子气。武帝就下令派人统录各狱中的案犯，无论罪行轻重，全部处死。当时负责治巫蛊案狱的是丙吉，武帝的曾孙、太子刘据年仅四岁的孙子刘病已也在狱中，丙吉让人妥善喂养。当内谒者令郭穰晚上到狱中处置犯人时，丙吉不让其入内，一直守到天亮，说："百姓没有罪都不能处死，何况皇曾孙呢？"郭穰只好回去禀奏武帝，武帝有所醒悟，下令停止处死犯人，大赦天下。长安狱中数万囚徒也因此得以保全性命。而丙吉所救的这个皇曾孙，就是后来的汉宣帝。

巫蛊案在此后还有零星牵涉，但随着这月武帝的驾崩，巫蛊案也就基本结束了。

武帝死后，年幼的刘弗陵继位，是为汉昭帝。昭帝死后，刘病已被从民间召来，入继大统，改名刘询，是为宣帝。宣帝知道

汉武帝墓,位于今陕西省兴平县南位乡茂陵村。

自己身世不幸，想为自己的祖父刘据平反，召来群臣商议："先皇太子葬在湖县，没有封号，也不能享受每年的祭祀，应当为先皇太子议定谥号，建立陵园。"他原想给祖父起一个好的谥号，却遭到不少大臣的反对。他们认为刘病已既然继承了昭帝刘弗陵的皇位，就等于过继给昭帝一系，接续了昭帝的香火，不能再祭祀自己的父母。最后确定，给先皇太子刘据定谥号为"戾"，此后刘据就被称为"戾太子"，将其陵园设在湖县，守陵人三百户，被称为"戾园"。

巫蛊案绵延数十年，终于随着武帝的驾崩而宣告结束。当然，武帝身后因巫蛊引起的屠杀不绝如缕，但那些案件较之这次巫蛊案无论在范围、时间、层次、影响上都难以同日而语。皇后、太子、丞相、将军、御史、侯爵、妃嫔、宫女、囚徒、狱卒、巫师等等无不牵涉在内，受害最大的仍然亘古不变是百姓。最高统治者也并没有从中获得胜利的愉悦感。表面上，巫蛊案是朱安世、江充等始作其俑、兴风作浪，最终导致冤狱累累，"天下咸被其祸"，其实追踪罪魁祸首，全在武帝一人。正是他的刚愎、猜忌、狐疑、阴险、固执、自私，那些后宫争宠之争、皇储废立之争、党派政见之争才得以发酵、酝酿、爆发，最终不可收拾。太子皇后死了，忠臣良将死了，奸邪佞臣死了，方士巫师死了，平民百姓自然也死了，这是一场没有胜利者的冤案。或许在正统史学家看来，这只是统治集团内部争权夺利的争斗，没有冤屈，但具体到无辜罹难的涉案人尤其是无辜百姓，其覆盆之冤是惊天动地的。幸而武帝对这场惨祸的危害有所察觉，他毕竟是雄才大略的君主，在年迈昏眊中还能意识到自己的错失，作出深刻反省，颁布"轮台诏"，定下"禁苛暴、止擅赋"和"富民"的政策，从而避免了秦亡的覆辙，为西汉的中兴奠定了基础。这是武帝之所以为世人钦佩的重要原因。

巫蛊案结束了，留给后人无尽的喟叹、嗟呀，这场没有胜利者的惨案似乎应该有人负责，那么谁该负责呢？似乎所有人都很无辜，所有人都在挣扎，就是没有人负责，只留给后人无尽的沉思。正如宋代诗人陈普的一首诗所言：

> 几多爱子出萧关，
> 山积胡沙骨未还。
> 正好望思台上泪，
> 随风北去洒阴山。

千古冤狱 "莫须有"

——岳飞案

　　提到"冤案"，几乎所有人都会想到岳飞。在中华民族的文化积淀中，岳飞已经成为中国历史上冤屈最为深重的代表人物。岳飞在人们心目中已经被神化成一尊象征民族精神和代表民族脊梁的神祇。岳飞为什么被害？与他同为大将的韩世忠为什么能得以保全？

一

岳飞像

　　岳飞（1103~1142），字鹏举，河南汤阴人。北宋崇宁二年（1103年）二月二十五日出生于真定府路相州汤阴县永和乡的一个村落。据说，岳飞降生时，正好有一只大鹏鸟从岳家房顶上飞鸣而过，父亲就给他起名岳飞，后取字鹏举。

　　岳飞的父亲岳和，是个地道的农民，史书称他乐善好施，尽管家境窘迫仍接济饥民。母亲姚氏，也被认为是一个知书达理的妇女。相传岳飞出生尚不足月，黄河决口，洪流肆虐，淹没了村庄，姚氏抱着岳飞坐到大瓮里，飘荡数日，才被冲上岸。这个传说已被证明是后人的杜撰，因为当时黄河根本不经过此地。还有传说认为姚氏在岳飞七八岁的时候，为教育儿子，在其背上刻了"尽忠报国"四字。事实上，在宋代，刺字不仅仅是对囚犯的惩罚手段，有时为防止士兵逃跑，也在士兵脸上刺字。到了南宋，一些勇武之人也自愿在脸上或身上刺字，以明志向，如著名的王彦"八字军"就是为激励抗金而在士兵脸上刺上"赤心报国，誓杀金贼"八字。岳飞背上的字是否为其母所刻史书没有记载，而更可能的是岳飞参军后自己找人所刺以表明自己的报国志向。"岳母刺字"也不过是后人神化岳飞的一种表现形式而已。

岳家世代务农，家境贫寒。岳飞从小就参加劳动，白天耕作砍柴，晚上跟父亲读书识字。他学习刻苦，喜读《左氏春秋》和《孙子兵法》，常常深夜不睡。在这样的环境下，岳飞练就了一身好体魄，能拉开 300 斤的劲弓，也初步懂得了一些兵法知识。这时的岳飞沉默寡言，性情果断沉厚，很受外公的喜爱。外公对岳飞的勇武干练十分赞赏，先是让他跟同乡周同学习射箭，不久又让他跟陈广学习枪技。周同是远近闻名的射箭高手，陈广的枪技在本地也堪称一流。岳飞聪颖刻苦，很快就学会了两套技术，成为"一县无敌"的高手。

政和八年（1118 年），岳飞十六岁，娶刘氏为妻，次年生下岳云。但为了谋生，岳飞到临近的安阳县韩魏公韩琦家做了一名庄客。这个韩家的曾祖做过宰相，煊赫一时，在当地很有派头，得知岳飞武艺超群，就选他作保护宅院的"庄客"。在此期间，岳飞跟韩家子弟了解了一些国家时事，增长了不少见识，逐渐摆脱了农民立场，不过也沾染了酗酒的恶习。在韩家干了三年，岳飞辞去庄客，去乡镇当了一名弓手，负责逮系盗贼，但干了没多久也不干了。

当时，国家形势十分危急。荒淫无道的宋徽宗沉湎酒色，不问政事。而崛起于东北的女真族已经建立了金政权，与宋朝联合攻辽。宋朝连战皆败，自身的腐朽无能暴露无遗。而金兵却势如破竹，迅即消灭辽国。金兵灭辽后，继续南侵。宋徽宗惊恐万状，宣布退位，由太子赵桓继位，改年号靖康，是为宋钦宗。

国家危亡激起了岳飞投身疆场、杀敌报国的志向。恰好时任

金国武士像

宣府使司参谋官的刘韬，正在河北真定府路招募一批"敢死士"去攻夺燕京，岳飞即报名参军。刘韬见他武艺超群，封他为"十队长"，管10名士兵。岳飞跟随大军到了燕京城下，高大的城墙给他留下了深刻印象，他以为这就是金朝的首都黄龙府（今吉林农安县）。不久，父亲岳和在汤阴病故，岳飞便离开部队，回乡料理丧事。从宣和四年（1122年）到靖康元年（1126年），岳飞在家守丧，但随着国事日蹙，他毅然再次参军。

靖康元年（1126年）十一月，金兵攻入宋朝首都汴京（今河南开封），将皇宫财物掳掠一空，驱赶徽、钦二帝和后妃、宫女、工匠等三千余人撤回东北。北宋灭亡。靖康之耻后，康王赵构在河北相州建立了大元帅府，自己担任"天下兵马大元帅"，收拢招募河北、河东的民兵和政府军。这年腊月，岳飞投靠了刘浩在相州招募的军队，随军队渡河赶到大名府（今河北省大名县）。岳飞作战勇猛，勇往直前。一次，他与一金军将领骑马挥刀相搏，金将疾驰而来，岳飞挺刀相迎，两刀相格，刀锋砍入对方大刀一寸深。自此，岳飞有了"敢死"的勇名，逐渐升为从八品的秉义郎。

次年五月，赵构在河南商丘登基，重建宋朝，年号建炎，是为高宗。为标榜中兴，他重新起用主战派李纲为右相，宗泽为汴京知府，以鼓舞军民士气。赵构本人却一心想躲到东南，偏安一隅，并任用了被人鄙视的黄潜善、汪伯彦为侍卫近臣。岳飞此时25岁，年轻气盛，不顾自己身微位卑，写了洋洋数千言上书高宗，反对南逃，力请高宗返回汴京，亲率六军渡河，激励士气，定能恢复中原。只是这封信根本没有递到高宗手里，就被宰臣截获，看后嗤之以鼻，以"小臣越职，非所宜言"剥夺了岳飞的职权，并削除军籍，将之赶出军队。

满怀报国之心的岳飞很受打击。但几个月后，他又投身河北路招抚使张所。张所力主抗金，见岳飞胆识过人，很是器重，任为统制。

赵构

岳飞对张所的知遇之恩很是感激，经年不忘。几个月后，张所因主张抗敌被高宗贬谪到岭南，不久郁悒离世。岳飞伤痛不已，数年后还把朝廷授予岳云的官衔让给了张所的儿子。

王彦替代张所成了招抚使，带领军队继续抗战。他与岳飞在具体进兵策略上分歧很大。岳飞忍无可忍，不顾严重违反军纪，撇开王彦，自带一军离开，因经验不足，寡不敌众，几经辗转，势力日渐削弱。而王彦屡败金军，声名远播。岳飞只得重回王彦军营请罪，王彦对岳飞耿耿于怀，差点听从部下建议杀死岳飞，最后还是怜惜他的才能，自己又不便统领，便将他推荐给老将宗泽。宗泽与岳飞促膝交谈，惊讶岳飞才华出众，将其调入自己手下，任为"踏白使"。

经过金兵掳掠，汴京人心惶惶，百废待兴。知府宗泽着力整顿混乱局面，加强治安，招募民兵，使汴京城重新得以巩固。他派岳飞抵抗进犯汜水的金兵，岳飞用疑兵之计，大胜敌军，被升为统制，从此岳飞正式成为一名宋军将领。

随着战斗经验的丰富，岳飞逐渐形成了自己的作战思路。唐代以来，阵法被许多将领奉为作战的圭臬，成为不可更动的天条。宋太宗征辽时，甚至在皇宫中要求远在千里之外的大军按照他策划的阵图作战。阵法固然可使军队队列齐整，便于行动，却墨守

宗泽像

成规，不能适应战场变化。一贯不羁的岳飞对此颇有微词，他向宗泽提出："兵家之要，在于出奇，不可测识，始能取胜。"宗泽进士出身，由文人而任武将，对书本上的阵法很崇拜，听了岳飞精辟言论，不由极口称赞。

宗泽先后上了24道奏折请高宗还都，以鼓舞士气，报仇复国。高宗却惧怕金兵，迁延扬州不动。建炎二年（1128年），金军铁骑又长驱南下，旋即兵临汴京，70多岁的老将宗泽忧愤成疾，连呼三声"过河"，溘然长逝。高宗则惊慌失措，从扬州渡江南下，逃到杭州，又逃到宁波。金兵穷追不舍，高宗只好逃亡到海上，直到金兵撤军，才缓缓返回杭州定都，又开始了歌舞升平、醉生梦死的生活。

宗泽死后，由杜充接任。杜充胆小如鼠，毫无军事才能又没有胆识谋略。他撤销了宗泽布置的一切有利抗金的行动，得知高宗已渡江南逃，还打算放弃汴京。岳飞极力苦谏说："中原地尺寸不可弃，今一举足，此地非我有，他日欲复取之，非数十万众不可。"杜充根本不听，强迫军队退到建康（今江苏南京)，岳飞也只得随军南下。高宗将防守两淮和长江的重任交给杜充，杜充却龟缩家中，不问兵事。是年冬，金军兵临建康，杜充开门投降。岳飞带领小部军队转到广德（今属安徽)，激励部将继续抗战，千方百计筹措粮饷，和士兵同甘共苦，接连打了6次胜仗，逐渐站稳了脚跟，随后进驻宜兴（今属江苏)，把宜兴当作他的驻地。

金兵担心孤军深入，被宋军切断后路，开始班师北撤。退到宜兴时，岳飞以逸待劳，一路追打到镇江。随之，又胜利收复建

92

康。这是岳飞、也是南宋军队在靖康之耻后首次正面与金兵主力作战，被称为"建炎三大战"之一，而在"建炎、绍兴初，诸将未尝敢与虏战也"。岳飞在此战中，横刀立马，纵横驰骋，毙敌无数。经此一役，岳飞名声大振。他派人把战俘和战利品押送给高宗，并上奏请防守淮南，高宗并不理会，只虚与委蛇地表示嘉奖而已。战后，岳飞又回到宜兴驻地，把母亲接来同住。此前，原妻刘氏见岳飞转战不归，已经另嫁他人，岳飞就在宜兴娶了一李姓女子为妻。

因连年对金作战，民不聊生，一些散兵溃卒聚集，流窜劫掠，被称为"游寇"，政府无力降伏，干脆承认他们这种割据局面，正式委任他们做辖地的军事首脑，称镇抚使，也有一些镇抚使是朝廷任命并委派到地方，岳飞就是这种情形。建炎四年（1130年）七月，朝廷任岳飞为镇抚使，兼泰州知州。但岳飞对此并不满意，因为大部分镇抚使都是割据一方的流寇，根本无心抗金。他上书申述，没有得到应允，只得赴任。到任后，他体护百姓，严厉治军，深得拥护，又奉命救援楚州，三战三捷，赢得朝廷的好感。金兵增兵转攻泰州，朝廷命岳飞驻守江阴防御金军。

二

建炎三年（1129年），女真铁骑已经控制淮水以北大部地区。为腾出兵力进攻陕西、关中地区，金人就物色汉族人选建立傀儡政权，防止宋朝军队北上。济南知府刘豫被金帅挞赖相中。刘豫原是河北提点刑狱，胆小如鼠，金兵南下时弃官逃到真州，不料宋廷又派他做济南知府。济南紧挨金军边界，刘豫极力推辞，也没奏效，只得满腔恐惧上任。金兵一到，他就开城门投降了。次年，刘豫被金国立为皇帝，国号大齐，都城在大名。刘豫任用文武官员，招募训练军队，正式与宋朝对立。

伪齐政权建立后，女真军马有一段时间没有南犯，南宋政权的内部却并不平静，那些割据的游寇四处侵扰，掳掠攻伐，弄得鸡犬不宁，其中尤以李成为祸最大。宋廷派张俊为江淮路招讨使，统辖驻扎在江阴的岳飞前去征讨。

李成原系宋军的一个小将领，兵败后盘踞地方，招兵买马，收拢了10万乌合之众，占领六七个州郡，称孤道寡，颇有野心。岳飞得诏，即起兵江阴，急速赶至洪州（今南昌）与张俊会合。岳飞主动请战，出其不意，击败李成先锋军，又和张俊两军夹击，李成逃回建康。绍兴元年（1131年）五月，岳飞引兵渡江，再败李成。李成走投无路，投降伪齐。岳飞以功擢神武右副军统制，又升为都统制，驻军洪州。次年正月，岳飞又征讨了曹成、张用两支游寇，被授武安军承宣使。

经过战争磨练，岳飞已有两万余兵，作战经验逐渐丰富。尤为重要的是，尽管当时朝廷给军队的饷粮不足，供应匮乏，但在岳飞的整饬下，岳家军纪律严明，秋毫无犯，留下了"冻死不拆屋，饿死不掳掠"的美名。岳飞与士兵同甘共苦，赢得了士兵和百姓的拥戴。从下面两件事中也可看出岳飞行事之一斑。

讨伐游寇曹成时，曹成的一员勇将杨再兴使岳军遭受重创，并当阵砍死岳飞的弟弟岳翻。岳家军抓获杨再兴，准备处以极刑，杨再兴大叫要见岳飞。岳飞为其勇武钦服，亲自解缚，邀其共杀金兵，忠义报国。杨再兴慨然应允，在战斗中勇猛无比，屡立战功。几年后一个暴风雨的夜晚，杨再兴率领一支300人的部队在小商桥与金兵2000多人遭遇，经过浴血奋战，三百部将全部战死，无一投降，杨再兴也壮烈殉国。其尸体被焚化后，得到的箭头足有二升多。这足见岳飞的博大胸怀和超凡气度。

岳飞到宜兴移送老母、妻子到徽州，有人控诉岳飞的舅舅对当地百姓有所侵扰。岳飞认为这是严重违反军纪，对母亲说："舅所为如此，有累于儿，儿能容，但军法不容。"母亲竭力求情，岳飞免舅处罚。途中，舅舅乘岳飞不备，用箭偷射岳飞，幸而只射中马鞍。岳飞大怒，令士兵擒住舅舅，亲手挖出舅舅的心脏。众兵骇然。

南宋政权不但不组织抗金，还多征赋税，横征暴敛，各地游寇尚未剿灭，农民起义又如火如荼发展起来。比较著名的有钟相起义、杨么起义、王宗石起义等。朝廷派岳飞、韩世忠、刘光世等战勋卓著的将领进行血腥镇压。由于义军多是无法生存的农民，勇气有余，经验不足，岳飞采取各个击破的战术，先后镇压了钟相起义、杨幺起义和吉州、虔州的农民义军，稳定了内乱局面。

因岳飞战绩显著，军纪严明，声名远播，很得朝廷青睐，高宗降诏当面褒谕。绍兴三年（1133年）九月中旬，岳飞与儿子岳云受诏到达临安，接受高宗召见。这次君臣谈话很是融洽亲切，高宗嘉奖了岳飞，还告诫他不要酗酒，赏赐他衣甲、马铠、弓箭、战袍等物品，并赠送一面绣有"精忠岳飞"的大旗，同时升岳飞为镇南军承宣使、江南西路舒、蕲州制置使，继续屯驻江州，将原在江州的傅选部队并入岳军。

随着牛皋、董先、李道等大将的先后加入，岳飞的部队更加强大，番号也由神武副军改为神武后军。这样，驻扎江州的岳飞和驻扎长江上游的王燮、驻扎下游的韩世忠、刘光世形成了控制沿江四大重镇的局面。

这几年里，尽管岳飞带领岳家军一直在为朝廷平定内乱并屡屡获胜，但他更想做的是抗击金军，恢复祖国疆土，并一直在寻找时机将军队调往北方前线。绍兴三年（1133年）腊月，金军从陕西大举南下，扬言攻取四川，遭到宋军截击撤回。为防止金兵东下联合投降伪齐的李成，岳飞上奏请北上收复襄阳、邓州诸郡，得到朝廷同意。朝廷把南镇抚使司的骑兵拨给岳飞，同时要求各监司保证岳军供应。

岳飞从江州（今江西九江）移师鄂州（今湖北武汉），渡江北上，进攻李成占领的襄阳（今湖北襄樊）。他亲自登城杀敌，一举攻占襄阳，又接连收复邓州、信阳、随州、郢州等城，立下南宋以来抗金的最大功勋，勇冠三军，远远超出了对金军心存畏惧的高宗君臣期望，被升为清远军节度使、湖北路荆襄潭州制置使。

绍兴五年（1135年），岳飞又因支援淮西，被擢为检校少保。这距岳飞参军不过仅七八年的时间。他的功勋和受到的提拔，也引起了一些大将如韩世忠、张俊等的嫉妒。岳飞对此也有所察觉，尽力缓和与他们的关系。他常致信向他们问好，把缴获的战利品送给他们。韩世忠甚为高兴，消释前嫌，而张俊却认为岳飞是在向其夸耀战功，更增怨愤。

绍兴五年（1135年），南宋政权呈现出暂时的安定局面。包括岳飞在内的一些具有民族意识的官员，不断呼吁朝廷"迎还二圣，恢复中原"，沦陷在女真和伪齐统治下的中原人民也期盼朝廷收复失地。此时的宰相张浚主张抗敌，对岳家军和韩世忠所部很是赞赏。是年冬，朝廷对军队做了一些重大调整，准备继续保持守势，将军队改称"行营护军"，张俊驻建康，韩世忠驻楚州，刘光世驻太平州，共同防守长江中下游和淮水流域；王彦驻荆南，岳飞驻鄂州，防守中上游。张浚积极筹措，准备让岳飞进驻襄阳，其他军队配合，直捣中原。次年二月，高宗在内殿召见岳飞，也给予鼓励。

正在岳飞积极备战时，其70多岁的老母亲于三月病死于鄂州军营。岳飞很有孝心，奏报朝廷，并不等朝廷回旨，就先自解除军职，随带眷属，扶护灵柩，将母亲安葬在选好的庐山墓地，并建"叠翠亭"悼念。朝廷得报大惊，当前正值筹措北伐之机，众将已经准备移营，怎能有空丧葬？立刻发金字牌要岳飞"起复"（孝服未满，而复起用），即刻回鄂州重掌军马。同时，让枢密院发令岳家军将领共同敦请，如有延误，军法惩处，岳飞只好"移孝

韩世忠

作忠"，回军措置。七月下旬，岳飞移军襄阳，大败伪齐军，相继收复洛阳、商州等地。捷报传到临安，高宗竟然不敢相信，还让张浚核实。

这次出兵，激起了岳飞进军河朔、收复幽燕壮志未酬的感叹，尽管自己在32岁就被封节度使和检校少保，但与恢复失地、报仇雪耻的宏愿相比还极为遥远。一个雨天，他凭栏远眺，感慨万端，不禁引吭高歌，唱出了千古传诵的《满江红》：

怒发冲冠，凭栏处，潇潇雨歇，
抬望眼，仰天长啸，壮怀激烈。
三十功名尘与土，八千里路云和月。
莫等闲白了少年头，空悲切。

靖康耻，犹未雪，
臣子恨，何时灭！
驾长车踏破贺兰山缺。
壮志饥餐胡虏肉，笑谈渴饮匈奴血。
待从头收拾旧山河，朝天阙。

三

　　绍兴五年（1135 年）正月，金太宗去世，其侄完颜亶继位，金国政权出现动荡。一向秉政的粘罕失势，忧闷而死。挞赖代之操持了军政大权。而南宋以张浚为首的主战派占据上风，力劝皇帝亲征，推翻刘豫伪齐政权。高宗勉强应允，跟随大军北上。刘豫忙向金军求援，他平时一直讨好粘罕，不理挞赖，如今粘罕去世，挞赖自然不肯相助。刘豫只得自己赌命一搏，背水一战。高宗见敌军阵势强大，心生畏惧，一仗不打就想回撤。在此问题上，同为主战派的张浚和赵鼎产生了分歧。张浚主张高宗驻跸建康，赵鼎则主张高宗回銮。本来就不愿亲征的高宗乘机返回临安，征调诸将守江。但当调派刘光世北进时，他却因怯战把军队从庐州前线撤回到长江沿岸的当涂，几乎把淮右一带白白断送给伪齐。唯有岳飞连战连捷，收复数城，被提升为太尉。朝野对刘光世的指责纷至沓来，有人弹劾他临阵畏缩贻误战机，有人说他军纪不整兵将恣意横行，身为宰相兼都督诸路军马的张浚也上疏弹劾他沉湎酒色，不恤国事，应解除兵权，以警天下。高宗见此，为迎合民心，也有意罢斥刘光世，还与张浚进行了一次密谈，打算由岳飞统辖刘光世军队。

几天后，刘光世上疏自请解除兵权。这其实是张浚给刘光世施压的结果，以实现由岳飞带军大举北伐的计划。之后，高宗给岳飞下御札，称将把刘光世所部并入岳家军，还说希望岳飞以此"雪国家之耻，拯海内之穷"，"同心协力，勉赴功名"。岳飞接到御札兴奋不已，激动难抑：刘光世是与韩世忠、张俊齐名的"中兴三大将"之一，有兵将5万余人，战马3000余匹，是岳家军的两倍，如果合并成功，岳家军的数量和质量都将大大超过韩世忠和张俊，可以大举北伐收复失地。岳飞激动之余，向高宗写了一道洋洋千言的奏章，陈述作战计划。没想到，合并计划竟然搁浅了。

宋朝自开国起为避免重蹈藩镇割据覆辙，施行"右文抑武"政策，压制武将权力。尽管因金兵南侵，不得不暂时给武将一些权力抵御外敌，但仍深怕武将事权过重，出现尾大不掉的局面。既然已经罢免了刘光世，就不能再授予他将特权，形成鳌头。最后他们思虑再三，决定推翻前议，把刘军作为一支独立军，交由都统制王德统领。

岳飞接到御札，既失望又愤慨，找到张浚质问，要求面见高宗。无论他怎样要求，高宗就是不见他，事情至此已经不可挽回。这年（1137年）三月，岳飞愤怒失望之下，没有奏报就自行解职离开建康，回到庐山居所闲居。到庐山后，岳飞余怒未消，写了一道奏章给朝廷，不敢怨怒皇帝，只说与宰相张浚不合，请求解除兵权，归隐庐山为母守丧，鄂州军务已委托张宪处理。高宗接到奏章，很是不快，一个部将竟然先斩后奏，要挟朝廷，但在敌我对垒之际，不能无将，只得忍怒下御札请岳飞复出。岳飞上书依然请辞，高宗再下御札请出，岳飞三度请免军职，高宗也三次下御札催其返军。此外，高宗还让枢密院下省札给鄂州宣抚使司参议官李若虚和统制王贵，让他们到庐山敦请岳飞还军。两人奉旨到庐山与岳飞谈了6天，岳飞才同意复职还军。

而此时，宋、金朝廷政权都发生了变化。在宋朝，因统率淮西军郦琼的叛变，宰相张浚的北伐计划落空，遭到弹劾罢相，相位由赵鼎取代。在金朝，其军事首脑更替后，对傀儡皇帝刘豫日渐不满。他们原想借这一傀儡作缓冲，既为金朝统治该地，又可抵制宋朝进攻，但伪齐七八年来一直依赖金朝军事支援，与金朝自己统治无异，费心费力，不少金人视之为赘疣。经过商议，金朝于是年十一月擒住刘豫，废除了伪齐政权。金朝少了伪齐帮凶，直接统治该地，原属伪齐统治下的中原人民又陷入水深火热之中，渴盼回归宋朝，纷纷起来抗争，收复中原有了大好时机。但就在此时，岳飞与高宗之间又发生了一件不愉快的事。

高宗原有一个儿子已经夭折，他本人建炎年间从扬州逃跑时因惊吓过度又丧失了生育能力，此后虽迫于群臣压力选了别支系的赵伯琮纳入宫中，交宠妃张婕妤抚养，不久又选赵伯玖入宫，交另一个宠妃吴才人抚养，还表示要从两者中选一人嗣位，但高宗当时才30多岁，不甘心皇位落到别支，内心仍抱有生育皇子的希望，不停地乞天祷告，寻医问药。因伯琮比伯玖大两岁，绍兴五年（1135年），被封为建国公，入学读书。

立储决定整个国家将来由谁统治，关系整个国家和百姓命运，乃国家根本大事，不少忠义大臣都希望为国家选择一个好的国君。但同时，皇帝本人却认为选立太子是皇帝家庭内部的私事，皇帝本人也把立储作为最私密的隐私，禁止大臣干涉。同时，选立太子与皇室及有关大臣厉害相连，生死攸关。因此，历史上发生了许多因废立太子导致的血腥屠杀。在这种情况下，一些明智的大臣一般都不愿介入或者不公开介入此事。此前，宰相赵鼎因没有摸透高宗心思，主张立伯琮为太子，被政敌秦桧乘机中伤，赵鼎因此被罢相贬斥。岳飞没有从中看出潜在的危险，认为高宗有意立伯琮为太子，且也亲眼见过伯琮，认为他玲珑机灵，就打算上疏请早立皇储。尤其是他得知金朝在废黜伪齐后，可能改立掳走的宋钦宗的儿子为傀儡皇帝，图谋制造两个宋朝南北对峙的局面。他出于爱国之心，决定上奏请高宗早立皇储。岳飞不顾参谋官薛弼的规劝，认为文官武将均是朝廷大臣，关心国事不分彼此。绍兴七年（1137年）冬，在朝见高宗时，他当着群臣的面读了他请求早立皇储的奏折。高宗听后如坐针毡，冷冰冰地说："此事非卿所当与也。"岳飞登时面如死灰。此举不仅严重触犯了宋代武将不得干政的禁忌，且冲犯了高宗的自私心理。高宗对岳飞的印象又增添不满。

而此时，岳飞冤案的最主要人物——秦桧已经粉墨登场了。

秦桧（1090~1155），字会之，出身寒门，徽宗政和五年（1115年）进士及第，步入仕途，先为密州教授，后为太学正。期间，娶做过宰相的王珪的孙女王氏为妻。王家是豪门望族，官场很有势力。就在秦桧中进士的那一年，女真族正式建立金国，开始了与北宋的纠缠。宣和七年（1125年）十一月，金军兵分两路，大举南侵，一心消灭宋朝。靖康二年（1127年）北宋灭亡，大臣惊慌失措，秦桧却相当冷静，上奏分析形势，认为宋朝不能自乱阵脚、主动示怯，颇中肯綮，只是因人微言轻，没有得到重视。后来，秦桧被晋为御史中丞，此时金兵打算立张邦昌为帝，建立楚国政权。秦桧独自向金帅宗翰表示反对，要求应由赵氏皇储继承皇位，宗翰大怒，拘系秦桧，和其他俘虏一并押往北方，一齐被掳的还有其妻子王氏和两个奴仆。秦桧却因他的言论和行动得到宋朝官员敬重，赢得了广泛赞誉。

在为俘虏的一段时间里，秦桧的行踪还没有得到精准的考证，他是否投降金人还没有找到确证，至今还存在争议。有史学家考证，秦桧到北方后，即曲膝变节，投降金人，成为挞赖的心腹，

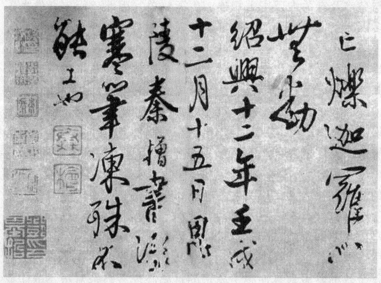

秦桧的书法

出谋划策，很受赏识。他曾献计让宋朝世代臣属金朝，岁岁纳贡，以免出兵征伐，劳师动众。因金朝正推崇武力征服而未获采纳。而据其他的史学家考证，这些资料都来自野史轶闻，或者是政敌对秦桧的打击报复，或者是人们因钦敬岳飞而痛恨秦桧，不能确信，尤其是新近出土的被初步认定为秦桧"政治遗嘱"的文物，更使这个千古疑案增添悬念。我们也只能姑且存异。

我们所确知的是，建炎四年（1130年），秦桧和妻子王氏及两个奴仆忽然坐船抵达宋朝临时首都——越州（今浙江绍兴），自称是"杀监己者奔舟来归"，对此许多人表示怀疑，但因有宰相范宗尹的保荐，高宗信之不疑，并赶紧接见了他。秦桧一见高宗，提出了三点对金"和议"妙策：一是停止抵抗，与金人议和；二是"如欲天下无事，须是南自南，北自北。"三是高宗亲自致书金国首领挞赖，表达求和之意。所谓"南人归南，北人归北"，就是让居住在南宋区域的士民原籍北方的仍返归北方，由金朝和伪齐统治。这一策略尤为歹毒，如果施行无疑承认中原土地属于外族，让百姓安于现状，为敌人安定了秩序，最重要的是使以北方人为主的南宋军队自动解除武装，放弃抵抗。

高宗即位之初，还不愿就此屈服议和，不甘心放弃中原，还有对金作战的思想。大臣中的抗战派和主和派立场也不坚定。南宋政权对金是和是战的基本国策还没有确定。秦桧猛然提出议和政策时，高宗对秦桧还有戒心，只将他任为没有实权的礼部尚书，其后才升为参知政事。范宗尹罢相后，秦桧被擢为右仆射兼知枢密院事，正式成为右相，便开始网罗主和派结党打击主战派。绍兴二年（1132年），左相吕颐浩出师回朝，力主兴师北伐，与秦桧意见相左，并纠集主战官员弹劾秦桧"培植党羽，专事议和"。高宗一贯依赖吕颐浩，对秦桧也心生不满，说："桧言'南人归南，北人归北'，朕是北人，将安归？"又说："桧言'为相数月，可使耸动天下'，今无闻。"于是将秦桧罢相，并晓谕朝野"终不复用"，秦桧党羽也被驱逐一空。

秦桧罢相之后的三年多时间里，只能夹起尾巴，等待东山再起。以吕颐浩为首的主战派重新操控大权。但主战派之间也存在着分歧，甚至相互弹劾。吕颐浩为相，妒忌李纲战功而不用，主战派对他的主张很是冷漠，高宗本人动摇于和战之间。此时金人和伪齐又举兵南侵，高宗心惊胆战，又想起秦桧，次年升秦桧为资政殿大学士。秦桧不失时机上了洋洋千言的奏疏，认为朝廷如今只能讨伐刘豫伪齐政权，不能抵抗金朝，并说主战派坚持抗金，是不自量力，贪图留名后世。绍兴三年（1133年）九月，吕颐浩被罢相。

次年，赵鼎为相，正赶上金军南侵，赵鼎力主抗战，并请高宗御驾亲征。同时，为保证高宗安全，他力荐张浚为相。此后，赵鼎为左相，张浚为右相。两人配合融洽，又赶上金太宗病故，金军无暇南侵。南宋出现了空前稳定团结的局面。未想，此时赵鼎、张浚在战守问题上出现了分歧。张浚主张高宗驻跸建康，鼓舞军心，赵鼎却表示反对，以谋非己出，处处掣肘，斥逐张浚支持者，两人关系越来越僵。不久，赵鼎自请辞去相位。主战派不仅一事无成，而且两败俱伤。此时，宋、金局势又日渐紧蹙，高宗重提议和，念及秦桧，有重用之意。绍兴七年（1137年）十二月，高宗接见秦桧，除秦桧为枢密使。秦桧重新被用，只得暂时附和主战派的张浚。不久，淮西发生兵变，张浚很是尴尬，遭到大臣的攻击，也被罢相。赵鼎又重新上台，秦桧又转而依附赵鼎。

秦桧重新拜相前不久，金熙宗继位，挞赖掌握大权，改变对宋用兵政策，开始采取诱降策略，试图不战而让宋称臣。绍兴七年（1137年）十二月，金朝派宋朝在金的使臣王伦回宋，转达金朝的口信，说如答应议和，将归还梓宫（徽宗的灵柩）和皇太后，并退还河南、陕西等地。秦桧为相后，完全摸透了高宗急于求和的心理，尽力迎合，同时残酷排挤、打击反对议和的官员，扶植党羽。许多大

赵构赐岳飞书

臣因此被罢。此次高宗下定了对金投降的决心，宁愿不惜一切代价，换得金兵停止南侵，可以永远偏安东南一隅，自己不再担惊受怕。由谁来主持议和成为首要问题。主战派的赵鼎不愿为此，一贯主张议和的秦桧就被推上了前台。绍兴八年（1138年）三月，高宗抛开"终不复用"的榜谕，再进秦桧为右相。秦桧从此开始了长达17年的宰相任期，也开始了他一手遮天的黑暗统治。

左相赵鼎先前主张抗战，反对议和，但见高宗执意"屈己求和"，刚为右相的秦桧又力主其事，为保住相位，赵鼎自感无能为力，在许多问题上只能模棱两可，态度暧昧，处在依违之间，甚至还帮助高宗、秦桧实现某些和议步骤。即便如此，秦桧还是嫌他碍事，逼迫他辞去左相，自己独任宰相。

为避免重蹈第一次罢相的覆辙，秦桧要高宗答应议和之事必须"独与臣议其事，不许群臣干与"，高宗表示同意。秦桧却故意卖关子，要高宗思索三日后再答复。三日后，高宗表示求和之意更坚，秦桧却要高宗再思虑三日。又过了三天，高宗表示议和之意坚确不移。秦桧这才颁布告示，不许群臣干预议和之事。

金朝派来两名和谈的使臣，一名是"诏谕江南使"张通古，一名是"明威将军"萧哲，故意用"诏谕"、"明威"等词，以对待臣属国的语气对待南宋，羞辱南宋君臣。他们还提出在和议签订仪式上，宋朝官员迎接时必须膝跪阶墀，州县官必须望"诏书"跪拜，皇帝必须脱下皇袍，改穿大臣服装，跪受诏命等等。金使的无耻要求，在宋朝朝野激起震怒，群情激昂，万口藉藉。文武官员纷纷上书劾奏秦桧误国。大将韩世忠接连上了十道奏折，要求坚拒和议，发兵决战；枢密副使王庶上奏宁愿罢官也不在和议上签字；礼部侍郎曾开、吏部尚书张焘、吏部侍郎晏敦复等均上章弹劾秦桧。许多奏章感情喷涌，荡人心魄，留下了不少传诵名篇，枢密院编修胡铨的"乞斩秦桧、孙近、王伦章"更是千古传诵。

不论反对声浪如何高涨，高宗、秦桧的投降活动依然故我。高宗竟然向群臣恬不知耻地说："若使百姓免于兵戈之苦，得安其生，朕亦何爱一己之屈？"是年腊月二十四日，金朝使者已到临安，和议仪式即将举行。城内官员百姓议论纷纷，街头巷尾出现了"秦相公是细作"等标语，甚至有人扬言，如果皇帝果真跪拜受诏，他们将聚众闹事。投降派也真怕到时变生不测，惴惴不安。如何接受金国诏书，成为讨论的焦点。皇帝下跪，让南宋臣民无论如何也不能接受。高宗本人却毫不在乎，厉声道："士大夫但为身谋，向使在明州时，朕虽百拜亦不复问矣。"他认为，建炎三年，自己被兀术赶到明州，又逃到海上，当时想投降，金人都不答理。现在不过是折个面子，没有什么不妥。

百官仍然不能接受皇帝跪受诏书的做法。有人建议把诏书放在先帝的画像中间，高宗装作跪拜祖宗画像接受诏书，或可掩饰过去。这种掩耳盗铃的做法遭到很多人反对，认为这是对宋朝先帝的大不敬。最终，由秦桧代表高宗跪拜接受了诏书，文武官员前呼后拥把诏书护送到殿庭。至此，宋金达成和议，金朝将河南、陕西赐予南宋，归还梓宫和韦太后，宋称臣国，每年贡银50万两，绢50万匹。绍兴九年（1139年）正月，高宗、秦桧等人将和议布告全国，大赦天下，称"睦邻友好，和众安民"、"南北绥靖，国家安宁"等等，文武百官加官进爵。

岳飞得到和议布告较晚，登时义愤填膺。按照定例，官员接到布告，应当上表致谢。岳飞在谢表中悲愤激昂、壮怀激烈地重申恢复疆土的宏愿，其中有云："身居将阃，功无补于涓埃；口诵诏书，面有惭于军旅。尚作聪明而过虑，徒怀犹豫而致疑。谓无事而请和者谋，恐卑辞而益币者进。臣愿定谋于全胜，期收地于两河，唾手燕云，终欲复仇而报国；誓心天地，当令稽颡以称藩！"将秦桧骂得体无完肤，一时传诵朝野。秦桧读到此表，暴跳如雷，对岳飞恨之入骨。

因和议成功，岳飞也与其他官员一样，升为从一品的开府仪同三司。他依然不依不饶，接连上疏，极力警告金兵言而无信，狡诈凶狠，一定要加以防范，还申请北上守御帝陵，均不听。岳飞性情刚直脾气又起，上奏请解除军职，接连上了两道奏折，高宗不允。岳飞进退不能，只得固守鄂州军营。

四

和议达成后，宋廷积极履行和议，派遣官员赴河南、陕西准备接收金朝归还的州郡，又派王伦迎奉梓宫、太后。就在此时，女真政权内部又发生了一系列变故。挞懒操权不久，遭到兀术一派打击，以"与宋交通，倡议割地"的罪名被杀。兀术一贯主张武力颠覆南宋政权，曾两次追赶得高宗四处逃窜，高宗两度乞降，他都不接受，一心要消灭南宋，一统天下。这次，他掌握女真大权，坚决反对和议，纠合其他主战派对以挞懒为首的主和派进行了大清洗。主战势力重新把握朝政，决定撕毁和议，起兵夺回已归还的陕西、河南等地。

金朝渝盟的迹象越来越明显，南宋不少大臣已经觉察出来，并上奏高宗早做准备，但高宗、秦桧根本不听，依旧故我。

绍兴十年（1140年）五月，兀术分四路起兵南下：聂黎贝董出山东，李成犯河南，完颜撒离喝攻陕西，兀术直取汴京。当高宗、秦桧得到奏报时，金兵已经攻占洛阳等地。战争开始的一段时间里，金军铁骑攻城略地，势如破竹，刚刚归还南宋的河南、陕西等地重新落入敌手。

南宋政权霎时又处于生死存亡关头，不抵抗就有灭顶之灾，高宗不得不于五月二十五日急诏各路兵马"各竭忠力，以图国家大计，以慰遐迩不忘本朝之心"，同时又下诏给各地民兵义士，鼓励百姓揭竿抗敌，并许以高官厚禄："能杀戮首恶或生擒来献者，并与节度使，能取一路者即付以一路，能取一州者即付以一州，高爵重禄，朕无所隐。"几乎到了慌不择路的地步。

最先挫败敌人嚣张气焰的是刘琦。当时他奉旨接管汴京，赴任途中得知汴京已被金兵攻占，只好开进顺昌城，与知府陈规共同坚守此城。他们率部打退了金军总帅兀术的精锐部队，极大地鼓舞了宋军士气。

驻守鄂州的岳飞接连收到高宗要他尽快出兵、抵挡金兵南下的近十道御札，其实岳飞在金朝有渝盟迹象时就一再上奏备战，还打算到临安面见高宗陈述用兵机宜，却一直没有得到同意。六月初一，朝廷把岳飞、韩世忠、张俊同时晋升为少保，共同抗金。此时的岳飞，既是湖北路和京西路宣抚使，又是河南路和河北路招讨使，军权在握，颇为得志。六月下旬，他誓师北伐，有意全线进攻，收复失地。部将牛皋、孙显接连取得两次胜利，旗开得胜。宋军形势有所好转。

但随着宋、金作战形势的发展，高宗对是战、是守、是降又摇摆不定起来。朝廷内部的主战派和主和派针锋相对，主战派固然取得一些胜利，但这

金兀术

种胜利能维持多久？恼羞成怒的金兵如果举国入侵，必然会把羸弱的宋朝踏为齑粉。好死不如赖活着。为此，高宗还是只打算保持守势，不必也坚决不能改变现状，能让金兵停止南侵就心满意足了。

于是，高宗派监军分别到三位大将军中计议军事，实是传达不能真打的旨意。到岳飞军中监军的是司农少卿李若虚，他密告岳飞，朝廷的意图是"兵不可轻动，宜且班师"。岳飞不听，坚持进兵，李若虚为岳飞的精神打动，慨然道："事既尔，势不可还，矫诏之罪，若虚当自任之。"岳飞得到支持，信心倍增，派张宪、牛皋、徐庆、杨再兴等分路出击河南，又集结黄河以北的民兵积极抗金。他本人亲率岳家军主力，直趋中原。闰六月，主力部队已经开抵河南中部，捷报日日传出：张宪克颖昌，牛皋克陈州，

106

王贵克郑州、洛阳。中原民兵也取得了不少战绩，先后克复翼城、赵城。岳家军势不可当，咄咄逼人。

兀术见状，决定集中兵力攻打岳家军，尤其是进攻岳飞驻屯的郾城（今河南郾城)。郾城在颍昌东南，岳家军总部设在这里。七月八日，兀术侦知郾城兵力很少，率军抵郾城城下，两军对垒，岳飞先遣岳云出战，杀退敌军。兀术出动其精锐部队"铁浮图"和"拐子马"，排山倒海一般杀来。"铁浮图"是兀术独创的兵种，士卒皆穿戴重甲，三人为伍，贯以韦索。又有以铁骑为左右翼冲击敌军，号"拐子马"。两个兵种全用女真人充当。"铁浮图"担任正面冲锋的任务，推进时像一堵墙，横压过来，它的左右翼配以"拐子马"，在战斗最激烈的时候出击，轻盈锋利，往来冲杀，锐不可挡。兀术曾用这两支部队多次大败宋军，有"常胜军"的称号。岳飞令步卒手持砍刀入阵，专砍马足，一马倒下，其他两马也不能前进。两军鏖战数十回合，金兵死伤无数，逐渐支撑不住，向临颍方向败退。

郾城大捷后，兀术重整旗鼓，纠集步兵 10 万，骑兵 3 万，进攻颍昌（今河南许昌)，在西门外摆开阵势，绵延数十里。岳飞亲自督战，岳云手持双锤，正面冲杀，两翼步兵跟进掩杀，从上午

杭州岳王庙岳飞郾城大捷壁画

打到中午，双方均有损伤，人成血人，马成血马，金军抵挡不住，全线崩溃。岳家军乘胜追击，大获全胜。此战共毙敌5000余人，俘虏2000余人，缴获战马2000余匹，兀术的女婿夏金吾也中箭身亡，兀术狼狈逃窜。岳家军有进无退的死战精神，让金军不寒而栗，不由慨叹"撼山易，撼岳家军难"。

金军接连失败，威风扫地，燕京以南，号令不行。当地百姓期盼光复，无人愿意加入金军，而"争挽车牵牛，载糗粮以馈义军，顶盆焚香迎候"。岳飞见时机成熟，上奏高宗，现在正是"陛下中兴之机，金贼必亡之日"，请求尽早命各路军马火速并进，发动反攻。同时，岳飞亲自带军从郾城继续北上，进军距离汴京仅有45里的朱仙镇（今河南开封西南）。屯守汴京的兀术此时已成惊弓之鸟，硬着头皮对阵，未想士兵一触即溃。兀术缩回城内不出，仰天长吁："我自起兵北方以来，未有如今日挫衄。"他担心民兵从后背攻击，只想尽快撤回北方。

朱仙镇大捷，使岳飞渡河北伐的决心更为坚定，再次上书请乘胜深入敌境，恢复故土，同时鼓励部下说："直捣黄龙府，与诸君痛饮尔！"

但此时南宋军队的形势已经发生变化。早在郾城大战时，在淮南东路迎击金军的张俊同样接到"宜且班师"的密旨，他对此心神领会，知道高宗并非真心抗敌。闰六月末，他和王德从亳州班师撤到庐州。这一举动形成了岳家军孤军深入的局面，情势十分危急。

金人渝盟，使力主并操办议和的秦桧很是紧张。他不仅遭到朝野的弹劾，而且岳家军抗金形势越好，秦桧的情形就越不妙。如果这次和议失败，秦桧的相位就很难保住。高宗虽然对金抗战胆小如鼠，却很有胆量更换宰相，即位十三年，已经更换了十多个宰相。秦桧深明此点，吃透了高宗并非真正抗金的想法，就不遗余力地破坏抗战。

秦桧首先击败了像赵鼎、张浚等几个可能任相的人员，又不时给高宗剖析抗战的危害。高宗本就无心抗战，既怕岳家军打败，又怕岳家军打胜，打败则金军直驱而下，南宋必亡，打胜则让金人恼羞成怒，倾举国之力进犯，南宋也必然灭亡，而且打胜后岳飞权力超过其他诸将，恐难以驾驭。他只想岳飞适可而止，阻挡住金兵南下即可。而岳飞在接连大捷后，偏要渡河北伐。这让他很难坐视不管。秦桧又游说高宗，说现在"兵微将少，岳飞若深入，岂不危也？陛下降旨，且令班师，将来兵强将众，粮食得济，兴师北征，一举可定，雪耻未晚，此万全之计"。高宗表示同意。

岳飞接到班师诏书，急上《乞止班师奏略》，强调"时不再来，机难再失"，决不能此时退兵。秦桧怕高宗心动，先以诏书命韩世忠、刘琦、杨沂中等急速撤军，后对高宗说："飞孤军不可留，乞姑令班师！"高宗于是在一天内发了十二道金字牌，令岳飞班师赴阙。

"金字牌"是宋朝皇帝发出的紧急公文。宋代在全国各地建立递铺，构成通信网络，由士兵担任邮递任务。邮递按快慢分为步递、马递、急脚递、青字牌递、金字牌递等，一般规定步递日行200里，马递日行300里，急脚递日行400里，青字牌递日行450里，金字牌递日行500里。金字牌底是红色，上有金字"御前文字，不得入铺"，专门用以传送紧急军事文件和皇帝诏令。

岳飞一连接到十二道金字牌，悲愤填膺，肝胆欲裂，向部将叹息曰："十年之功，废于一旦！所得州郡，一朝全休！社稷江山，难以中兴！乾坤世界，无由再复！"但他也知道不可挽回，只得筹划撤兵，又担心兀术乘机袭击，传出话说将渡河北伐。兀术吓得连夜北逃百余里，岳飞趁机班师。当地百姓赶来挽留，哭声震野，岳飞仵马鸣咽，取出朝廷诏书示于百姓。百姓号啕大哭，岳飞再三劝慰，让他们南撤到襄、汉一带，并留兵几日，以掩护百姓撤退。

此前，在兀术准备从汴京出逃时，有人阻拦说："岳少保且退矣。自古未有权臣在内，而大将能立功于外者。"果然，岳飞次日班师回撤。兀术兵将额手称庆，随之重新夺占了不少州县。

岳飞手书"还我河山"

五

宋朝开国皇帝赵匡胤原是一名掌握禁军的头目，后被部下披上黄袍做了皇帝。为防止武将仿效，宋代对武将严加控制，军事将领由皇帝任命，实行三年一换防。此举固然避免了武将割据，但同时也导致了"兵无常帅，帅无常师，以屡易之将，驭不练之士，故战必致败"，形成了积贫积弱的局面，时时被动挨打。靖康之耻后，一些将帅出身卒伍，能力超群，皇帝为进行一些有效抵抗，对这些将领也给予一定权力，但又时时提防，如张俊、韩世忠、岳飞等这些大将就成为令高宗卧不安席的人物。秦桧为了排除岳飞等抗战派人物对议和的障碍，抓住高宗担心武臣拥兵自重的心理，开始筹划谋害岳飞。

而更为重要的是，岳飞经常提到"行复三关迎二圣"，强调要迎取徽宗、钦宗两位皇帝，"复归才故国，迎两宫还朝，宽天子宵旰之忧，此所志也"。但岳飞没有深入去想，二圣回来了怎么办？历史上，只有唐朝时肃宗在平乱后，将几乎亡国的唐明皇迎回长安，永远禁锢在西苑，不过唐肃宗是合法的继位者，且唐明皇已年迈老朽。如果迎回钦宗，必然要将皇位让给他。高宗对此自然是极不情愿的。尽管从登位之初，高宗就无数次地"遣使迎圣"，无论是战是和，都是打着迎接二圣回朝的旗号，鼓动大臣将士。岳飞节节推进，若直捣黄龙，二圣回归则近在眼前，尝尽荣华的高宗心情当然是日益焦躁。如果没有了宋军的强大攻势，那么金人就不会放回二圣，而自己的地位将安稳无虞。于是高宗必须解决这场危机，而最佳结局就是除去不断嚷着迎回二圣的岳飞，从而使二圣永不回返。

正在此时，秦桧恰如其分地出现在高宗视野里。

岳飞班师后，回到屯地鄂州。绍兴十一年（1141年）正月，兀术再次发兵，渡河进攻淮西，朝廷命诸将会师淮西救援。二月二十八日，刘琦、杨沂中、王德等在柘皋大破金兵十万，收复庐州。当时，岳飞也接到朝廷赴援淮西的御札，而恰在此前几天，岳飞接连向朝廷发出两道奏章，第一个是建议在敌人全力攻打淮

岳飞手书"尽忠报国"

西时，由岳家军乘虚攻打汴京和洛阳，第二个则是否定先前所奏，认为当前最紧要的是遏制金兵南下势头，让岳家军移师蕲、黄。而且他不等圣旨下来，就为抢战机擅自发兵。张俊担心岳飞抢功，说"敌已渡淮"，不需岳飞进兵。岳飞只好奏报朝廷，回舒州待命。事实上，当时金兵正在围攻濠州。高宗再发御札令岳飞进兵。岳军刚到庐州，宋军已经溃败，岳飞只好再次退回舒州。岳飞这种总是慢半拍的行动给政敌弹劾他留下了口实。

三月，张俊退回建康，韩世忠回到楚州，岳飞也退回鄂州。金人也撤兵北还。秦桧借此机会，密奏高宗以议赏柘皋之捷为名，召韩世忠、岳飞、张俊到临安。等三人全部到齐后，秦桧盛宴款待。四月十一日，高宗接见诸位将领，当晚即有诏：韩世忠、张俊升任枢密使，岳飞升任枢密副使。两天后，又宣诏收回三将的军权，由高宗直接统辖。三人的官职升了，但兵权却在不知不觉中交出，这种"明升暗降"的办法让三人都无话可说。这实际上是向金朝表达屈服投降的诚意，秦桧因此被进为尚书左仆射，封庆国公。罢三将兵权，是南宋历史的重大转折，自此之后，南宋士气日沉，国事日衰，苟延残喘了100多年再也没有振作起来。

这次交权行动，张俊处世乖巧，知道朝廷早欲收回兵权，就在出任枢密使后，主动上交兵权，而韩世忠、岳飞则没有立即表态，后来虽不得不上交，内心却很是压抑愤懑，表面上也只得故作闲适。秦桧决定利用三将之间的矛盾和嫌隙，让其互相残害，逐个剪除。五月，秦桧假诏令张俊、岳飞往楚州(今江苏淮安)检阅韩世忠兵马，实是窥探韩军是否有兵变情状，以借此迫害韩世忠。岳飞、张俊抵达楚州后，对事情的观点差别甚大，议事多不相合。张俊深知此行目的，论事秉承秦桧旨意，岳飞则性情耿直，从抗金大计考虑。如在如何处置韩世忠亲卫军问题上，张俊主张把最精锐的背嵬军拆散分编到其他部队，岳飞则认为这样会削弱宋军实力，无益抗金；又如张俊看到楚州城墙残颓，认为应当修复，坚守于此，岳飞则认为这样的城墙是守不住的，应该戮力恢复中原，不能修城准备长守、不思进取。张俊怒不可遏，于七月初回到朝中后，添油加醋，歪曲事实，对岳飞进行肆意诬陷。张俊本人受到秦桧赞许，不久又被派到镇江"措置事务"，而岳飞则因谗言留在杭州。

秦桧因岳飞的刚直率性没有迫害成韩世忠，对岳飞更恨之入骨，指使党羽交章弹劾。七月十六日，右谏议大夫万俟卨首先上疏弹劾，说岳飞"爵高禄厚，志满意得，日以颓情"，在驰援淮西时，"玺书络绎，使者相继于道，而乃稽违诏旨，不以时发"，罪状一是救援淮西和柘皋故意迁延，无视圣意，二是扬言楚州不可守，动摇军心，请求罢免其枢密副使职位。奏折上去，高宗开始不置可否，后来说："飞意在附下以要意，故其言如此，朕何赖也？"认为岳飞公然说楚州不可守，是附和下级以钓声誉，连他都说出这种话，朕还能相信谁？秦桧火上加油："岳飞对人之言乃至于是，中外之人或未知也。"岳飞的话竟然说到这种地步，朝廷内外还有很多人不知道岳飞的险恶用心，应在朝野予以揭露。

八月初，御史中丞何铸和殿中御史罗汝楫先后上疏，请对岳飞"速赐处分，俾就闲祠，以为不忠之诫"。岳飞见此，知道自己很难容于当权者，遂上疏请辞。八月八日，被罢枢密副使职，改任"万寿观使"的闲职。此时岳飞已无权无兵，但秦桧并不罢休，必欲处死岳飞解除心腹大患。他与张俊密谋，诱惑岳飞部将，凡能揭露岳飞罪状者都给赏赐。经过多方搜寻，终于获知岳飞曾当众杖责统制王贵，王贵怀恨于心。秦桧就诱使王贵告发。王贵初不肯，但慑于秦桧淫威，只得屈从，供出前军副统制王俊是个奸诈歹毒的小人，专事告讦，人称"王雕儿"，对岳飞怨恨入骨。张俊就唆使王俊写了一份"告首状"，诬告岳飞最倚重的部将张宪密谋领兵到襄阳谋反，发动兵变。

九月初一，岳飞部将张宪原准备到临安面奏赵构，路过镇江。

初七日，王俊向统制王贵告发，编造了一份首状并递交上去。在首状中，王俊捏造了他与张宪的一次密谈，说张宪在谈话中提到岳飞准备"谋据襄阳为变"，正在秘密筹划。他还引统制官傅选为人证。

王俊杜撰这份首状，完全是在张俊授意下完成的。他们认为张宪是岳飞最倚重的大将，张宪一倒，岳飞自然受到株连。尽管王俊的这份首状破绽百出，王贵接到后仍不敢怠慢，立即送给镇江枢密行使张俊。张俊随即逮捕张宪。根据宋制，枢密院无权审理狱案，但张俊求功心切，不等把张宪解往临安，自己就设堂用刑审问。他把张宪打得皮开肉绽，强迫他承认曾收到岳飞策划重掌兵权的手信。张宪始终不招，张俊无奈，只得自具狱案，禀报秦桧，说张宪已经全部供认，将之械送临安交大理寺审讯。

秦桧早就盼望这一天，立即奏报高宗，请拘系岳飞父子。高宗惺惺作态说："刑所以止乱，若妄有追证，动摇人心。"十月十三日，秦桧在高宗的暗示下，矫诏逮捕岳飞父子，并在刑部大理寺设立了制勘院，出榜公示，说张宪一案"其谋牵连岳飞，虽逮捕归案，设诏狱审问"，以安抚百官。之后，秦桧先命御史中丞何铸、大理卿周三畏鞠治。

何铸本来党附秦桧，曾参与弹劾岳飞，现在反复审问，见岳飞胸怀坦荡，气势凛然，钦佩之情油然而生。一次审讯时，岳飞撕开上衣，袒露背部，让何铸看到所刺"尽忠报国"四字。何铸深受触动，又详细推勘卷宗，发现王俊所交首状和张俊奏章漏洞百出，多属诬枉不实之词，就禀告秦桧证据不足，不能定为谋反罪。秦桧大为不满，透露说："此上意也。"说这是皇帝的意思，一语道破天机。未想何铸也很正直刚硬，反讽说："铸岂区区为一岳飞者？强虏未灭，无故戮一大将，失士卒心，非社稷之长计。"秦桧哑口无言，随即纠合言官弹劾，将何铸调离御史台，贬往外地。

六

十一月二十一日，在秦桧的授意下，岳飞案改由万俟卨、罗汝楫等审理。先前，万俟卨任湖北提点刑狱时，岳飞宣抚荆湖，曾因万俟卨不法而惩罚杖责，万俟卨一直怀恨在心。他此时走马上任，自然想竭尽所能报复岳飞，审讯时完全秉承秦桧意图，给岳飞戴上沉重的枷锁镣铐，把他打得血肉模糊，逼问其父子为何伙同张宪谋反。岳飞极力辩解，说自己可以对天盟誓，绝无负于国家，你们既然主持国法，就应秉公论断，不能诬陷忠良。万俟卨追问，你既无心造反，在游览天竺寺时作“寒门何载富贵”，野心岂不是很明显么？岳飞这才明晓他们歪曲事实，深文周纳，目的就是陷自己于死地，此次落入奸臣之手，必死无疑，后来任凭万俟卨等如何拷问，再不言语。为了表示抗议，他开始绝食，几天不吃一点东西，最后病倒狱中。

秦桧、万俟卨经过歪曲编造，拼凑了岳飞所犯罪行：一是岳飞“尝自言与太祖俱三十二岁为节度使”，与太祖相提并论，有不测之心；二是自郾城班师，岳飞诸将闲聊时有问：“天下事，竟如何？”张宪答：“在相公处置尔!”表明岳飞、张宪早有不轨之心；三是岳飞曾在一次诸将会议上言：“国家了不得也，官家（指高宗）又不修德。”是指斥乘舆，辱骂天子；四是岳飞曾对张宪说：“似张（俊）家人，张太尉尔将一万人去蹉踏了。”又对董先说：“似韩（世忠）家人，董太尉不消得一万人蹉踏了。”这是陵轹同列，侮辱同行；五是淮西之役时，岳飞十五次接到速发兵驰援的御札，却仍坐观不动；六是在郾城班师途中，百姓阻拦，岳飞拿出诏书示于百姓，是归罪天子，侮蔑皇帝无能。他们本以为这些完全可以置岳飞于死地，召集审讯官定罪，未想大理寺丞李若虚、何彦猷等认为这些罪状最多只能判两年徒刑。秦桧、万俟卨很不满意，认为应当判岳飞斩刑、张宪绞刑、岳云徒刑，因为意见不一，判决没有马上颁布。

在此期间，朝野正义官员和百姓纷纷上疏为岳飞鸣冤辩白。赵氏宗室亲王赵士㒟也奏称：“中原未靖，祸及忠义，是忘二圣不欲复中原也。臣以百口保飞无他。"竟也被秦桧贬谪外地，不久死于贬所。罢官家居的韩世忠此时已经闭门谢客，不问政事，但见事已至此，再也不能旁观。他对岳飞的冤屈了然于胸，专门为此去质问秦桧：王俊"告首状"中告发的事体，哪些是可靠的？秦桧嗫嚅良久，答："飞子云与张宪书虽不明，其事体莫须有。"韩世忠愤慨道："'莫须有'三字何以服天下？"秦桧无言以对。自此，"莫须有"就成了后世冤狱的代名词。韩世忠知道奸臣当道，事不可挽，秦桧下一个目标必定就是自己，遂上书辞职。高宗顺水推舟，罢免其枢密使职位，任为澧泉观使，封福国公。韩世忠从此杜门谢客，绝口不言兵事，悠游西湖，得以安享余生。

此间，高宗、秦桧加紧向金朝投降，遣使向兀术哀求允和。十一月，宋金签订了更为屈辱的和议，划定两国的国界：西起大散关、东至淮水，以北为金朝所有，以南为宋朝疆域。宋朝仍向金称臣，每年纳银25万两，绢帛25万匹。

岳飞自十月被系，因为判决不能统一，不觉迁延到年底，尚未决案。临近年关，上书为岳飞鸣冤的越来越多，秦桧处死岳飞父子的心情日益急迫。绍兴十一年（1141年）腊月二十九日，除夕前一天，秦桧独坐书房沉思，手中剥着桔子，摆弄着桔皮，眉头紧皱。其妻王氏见此，嘲笑道："事不宜迟，老汉何无一决也？"秦桧还在沉吟，王氏又言："捉虎易，放虎难也。"秦桧毅然起身，写了张纸条命人送到狱中。史书载："是日，岳王毙于棘寺。"

岳飞到底是怎么被处死的，史书记载不甚一致。有说是毒死，有说是绞死，有说是拉胁而死，也有人说与儿子岳云在风波亭处斩。据说，岳飞死前镇定自若，取过笔来，在供状上写下了"天日昭昭，天日昭昭"八个大字，随之慷慨就死。张宪和岳云则被绑缚闹市问斩。临刑时，临安府各城门都以重兵把守，戒备森严，以防备岳家军和百姓闹事。三人死时，岳飞39岁，岳云23岁，张宪年龄不详。狱卒隗顺，平素敬重岳飞，悲叹其无辜冤死，冒死背岳飞尸体葬于栖霞岭下。

害死三人后，万俟卨等人才按秦桧的旨意编造出一份判决书。判决书中说，因岳飞"尝自言己与太祖俱以三十二岁任节度使，为指斥乘舆，情理切害；及敌犯淮西，前后受亲札十三次，不即策应，为拥兵扣留。当斩。"张宪因"收飞、云书，谋以襄阳叛。当绞。"岳云因"与宪书，称可与得心腹兵官商议，为传报朝廷机密事。当斩。"诏："飞赐死，诛宪、云于市。"

岳飞、张宪两家的家产籍没，家属分别流放到广南、福建。岳飞没有姬妾，家产荡然，只有铠甲镔刀、弓箭鞍辔和布绢粟麦少许而已。岳飞其余四个儿子岳雷、岳霖、岳震、岳霆均被流放岭南。据说，其女儿悲愤中抱一银瓶投井自尽，被后人称作"银瓶小姐"，所投井被称"孝娥井"，史书对此却无详载，只能聊备一说。

因岳飞一案受到株连的官员不可胜数。他的许多部将卓有战功，也被作为同案犯判处流放、监管、杖责等刑罚。一些为岳飞鸣冤的官员也被视为同党，遭到罢官或者贬斥、流放。在审案时未能依承秦桧旨意的御史、大理寺卿也遭到打击报复。岳家军被张俊的心腹田师中接管，牛皋被毒死，岳飞信任的许多将领被驱逐出军。岳家军被彻底瓦解了。

岳飞被害后，不断有人为之喊冤。但高宗对岳飞一直耿耿于怀。直到20年后，绍兴三十一年（1161年）十月，在金帝完颜亮南犯的形势下，高宗才下诏释放岳飞和张宪的家属，准许他们随意定居。次年六月，高宗禅位于赵昚，即赵伯琮，是为孝宗。孝宗有志抗金，收复失地，对岳飞和岳家军很是敬重。他即位后，为平息民愤，鼓舞士气，继位一月后就诏令追复岳飞原官，以礼改葬。随之，又追复岳飞"少保、武胜定国军节度使、武昌郡开国公"，妻子李氏也恢复楚国夫人封号，岳云追复左武大夫、忠州防御使，以礼附葬岳飞墓侧。淳熙五年（1178年）十二月，孝宗又定岳飞谥号为"武穆"；宁宗赵扩继位后，嘉泰四年（1204年）追封岳飞为"鄂王"；理宗赵昀于宝庆元年（1225年）又将岳飞的谥号改为"忠武"，后又改为"忠文"，封为太师；元至正九年（1349年）元惠宗封岳飞"保义"；明洪武九年（1376年），明太祖朱元璋诏配岳飞享宋太祖庙；万历四十三年（1615年），明神宗封岳飞为"三界靖魔大帝"；清乾隆十五年（1750年）九月，乾隆帝致祭岳飞的祭文曰："惟尔公忠秉性，智勇超伦。"各地也普遍建起了岳飞庙，如汤阴岳飞庙、杭州岳王庙、朱仙镇岳飞庙、泰州岳飞庙等都非常有名，游客络绎不绝。后人还把岳飞的诗词和奏疏编成了《岳忠武王文集》，以为纪念。

岳飞功勋卓著，深得百姓爱戴，却惨遭杀害，成就了中国历史上最大的冤案之一。自冤案发生的那一年起，人们对他的哀悼就从没间歇，"天下闻者，无不垂涕，下至三尺之童，皆怨秦桧。"而每每到民族危难时刻，更激起人们对他的怀念。文人骚客为他创作的诗词歌赋不可胜数，涌现出不少传诵千古的佳作。史学家们也不遗余力地考证史实，为之辩诬。他们或者赞扬岳飞尽忠报国的精神，或者痛惜其为奸臣冤杀，或者唾骂秦桧等人的阴险歹毒，或者揭露高宗的虚伪丑恶。如明代苏州名士文征明为杭州的岳飞庙写了一首《满江红》词：

> 拂拭残碑，敕飞字，依稀堪读。
> 慨当初，倚飞何重，后来何酷！
> 果是功成身合死，可怜事去言难赎。
> 最无辜，堪恨又堪悲，风波狱。
> 岂不惜，中原蹙！
> 岂不念，徽钦辱！
> 但徽钦既返，此身何属。
> 千载休谈南渡错，当时只怕中原复。
> 彼区区一桧亦何能，逢其欲。

他认为岳飞的冤死不仅仅是因为秦桧，还因为高宗，的确很有道理。但岳飞本人对自己的冤死也不能没有任何责任。除了他生存的环境外，岳飞的自身性格因素也成为冤案发生的重大原因。与他同为大将的韩世忠，兵权与岳飞相当，战功也可相比，只因比岳飞相对圆滑温和，得免于被害。生死殊途，不能不引人深思。

没有人怀疑岳飞的军事才能和尽忠报国的精神。他出身农家，孜孜好学，作战勇猛，即便当了大将仍然手不释卷，成为一名文武双全的儒将，既立下了赫赫战功，也留下了诸多脍炙人口的诗词奏章。更重要的是他不贪财，不好色：高宗为他修建私宅，他推辞："敌未死，何以家为？"朋友送他一房小妾，他推辞："主上宵旰，岂大将安乐时？"有人问他何时天下太平，他答曰："文官不爱钱，武官不惜死，则天下太平矣。"他治军极严，岳家军有"冻死不拆屋，饿死不掳掠"的美誉。他体恤士兵，爱兵如子，很得军心民心。但从某一方面说，这也恰恰成了高宗提防他的原因：一个能力超群、志向远大、手握重兵、深得军民拥戴的大将如果做起"黄袍加身"的事件来可是易如反掌的。

更重要的是，至刚易折，岳飞的性格过于刚直。他不懂外圆内刚，不懂处世，也不懂交往，一味凭其赤诚之心周旋于心思各异的人之间。他一再说出令周围大臣胆战心惊的话，一再触犯龙颜，一再犯忌，这些都在某些人的心里刻下深痕。因合并刘光世军搁浅，他率性撂挑子上庐山，高宗低三下四求他复出；建议高宗立储，触犯了高宗的内心隐痛；救援淮西迟缓，高宗发出十余道御札：从中可以看出岳飞对高宗的诏令一贯执行不力，所以才有了一天下十二道金字牌的怪事。这种抗旨行为和桀骜不驯的脾性，在防范武将的宋朝看来，发生在一个手握重权的大将身上，更近于拥兵自重，对皇帝是一种不寒而栗的威慑。赵构已经忍耐岳飞多次，岳飞却一无所知，他不懂这是政治，不是自家小院，可以意气用事。岳飞之所以冤死，还与他的人际关系差有关。他才能出众，战功超群，升迁很快，但他很少和外界尤其是文人交往。在宋朝朋党斗争空前激烈的情势下，他不依附于任一党，或不懂或不屑，结果在秦桧急切欲致其于死地时，即便有人喊冤，也没有人真心为其东奔西跑。这应该是英雄的最大悲哀吧。

高宗对岳飞从喜爱、倚重到不满、失望又到忌讳、怨恨，之所以会有此变化，岳飞自身的原因占了很大比重。最重要的是，他坚持抗金，不论形势如何变化，都在坚持，甚至有时候根本不顾高宗的面子，这对于胆小如鼠、闻金军色变、讳疾忌医的高宗来说，是很难容忍的。绍兴八年（1138年）八月，高宗、秦桧已决定议和，为拉拢韩世忠、张俊、岳飞三大将，得到他们支持，召三人入内殿面谈。岳飞当着他人的面对高宗表明态度："夷狄不可信，和好不可恃，相臣谋国不臧，恐贻后世讥议。"高宗只能沉默以对。再后来，岳飞上反对议和奏章时，高宗再不理睬了。

118

高宗很清楚，岳飞的抵抗会让金兵恼羞成怒，一举推翻飘摇的南宋，自己的皇位也就会因岳飞的抵抗瞬间失去。在高宗看来，岳飞羽翼日丰，越来越成为一个难于驾驭的将领。他对岳飞的怨恨日渐增深，以至于当秦桧说岳飞谋反时，高宗根本没有表示出应有的惊愕或怀疑。自然，他的默然鼓励了秦桧。

岳飞的冤死，又给我们展现了一个中国式冤案的典型。今天，岳飞已经成为一种符号，一种象征正义、爱国、刚直、冤枉的文化符号，一种象征中华民族精神的符号。岳飞被视为中国历史上最伟大的民族英雄，而秦桧则成了奸佞小人的最佳代表。岳飞庙前的"青山有幸埋忠骨，白铁无辜铸佞臣"正是人们对岳飞、秦桧态度的真实写照。冤死的岳飞，让中华民族有了一种亘古恒久的精神寄托所在。正如明代于谦所吟咏的一般：

匹马南来渡浙河，汴城宫阙远嵯峨。
中兴诸将谁降虏，负国奸臣主议和。
黄叶古祠寒雨积，青山荒冢白云多。
如何一别朱仙镇，不见将军奏凯歌。

皇权争斗的牺牲品

——于谦案

"千锤万凿出深山，烈火焚烧若等闲。粉身碎骨浑不怕，要留清白在人间。"是于谦留下的脍炙人口的诗篇，也是其道德情操、人格标准、政治理念、处世原则、精神信仰的真实写照。他在危急时刻保住了大明朝的江山和尊严，但却被明英宗送上了断头台。

一

于谦

于谦（1398~1457），字廷益，号节庵，钱塘（今浙江杭州）人。据说他7岁的时候，有个和尚惊奇于他的相貌，说："这是将来救世的宰相啊。"其家原籍河南考城（今河南民权县），曾祖时迁居钱塘，祖父曾做过工部主事和兵部主事，父亲"隐德不仕"。于谦自幼聪颖好学，机智灵动，志向高远，善于应对，坊间留下不少他机智联对的趣闻。于谦对古人行事节操尤为看重，他仰慕岳飞、文天祥，作过不少歌咏岳飞的诗词，如在《岳忠武王祠》中，悲叹岳飞"如何一别朱仙镇，不见将军奏凯歌"，他家中悬挂有文天祥的画像，还写了赞词："呜呼文山，遭宋之季。殉国忘身，舍生取义。气吞寰宇，诚感天地。陵谷变迁，世殊事异。坐卧小阁，困于羁系。正色直辞，久而愈厉。难欺者心，可畏者天。宁正而毙，弗苟而全。再向南拜，含笑九泉。孤忠大节，万古悠传。我瞻遗像，清风凛然。"体现出他对为国家抛洒热血的民族英雄的敬仰之情。

永乐十年（1412年），于谦14岁，考中本县秀才，此后在杭州吴山三茅观读书。他学习非常刻苦，"濡首下帷，足不绕户"；读书之余，与同窗学友一起游览杭州美好景致。17岁时，他观看石灰窑深受触动，写下了那篇著名的抒怀之作《石灰吟》。以后又写了《咏煤炭》：

凿开混沌得乌金，藏蓄阳和意最深。
爝火燃回春浩浩，洪炉照破夜沉沉。
鼎彝元赖生成力，铁石犹存死后心。
但愿苍生俱饱暖，不辞辛苦出山林。

铁石虽然变成了煤炭，但它依然造福于百姓。于谦以此自比，表示自己至死也要为国家出力，为百姓的饱暖死而后已。

永乐十八年（1420年），于谦参加乡试中了第六名举人，次年赴京参加会试得中进士，时年23岁，被任命为山西道监察御史。

两年多后（1423年），于谦又奉命到广东考察官军功过，并负责安抚湖广一带的瑶民。因为当时官军横征暴敛，经常邀功滥杀瑶民，瑶民苦不堪言，时常聚合暴动。于谦到任后，为了解实情，不顾生命危险，爬山涉水，深入险地，微服私访，对一些军官的行贿拉拢无动于衷，秉公上奏，兵将和瑶民皆称其严明公正。考察完毕，于谦回到京师，奏明湖、广、贵等地将卒贪功妄杀，请朝廷改变对瑶民的残暴政策，缓和了朝廷和瑶民的对立紧张形势。于谦也因此以"廉干"称闻于朝。

永乐二十二年（1424年），明成祖朱棣在亲征鞑靼的途中病死。仁宗朱高炽继位，不到一年驾崩。宣宗朱瞻基继位，听闻于谦事迹，任命其为御史。奏对的时候，于谦口才伶俐敏捷，应对如流，声音绕梁，条理清晰，剖析入微，宣宗很是赏识。不久，汉王朱高煦发动叛乱，宣宗特召于谦扈驾，随帝亲征。

朱高煦是宣宗的叔父，永乐帝的次子。他善骑射，有膂力。父亲朱棣靖难起兵，高煦曾随军作战，勇猛直前，很受朱棣喜爱。朱棣称帝后，朱高煦又随征漠北，战功累累。而其兄高炽性情温和，仁厚儒雅。朱棣有意将高煦立为太子。但按照历代皇位继承"立嫡立长"的传统，朱棣最终没有说服群臣，立长子朱高炽为太子，而封高煦为汉王，敕于云南建国。高煦不肯就国，向母后哭诉，改封山东乐安。其后，朱高炽继位一年即崩，其长子朱瞻基继位。高煦招募死士，私造兵器，暗约将士共为谋逆，企图重演一幕靖难，夺取侄子的皇位。消息传到北京，宣宗果断亲征，由少师蹇义、少傅杨士奇、杨荣、御史于谦等扈驾。朱高煦野心勃勃，原打算从乐安直攻济南府，但得知皇帝亲征，一下子惊慌失措，豪气顿失，只知缩守乐安，听天由命。宣宗迅即包围城池，放炮震吓。朱高煦魂飞魄散，乱了手脚，未经一战就出城投降。在朱高煦出城投降、跪拜军前的时候，宣宗特命于谦当众口数朱高煦的罪状，于谦声如洪钟，滔滔不绝。朱高煦伏地战栗，顿首称："臣罪该万死万死。"宣宗大悦，回京后颁给赏赐，特别优待于谦。

次年，于谦奉命巡按江西，在任决断冤狱，革除弊政，惩治贪官，廉明公正，政绩显著。

宣德五年（1430年），宣宗特简拔于谦任兵部右侍郎兼都御史，巡抚两省。巡抚是地方最高行政长官，职权极高，在都指挥史、布政使司、按察使司三司之上。此前，朝廷还未设此职，以于谦才能出众，特授大权。当时，于谦年方33岁。此后一直到正统十三年（1448年）的19年间，他一直任巡抚职务，并做出了突出的政绩，百姓交口称赞。

在任上，于谦遍访两省州县，治理黄河水患，发动百姓增筑黄河大堤，在堤岸两旁种树以固堤坝。同时每五里设立监哨站，派专人巡守。经此修筑，水患得以舒解，黄河十数年没有决口。于谦还令当地百姓在大路两旁广植树木，开凿水井，以排泄黄河水势，又可以供行人饮水和歇凉。

于谦在两省推行轻税养民政策，上疏请将赋税减半，并开官仓济民，"以每岁三月，令州府县报缺食下户，随分支给。先菽秫，次黍麦，次稻粱。俟秋成偿官，而免其老疾及贫不能偿者"。如果该州县长官任期届满，"而预备粮储未完者，不得离任"。遇上荒年，他发动地方富户赈济灾民，分捐粮数目免除徭役、建坊赠匾、给予冠带等，同时还派人到湖广等地收购米粮，贮存官仓，以备荒年之需。

位于山西太原窦大夫祠内的于谦祈雨碑

正统十年（1445 年），山东、陕西等地又遭遇灾荒，20 万灾民逃难进入河南、山西，抢夺杀人之事经常发生，社会动荡不安。于谦一方面奏请将官仓存粮降价出卖，一方面将流民编成里甲，新立乡都，或者编入当地乡籍，前后共编入十余万户。同时，又分给流民耕地、耕牛、粮种，使流民得以安居生产。这一举措，有效安置了流民，社会重新安定。于谦还减少商贾的税费，请罢除了徐州、济宁、南京等地的船料征钞，由 60 贯减为 20 贯，又减为 15 贯，深受商贾欢迎。

在任期间，于谦奔波于开封、太原之间，常常是冬春在开封、夏秋在太原，不辞劳苦，深得百姓拥戴，史书上说甚至连盗贼都敬服他的威望。此外，于谦还善于断决冤狱，百姓有冤屈可直接到巡抚衙门申诉。于谦亲自审理，公正决断，因此有人称颂其为"于龙图"、"于青天"。

于谦的政绩得到了朝廷和百姓的一致认可。他的谏议和奏疏切合百姓利益和实际，得到了当时的内阁元老杨士奇、杨荣、杨溥的赞赏。于谦做巡抚 19 年，清廉贫苦，人称其"食不重味、衣不重裘、乡庐数椽仅蔽风雨，薄田数亩，才供饘粥"。他脾性刚直，不馈赠权要，更不结党营私，太监王振在正统七年后逐渐肆意妄为，招权纳贿，势焰嚣张。朝廷百官纷纷向他行贿送礼，京外官员进京也多带金银礼物送呈。于谦却故作不知，每次入京奏事也不去拜见。有人劝他即便不进献金银财宝，也应该带些地方上的土特产进献，以让王振对他有好感以便于提拔。于谦揶揄讽刺道："带有清风。"并专门作诗一首："手帕蘑菇及线香，本资民用反为殃。清风两袖朝天去，免得闾阎说短长。"就此留下了"两袖清风"的佳话。

正统十年，于谦爱妻董氏病逝，于谦时年48岁，此后既不再娶也不置妾，只忙于公务，常常夜不归宿，在生活上，简朴持家，十分清贫。

于谦的清廉刚直，为民不辞辛苦，得到百姓的拥戴，威望甚高。但又因其屡屡上奏，不顾权贵利益，引起王振党羽的痛恨。正统十一年，于谦到京师奏事，推荐参政王来、孙原贞代替自己的职务。此前，有一个姓名和于谦相似的御史顶撞过王振。通政使李锡便逢迎王振的指使，弹劾于谦因长期未得到晋升而不满，擅自推举别人代替自己，把于谦投入监狱判了死刑。于谦被关在狱中三个月。后来，王振知道搞错了，把于谦放了出来，但降职为大理寺少卿。消息传开，山西、河南百姓数万人进京喊冤，请求释放于谦，两地的皇室藩王也请求让于谦继任两省巡抚。迫于压力，朝廷不得不释放于谦回原任。

正统十二年（1447年），于谦父亲病死于杭州，于谦即回乡丁忧，不久母亲又病死，复丁母忧。尚未服阙，朝廷即召其赴任。次年，于谦被调到北京任兵部左侍郎。

二

王振是有明一朝第一个专权祸国的宦官。他是蔚州（今河北蔚县）人，原是县学里的教谕，因见做县里教官没有前途，就自宫后入宫，因为识字被安排教习太子读书。太子朱祁镇此时尚幼，对老师既敬又怕，称王振为"先生"，及至做了皇帝后仍称王振为"先生"而不敢称名。王振此时也极尽心思，恩威并用，更让年幼的皇帝对其很是信任依赖，形影不离。

明初，开国君主朱元璋对宦官之害感触极深。为防止宦官预政，他规定宦官不许读书、不许带兵，又在宫门内铸造了三尺长的铁牌，写"内臣不得干预政事，预者斩"。其后，朱棣发动靖难之役，其宦官给他提供了不少军事情报，宦官因此逐渐受到重视，可以读书识字，开始参与军政大事。其后，朝廷又派出宦官出使、监军，更设立了特务机构"东厂"，授权宦官搜捕违逆官吏，为他们预政乱权埋下了伏笔。因地位上升，宦官从此时开始被称为"太监"。英宗朱祁镇即位后，王振被任命为司礼监。宫廷宦官分为24衙门，职掌皇宫各项事务，其中以司礼监最为重要。司礼监掌管皇宫里的一切礼仪、衣食以及管理当差、听事等杂役，最重要的是替皇帝管理大臣奏章，代皇帝批答公文，又称"批红"。批答奏章一般由皇帝口述，司礼监秉笔记录，然后交给内阁诏发。王振入主司礼监后，肆意歪曲篡改旨意，使皇权旁落，皇帝被架空。宦官们羽翼渐丰，宦官专权的局面逐渐形成。

英宗即位时尚年幼，大权由太皇太后张氏掌握。张氏重用四朝元老"三杨"辅政，王振还不敢太过放肆。

但随着"三杨"或去世或隐退以及张太后于正统七年的去世，王振变得肆无忌惮起来。他先是派人拔掉了那块树了数十年的铁牌，继而开始玩弄权术，广受贿赂，徇私舞弊，打压正直官吏，树党结朋，权倾朝野。年幼的英宗却对这个幼年的"严师"极为依赖，几乎片刻不离。正统六年末，英宗大宴文武百官。按明制，宦官不能参加这种宴会。英宗挂念王振，觉得茫然若失，宴会中间派人前去探视。王振怒气正盛，叫嚣："周公辅成王，我独不可一坐乎？"把自己比作辅佐周成王的周公。使臣赶紧回报，英宗不仅不以为忤，反觉得亏待了老师，急忙下令开东华门迎王振入宴。王振气昂昂地步入大厅，文武百官望风跪拜。王振的嚣张气焰可见一斑。

王振公开树党，去除异己。讨好王振者迅即高升，违抗者则

明英宗朱祁镇

罹惨祸。工部尚书王卺不能屈意王振，被劾致仕；翰林院侍讲刘球颇有威望，上疏请削内臣权力，被逮害死狱中；监察御史李俨弹劾王振见皇帝不跪，被谪戍铁岭；大理寺少卿薛瑄与王振同里，因骂自己家里的宦官被王振听到，王振以他责骂同类，将其免职归乡；祭酒李时勉也以不迎合王振被劾，戴枷示众。对于自己的亲信，王振极力提拔。他的两个侄子，一个升为锦衣卫指挥同知，一个升为指挥佥事，其他宗亲也得以提升。很多朝臣阿谀奉承，蝇聚周围。工部郎中王佑天生没有胡须，王振问他："王侍郎何以无须？"王佑竟答："老爷所无，儿安敢有？"摇尾乞怜，媚态十足。不久，王佑被提拔为工部侍郎。其他官员见此，也纷纷剔去胡须，以此邀宠。

此外，王振还贪财喜功。他带头破坏边防屯田制度，指使太监、亲王、将官侵占士卒和百姓的屯田为私田，并随意役使士兵。王振本人在家乡蔚县囤积了4000余亩田地。士兵没有屯田，却仍要缴纳粮税，多服徭役，不堪忍受，纷纷逃亡，国家北部边防力量日益削弱。同时，王振还鼓动对广西瑶族用兵，三征麓川，劳师伤财，国家难以安定。又兼英宗对其宠爱有加，百依百顺，王振肆无忌惮，势力日益膨胀。

与明朝的政治黑暗、国力日衰相反，北方蒙古族的瓦剌部在此时强大起来。瓦剌是北元部众的一支。元顺帝被朱元璋的北伐军驱逐出中原和大都，退到内蒙古达尔泊一带，史称北元。他们企图恢复元朝统治，和明朝争斗不断，但势力有限，且逐渐消弱。建文四年（1402年），鞑靼部酋长鬼力赤篡位，称鞑靼可汗，北元灭亡。此后，蒙古各部纷争更加激烈。其西北的瓦剌部在首领猛可帖木儿的带领下攻击鬼力赤，一举毙之，与明朝、鞑靼形成三足鼎立之势。明成祖朱棣数次率军亲征鞑靼，取得了几次胜利，鞑靼日渐没落。永乐二十二年（1424年），朱棣在第五次亲征返回途中驾崩。瓦剌部在首领脱懽的带领下乘机击败鞑靼，统一蒙古部落，势力大增。脱懽迫于内部压力，暂立鞑靼部元朝皇族后裔脱脱不花为可汗，实权却由自己掌握。正统四年（1439年），脱懽死，其子也先继位，操控瓦剌和鞑靼两部落大权，势力东起松花江流域，西达巴尔喀什湖，北连西伯利亚，南逼明边境线长城。明朝北方形成了"两虏合一，势益强盛"的局面。

瓦剌和明朝边境原有马市交易。作为游牧民族，瓦剌的农业、手工业极不发达，日用品和手工用品匮乏，仅靠马市交易不能满足需求。永乐年间，瓦剌又开始了朝贡，向明朝进贡驼马兽皮之物。明朝为体现天恩浩荡，往往按贡使人头和所供货物予以赏赐。瓦剌见有利可图，就逐渐增多使团人数，甚至虚报人数以多领赏赐。按原制，瓦剌每年到北京的贡使不得超过50人，而到正统时已动辄上千人，不仅沿途州府要供应食物，且多有不法分子抢夺滋事。明朝苦不堪言。正统十四年（1449年），也先遣贡使2000人到京贡马，却诈称3000人。王振非常生气，叫礼部按照实际贡使人数给赏，同时又以瓦剌所贡为驽马为由，削减马价的五分之四，将瓦剌使团驱逐出境。

也先闻讯大怒，借口明朝失信，于是年七月兵分四路，大举入寇。明军常年边防松弛，仓猝应战，自然连遭败绩，不几日就失掉了几座城池，边报紧急。王振为请功弄权，耀武扬威，力劝英宗亲征："我朝以马上得天下，太祖太宗悉亲经战阵，皇上春秋鼎盛，年方力强，何不上法祖宗？"明太祖朱元璋、太宗朱棣、宣宗朱瞻基都曾御驾亲征，并取得了辉煌胜利。英宗年轻好奇，即召集群臣动议。兵部尚书邝埜、吏部尚书王直、侍郎于谦等百官力谏六师不宜轻出。但英宗受王振怂恿，一心效仿曾祖朱棣五次亲征鞑靼的壮举，对群臣疏奏一概不听。最后，命御弟郕王朱祁钰留守北京代理国事，侍郎于谦代理兵部事权，两天内调动精兵50万，备好衣物粮草，御驾亲征。英国公张辅、兵部尚书邝埜、户部尚书王佐及内阁大学士曹鼐、张益等扈驾随征。七月十

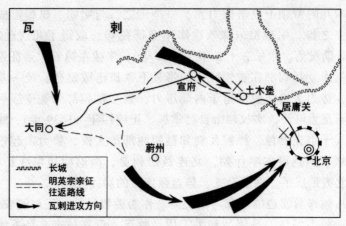

土木之变双方进兵路线图

六日，50万大军浩浩荡荡誓师出征。王振掌握全部大权，跟随英宗左右。大军十九日过居庸关，二十三日抵达宣府 (今山西宣化)。

因出兵仓促，筹备不足，队伍绵延数十里，未到大同粮草已见匮乏，前锋屡战屡败。又加连日阴雨，将士饥寒交迫，疲惫不堪，死尸盈路。诸随军大臣屡言驻扎或者退兵，俱遭驳斥。王振耀武扬威、趾高气扬，独断专行，听不进边将的谏言。兵部尚书邝埜、户部尚书王佐甚至被罚跪在草丛中，直至日暮才准许起来。

此时，瓦剌军已经攻入长城，左参将都督石亨、总兵官朱冕等率军抵抗，全军溃败，朱冕阵亡，仅石亨一人逃回北京。王振孤注一掷，仍一味往北进发。八月初一日，英宗大军抵达大同，前线败报纷至沓来，人心惶惶。王振此时方露怯意，与另一位太监郭敬秘商退兵。初三日，下令班师。王振祖籍蔚州，想让皇帝退兵时御驾临幸其第，以向乡族炫耀，就命令大军取道紫荆关撤军，向蔚州开拔。走了40余里后，王振忽然担心众多士兵经过家乡时会踏坏其庄稼，就紧急命令大军调转方向，改道宣府。

也先得知英宗退兵，率军火速追击。明军先西后东，迂回反复，耽搁了不少时间，很快被也先军追上。明军前锋迎战，军心动荡，数将战死，只能且战且退。十三日，英宗退到土木堡，距明军重镇怀来城仅20里，因等候王振的千余辆辎重车，暂停行进，夜间驻扎堡上。兵部尚书邝埜屡奏进驻怀来，派人断后，王振勃然大怒，喝斥："腐儒安知兵事，再言者死。"邝野慷慨激昂答曰："为国为民，死何惧哉？"王振气急败坏，将邝野轰出门外。大军遂驻扎土木堡，瓦剌军迅即包围整个土木堡。

十四日清晨，瓦剌军四面合围，准备困死明军。土木堡地势较高，明军掘地二丈仍不见水，军士饥渴难耐，人心惶惶。堡南15里外有河，已被瓦剌军占据。朱祁镇心知不能坐以待毙，派使讲和，也先假意答应，佯装后退，王振不知是计，下令军士将营帐移到河边。士兵争先恐后，乱作一团，也先乘机挥师猛攻，明军弃甲曳兵，四处逃窜，霎时间血流成河，尸横遍野。乱军之中，英国公张辅、尚书邝野、王佐、学士曹鼐、张益、侍郎丁铉等五十余位高官战死。英宗见突围无望，扈驾诸臣死逃殆尽，索性盘膝面向东南而坐，静待敌兵。瓦剌军冲到跟前，见此人神态服饰不同于他人，送交瓦剌军指挥赛利王。赛利王也疑惑不能断，经也先辨认，方知是明朝皇帝。此前，护卫将军樊忠在乱军中见王振抱头鼠窜，大喝："我为天下诛此奸贼！"用铁锤一锤击死王振，奋力杀敌十余人，英勇殉身。此一战，明军50万大军几乎全军覆没。

这就是历史上著名的"土木之变"。

河北省怀来县土木镇土木村内的显忠祠，是为在"土木之变"中捐躯的数百名朝廷重臣和五十万大军英魂而修建的。

三

英宗被俘的消息是被逃回的伤兵残卒逐渐带到北京的。开始时很多人根本不信，后来见伤兵越来越多，才确信英宗已经被俘。京师大震。朝廷众官一片恐慌，聚集在殿廷上嚎啕大哭。皇太后和留守的郕王朱祁钰急召大臣朝议。皇太后孙氏和皇后钱氏营救英宗心切，密令取出宫中大量金银珠宝，用八匹马车拉着，由太监送到居庸关的瓦剌营中。

也先留下赎金，却不放英宗。当时，瓦剌内部对如何处置英宗也产生了争论，有的人主张将英宗就地斩首以泄大恨，有的主张俘虏明朝一国之君，奇货可居，可以向明朝要挟。也先则主张趁明朝国内无主，大举进兵，一举击溃明朝。他说服诸将，将英宗押到其弟伯颜帖木儿营中看押，自己准备率军进攻明朝首都北京。

在北京，人们忧心的不仅仅是英宗的安全问题，有识之士更担忧北京乃至大明王朝的存亡。历史上，皇帝亲征被围的也不是没有，如汉高祖刘邦被匈奴围困在白登山七天七夜，隋炀帝杨广被突厥围困雁门山整整一月，但这两次都不至于对国家存亡造成太大威胁，一是其军队的精锐尚在，二是其首都长安距前线上千里，敌人难以瞬息攻到。然而此次英宗被俘却非同以往，其一，英宗所率50万大军是明朝军队的全部精锐，京师只留有老兵残将，没有什么战斗力；其二，明朝的首都北京距长城仅一步之遥，敌军奔袭一夜即可兵临城下。明成祖朱棣将都城由南京迁往北京，就是想抵制蒙古兵的进攻，北京存亡关系国家存亡。北京一旦不保，明朝将轰然倒塌，即便不亡国，也至少失去一半江山。

此时，从土木堡逃回的士兵越来越多，他们极力渲染瓦剌军的强悍凶残。京师此时老弱病残士兵不足10万，兵器盔甲也严重缺乏。恐惧气息笼罩整个北京，不少大户开始将家产南迁。京城一片混乱。

英宗的长子朱见深年仅 3 岁，根本不可能预政。十八日朝议时，翰林院侍讲徐珵进言道："吾夜观天象，天命南移。京师疲卒羸马不足十万，何以抵挡？愚意不若南迁。"此言一出，群臣大哗。兵部右侍郎于谦挺身而出，厉声斥责："倡议南迁者当斩！京师乃天下之根本，一动大事去矣。北宋南渡，可为殷鉴！请速召勤王兵，誓死固守。"这一提议立刻得到不少大臣的赞赏，以于谦为首，商辂、王竑、彭时、吴宁等主战派占了上风。朱祁钰、皇太后诏告天下，由郕王朱祁钰监国，立朱祁镇长子见深为太子，令于谦负责京师战守兵事。

于谦随即着手备战，奏请将南北两京及河南备操军、山东及南直隶沿海备倭军、江北及北京府运粮军全部调入京师。因当时官仓在通州，一旦为敌军侵夺，后果不堪设想，群臣多提议焚毁。于谦命文武京官预支 9 个月的俸粮，军士预支半年饷粮，均从通州领取，又征民夫带车从通州运粮进京，运粮超过 20 石纳入京仓者赏官给银。这些布置使北京民心逐渐安定。

于谦又奏请清除王振余党，明正其罪，以雪民愤，表明朝廷的立场和态度。二十一日，于谦升任兵部尚书。二十三日，朱祁钰登临午门代理朝政，群臣纷纷弹劾王振恃权作威，倾危宗社，罪应灭族。王振私党、锦衣卫指挥马顺叱责群臣："王振已死，说他甚么？"一语激怒群臣，给事中王竑上前抓住马顺，怒道："汝私媚王振，倚势作威，今尚敢来多嘴？"群臣怒不可遏，一拥而上，登时将马顺打死在廷堂之上。群臣又向郕王索要宦官王贵、王长随，朱祁钰命人将二人从宫中轰出，众人你一拳我一脚，二人当场毙命。不一会儿，有人又把王振的侄子王山捆来，众人争相唾骂，朝班大乱。朱祁钰见状要起身离开，于谦上前拦住郕王，要郕王宣谕："马顺等罪当死，其他众人不论。"诸臣方才逐渐安定。于谦这才发现自己的朝服袍袖在混乱中被撕成了碎条。吏部尚书王直拉着于谦的手叹道："朝廷幸赖有公，若如我辈，虽多何益？"随后，郕王下令将王山凌迟处死，抄王振的家，将王振家族无论老幼，尽行斩首。从其家中抄得金银六十余库，玉盘百座，珊瑚树六七十株，其他珍玩不计其数。王振阉党被扫除殆尽。

随后，于谦又任命将领：封杨洪为昌平伯，与罗亨信、朱谦等镇守宣府；荐举陈镒安抚京畿内外军民，罗通守居庸关，曹泰守紫荆关。因石亨先前战败逃回，被贬官下狱，于谦知其晓畅军略，很有军事才能，令其总领京营兵。与此同时，于谦又加紧锻造兵器，押运粮草，充实军储。

土木之变后，也先挟持英宗在边疆各城池勒索要挟。二十一日，瓦剌军到大同城下，让人拿英宗驾牌请守城士兵迎驾。大同总兵官刘安和参将郭登信以为真，出城朝拜英宗。瓦剌军趁机掠城，明军大败。也先又矫英宗诏，命大同守军送库银2万两方才退军。刘安搜罗仓库，取出银两，送到也先营中。也先纠缠三天方挟英宗退出塞外。于谦闻报，严叱刘安，下令各边镇"自今瓦剌奉驾至，不得轻出"，同时提出"社稷为重君为轻"。这一策略粉碎了也先利用英宗讹诈的阴谋，坚定了边将抗战的信心，使明由被动转为主动。

为断绝也先的念头，二十九日，以于谦为首的抗战派请皇太后立郕王为皇帝，以定民心。郕王再三推辞，于谦大声道："臣等诚忧国家，非为私计。"郕王于九月初六日登极，是为明代宗，遥尊英宗为太上皇，以明年为景泰元年。

明代宗朱祁钰

九月初，也先以愿进其妹与英宗结亲为由，表示要与明朝和好。于谦通谕各边镇："也先诡诈百端，今尚在关外扎营，假以结亲为由，遣使来京，觇我虚实……假以送驾为名，得开门迎接，我欲出兵拒抗，彼则指驾为辞。"严令兵士不得擅自开城迎驾。

随后，于谦着力整顿京畿内外及边塞军务，派郭登佩征西前将军印镇守大同。郭登率兵民悉心备战，誓与众将同死，大同边防得以加强。于谦又招募民壮，以国家存亡大义激励兵将，将士兵民同仇敌忾，士气高涨。

十月初一日，也先挟持英宗，绕过大同重镇，大举入寇，旋即攻破紫荆关，直逼京师。明代宗大惊，诏告各地宗室诸王入京勤王，命于谦提督各路兵马，守备京师。于谦调动诸将分领官军22万人，列阵于京师九门：武清伯石亨守德胜门、都督陶瑾守安定门、广宁伯刘安守东直门、都指挥李瑞守正阳门、都督刘得新守崇文门、都指挥汤节守宣武门、武进伯朱瑛守朝阳门、都督刘聚守西直门、副总兵顾兴祖守阜成门。此时，诸将对如何拒敌意见不一，成山侯王通主张在京外挖筑深壕，总兵官石亨主张全军退守城内，坚壁清野。于谦力主出城迎敌："寇势张甚，奈何示弱。"劝服诸位将官，在城外布军，封闭诸门，以示决不后退，同时激励三军，严申军令。

十一日，瓦剌军在西直门外列阵，将英宗置于德胜门。也先原以为明军精锐已去大半，此时见明军严阵以待，毫无荒乱景象，深感吃惊，只好先借口讲和，言欲送还英宗，请明廷派人迎驾，以探虚实。于谦知其虚诈，只派礼部侍郎王复、鸿胪寺卿赵荣出城见英宗。也先借口二人职卑，指名要于谦、石亨等大臣来谈判。明代宗未允。

十三日，两军在德胜门展开激战。于谦派石亨设下埋伏，让小队士兵诱敌。也先派弟弟孛罗和平章卯那孩率兵万余，冲杀过来。于谦即令伏兵放火炮火铳，敌军死伤惨重，孛罗和平章卯那孩也中炮身亡。石亨出安定门截杀，瓦剌兵溃逃。也先亲率精兵暗袭西直门，都督孙镗仓促应战，力战数个时辰，渐感不支，开始后退。城上守将杨善呐喊助威，开炮轰敌。正相持时，石亨率兵赶到，三面夹攻。也先败退，又遭明将王竑伏击，仓皇退至城外数里安营。明军

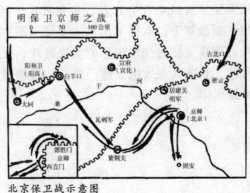

北京保卫战示意图

大胜。这是明军保卫北京的第一次会战胜利。

十四日，瓦剌又进逼彰仪门。于谦亲自指挥作战，身先士卒，冲锋陷阵。京师百姓纷纷加入战斗，从房顶投掷砖石。瓦剌军逡巡不敢进，明军乘机追击，瓦剌又败退数里。也先原想借英宗身价逼迫明军投降，却屡战屡败，士气大跌，成功无望，不得不于十五日夜间拥着英宗西退。于谦得知，派兵追赶，三战三捷，毙敌万余。也先恼羞成怒，沿路抢劫，还焚烧了明朝寝陵。

十一月初八日，瓦剌退出塞外，北京宣布解严。

北京保卫战的胜利，粉碎了也先夺取北京的企图，稳定了北京的形势，挽救了明王朝。于谦运筹帷幄，镇定自若，在京师守备空虚的情况下迅速集结军队，激励士气，身先士卒，起了决定全局的作用。

代宗论功行赏，以于谦、石亨功劳最卓，封石亨为武清侯，加于谦太子少保，总督军务，仍掌兵部尚书事。于谦极力推辞，说："四郊多垒，卿大夫之耻，敢邀功赏哉？"最后才不得不接受。

北京保卫战胜利后，于谦又提出"今日之计，可以养锐，不可浪战"，积极布置，未有丝毫懈怠。为加强京师的边防，他抽调辽东、宣府军马，将名将杨洪、罗通等调入京师，大同总兵郭登也被命率部入援。同时加强边关塞口的防御，派顾兴祖、刘安等修筑要隘，左都督朱谦镇守宣府，金都御史王竑守居庸关。

土木之变时，英宗的心腹太监喜宁投降了也先。他授计也先，从宁夏进兵，绕过北京，直趋山东、临清，夺取南京，将英宗安置此地作为傀儡，可以长江为界分割中国，与北京的景帝抗衡。景泰元年（1450年）正月，也先进攻宁夏边塞。边关诸将奋勇抵抗，斩敌数千，取得了土木之变后明军在塞外的第一次胜利。其后，明军又接连挫败也先的几次进攻，瓦剌士气大跌。是年五六月间，也先又犯大同、雁门关，均遭惨败。明军士气大震，边防日益巩固。

四

随着明军取得的胜利，也先速战速决、轻取北京的想法破灭。而明朝采取拉拢脱脱不花、阿拉知院的策略孤立也先，更重要的是，明朝已另立皇帝，英宗成为空壳。也先一时进退两难，杀之怕激怒明朝报仇，放回去又心有不甘，一时无计可施。思虑再三，认为与其杀之不如送还明朝，既得到金银财宝，又可与明朝结好，恢复马市贸易，更可以落下好名声。于是再三遣使致意，请北京派使迎驾。

一些主战派大臣认为此是也先故伎，不可相信，极力反对议和。于谦力排众议，认为也先屡败，其议和态度可信，劝景帝遣使迎驾。景帝却犹豫不决，陷入两难：若迎回英宗，自己必然交还皇位，若不迎回，则必遭非议，就召集群臣商议。于谦和吏部尚书王直首先陈言，请即遣使，其他诸臣也多随声附和。景帝颇感难堪，怒曰：“朕非贪此位，乃卿等强欲立朕，今复出尔反尔，殊为不解。”群臣瞠目结舌，无以言对。于谦上言：“也先屡败，其意可信。陛下与太上皇兄弟至亲，上皇在外，理应奉迎，万一敌人怀诈，是彼曲我直，我得声罪致讨。今大位已定，何人敢有他议？”景帝闻此，方答应遣使。

于是，景帝先派吏部右侍郎李实带随员出使瓦剌，窥探虚实，并不言及迎驾事。于谦得知也先真心送还英宗，奏明景帝，派右都御史杨善、工部侍郎赵荣于七月二十七日出使瓦剌。也先接见杨善，却故意刁难。幸而杨善机智灵慧，巧妙对答，才维护了明朝国威。也先询问敕书中为何没有奉迎太上皇的言词，杨善答是为尊太师，成就你主动送还的美名，否则带有强制意味。也先又问，为何不多带金银来赎，杨善答是让你名垂千古，不然后人会以为你图财而非仁义君子。也先又问太上皇回去是否就皇位，杨善答：“天意已定，不便再移。”也先又问中国古代尧舜禅让，是否为真？杨善答：尧让位于舜，今上皇让位于弟，古今一辙。也先钦叹良久，哑口无言，只好备车驾送英宗返京。

消息传到北京，礼部议定的迎驾仪式很是隆重，景帝以恐遭敌诡计为由删繁就简，只派一辆车马迎接太上皇由居庸关进入，在安定门换乘法驾，从安定门行至东安门。此时，千户龚遂荣上疏，说现在迎驾应当效法唐肃宗故事，奉迎应隆厚，景帝应再三避位，上皇坚持逊让方合古法。景帝勃然大怒，系之于狱。几天后，上皇至京城，百官于东安门外跪迎，景帝在门内下辇接驾，英宗下轿答礼。两人辞让帝位再三，随后英宗被送到南宫安顿。

南宫即崇质宫，位于重华宫东南，是软禁失意妃嫔和皇族的专用所，极少有人光顾。景帝又派边塞大将王骥镇守，以防英宗勾结外界或逃出。不久，景帝去除监国称号，堂而皇之成为真正意义上的皇帝。

北京保卫战后，景帝对于谦很是倚仗宠信，授予大权，可以单独进入皇帝寝宫奏事，于谦的地位权势，无人可以比肩。于谦对于皇宫内部的争斗无能为力，只能屡屡上疏，强调"上皇虽还，国耻未雪"，加紧国防和京城的防卫，修缮城池，募民屯田，严肃军纪，惩治了一些贪将。他又发动民众，疏通了漕船运粮草的运河要道，精心改进武器，操练阵法，使军队作战能力得到进一步增强。他还改革京营军队，创立了团营。

明成祖时，京军被编为三大营：即五军营，由中军、左掖、右掖、左哨、右哨编成，有步兵和骑兵；三千营，负责扈从皇帝出入，为骑兵；神机营，使用火铳火炮等新式武器。这三大营各有总兵官，名义上都由五军都督府统辖，但实际上五军都督府只负责文书军籍，不管战时调派，号令难以统一。又因各营兵种不同，训练各异，遇到调遣，士兵不习新号令，兵将不相认识，互相扯皮。因此尽管有40万京营军，作战能力却很低，也直接导致了土木堡之战的惨败。

景泰二年（1451年），于谦开始改革营制，设立团营。他在三大营中选拔骑勇骠悍者15万人，分为十团营，每团营15000人，每营设置都督1人，叫做"坐营都督"。每一坐营都督下，设都指挥3人，各统领5000人。每一指挥下，设领队官5人，各领军士100人，每一领队下设管队2人，各领军士50人。以上十团营设一总兵官，由石亨担任。没有入选团营的军士，仍归三大营，称作"老家"。此十团营集中在安定门外校场团操，演习阵法。各管队和领队官均熟悉部下每个士兵的姓名、年龄、相貌等。遇有战事，由原来的各营军官统率，号令划一。这一变革克服了原来三大营的缺点，部队战斗力大大增强。《明史》评论说：于谦"创立团营，简精锐，一号令，兵将相习，其法颇善，京军之制一变。"

这时，瓦剌内部开始出现内讧。也先性情残暴专横，兵力最多，脱脱不花虽名为可汗，却无实权，阿拉知院兵较少，也没有权力。三人先前联合攻明时尚能团结对敌，现在也先占去大部分所掠财物，引起脱脱不花和阿拉知院的不满、猜忌，进而相互攻伐。脱脱不花的一个妻子是也先的姐姐，也先欲立其姐之子为太子，脱脱不花不从。也先借口脱脱不花私通明朝，率兵攻打，脱脱不花战败逃往兀良哈部，投靠沙不丹。未想，沙不丹畏惧也先，杀死脱脱不花，向也先请赏。也先趁机称霸诸部，扩大领地。景泰五年（1454年），也先自立为可汗，遣使赴明进贡，明优礼答之，赐其"瓦剌可汗"号。也先日益骄纵，虐待他部，兀良哈等部不堪忍受相继反叛。次年，阿拉知院率众攻也先，也先仓惶出逃，被乱军杀死。其后，瓦剌内部纷争不已，势力日趋衰弱。

英宗朱祁镇返回北京后，被禁锢在南宫中，景帝派靖远伯王骥守卫，严禁英宗和外界接触交往。英宗在南宫过着孤寂落寞的生活。

景帝坐拥帝位既久，思索将自己的儿子立为太子，以长期霸占帝位。但在传统思想根深蒂固的大臣们看来，景帝这种篡夺其兄皇位的做法很是自私卑鄙。不少大臣对此极为不满。如今景帝想将皇位长期据为己有，如何获得大臣的支持就成为他首先要解决的难题。景帝曾经以故意记错太子的生日向一个太监试探，这个太监故作不知，让景帝更意识到更换太子的困难。他叫来心腹太监兴安密谋此事，兴安也感到十分为难，却又不敢公然反对，只得苦思冥想，与景帝思虑谋划，最终决定采取收买拉拢的方法，钳制大臣口舌。

景泰三年（1452年）正月，景帝加赠都御史杨善、王文太子太保，不久又加赠陈循、高谷太子太傅，江渊、王一宁、萧镃太子少师，商辂、于谦大学士衔。四月，又赠内阁大臣陈循、高谷银各百两，江渊、王一宁、萧镃、商辂金各五十两、银百两。吃人嘴软，诸大臣或升官或得贿，就不好再开口反对易储。

但事情并没有就此迎刃而解。因为尽管没有大臣反对，却也没有大臣第一个提出更换太子，景帝本人自然不好提议，事情就僵在那里。

正在景帝束手无策时，忽然收到一道署名"黄玆"的奏折，奏折中极言应尽快易立太子，"永固国本"，以"一中外之心，绝觊觎之望"，如此则"天下幸甚！臣民幸甚！"景帝阅奏，自然欣喜万分，叹道："万里之外，竟有此忠臣！"

黄玆何许人也？

黄玆原是广西州官，因平匪有功，擢为都指挥使，守备浔州。他的哥哥黄瑐为思明州（今广西宁明县）知府，因年迈打算让其子黄钧继承职位。黄玆觊觎知府职位，就率数名兵士深夜潜入思明州城，杀死黄瑐父子，将尸首埋入后院，连夜返回，以为神不知鬼不觉。次日他佯装不知，一面为其兄发丧，一面发榜缉拿凶手。谁知黄瑐的仆人福童夜晚窥知真相，禀告官府，朝廷大怒，将黄玆父子逮系狱中。黄玆为减轻罪责，派心腹到北京拉关系，无意得知皇帝正为易储一事焦头烂额，就迎合帝意，上疏请更换太子。

景帝览奏大喜，秘宣黄玆无罪，当即释放。同时，召集群臣，将黄玆的奏折传阅商议，并让大臣署名画押。群臣面面相觑，默不做声。兵部尚书于谦立即奏言此举万万不可。良久，都给事中李侃也反对易储。又等片刻，太监兴安厉声道："此事不能不行，如以为未可，请勿署名，何必首鼠两端？"群臣嗫嚅再三，只得依次签名，唯有尚书王直、于谦和御史左鼎等人坚决不签。御史陈循将笔濡湿塞到于谦手里，于谦等人才不得不署名。

景帝遂下诏，名正言顺地立自己的儿子朱见济为皇太子，废原太子朱见深为沂王，大赦天下。加封各官官衔，尚书王直、武清侯石亨为太子太师，于谦为太子太傅，都御史王翱为太子太保，兼支两份俸禄。群臣默然领受，唯有于谦一再推辞。

孰料朱见济福浅命薄，被立为太子仅一年多，于景泰四年

（1453年）十一月因病一命呜呼。景帝悲恸万分，将之葬于西山，谥曰怀献。而景帝又仅此一子，皇储万不能空缺，一些官员上疏请"再建皇储"。御史钟同、礼部郎中章纶以东宫既殁，并无弟兄，不如仍立沂王，以定人心。景帝大怒，不管此时天色已近黄昏，宫门已锁，仍命将二人投入诏狱。不久，南京大理寺少卿廖庄又上奏，请皇上朝谒太上皇，礼待上皇诸子，被景帝饬杖八十，谪为定羌驿丞。景帝余怒未消，又旧案重提，将钟同、章纶扯出施行杖刑，可怜钟同被当廷杖毙，章纶死而复苏。一时群臣闭口。此前于谦曾密请景帝赦免钟同、章纶，景帝"怫然不悦"。

刑部给事中徐正，看到诸大臣上言奏复立沂王为太子者均遭杖谪贬戍，就打算效法黄竑，迎合帝意，上疏请将沂王赶出南宫，徙置封地，以断绝大臣的复立念头。景帝此时已被易储事件弄得身心俱疲，烦躁暴怒，看到徐正的奏折，并不给予褒奖，反而严加叱责，将徐正谪成千里外充军。自此，群臣均缄默不言太子事。

五

景泰八年（1457年）元旦，景帝接受朝臣拜年贺礼毕，忽觉身体欠安，难以支撑，不能视朝，接连几日卧床休养，也不见效。百官唯恐景帝一病不起，私下里群议后事。正月十四日，群臣联名请立太子。景帝传谕说，朕只是偶有寒疾，将于十七日临朝，所请不允。

按照惯例，正月十五日元宵节，皇帝当进行郊祀。景帝于十二日召武清侯石亨到病榻前，嘱咐其代行祭祀事。石亨因此看出了景帝病势沉重。

十六日，于谦与吏部尚书王直、礼部尚书胡濙知道景帝已经不治，危在旦夕，又与诸大臣商量立太子事，准备再次上疏，商议未定，当晚就发生了"夺门之变"。

"夺门之变"的发动者是石亨、徐有贞、曹吉祥、张轨、许彬等。石亨见景帝病势沉重，将不久于人世，就与都督张轨、太监曹吉祥等谋议，他们认为与其复立太子，不如请太上皇复位，自己能得到更多的功赏。他们又和太常卿许彬商议，许彬以为此举为不世之功，并请石亨等去和左金都御史徐有贞商议。石亨等连夜赶往徐有贞家，徐有贞闻之大喜，并观测天象，对石亨等人说："天数已定，事在今晚。"决定当晚行动。徐有贞说："必须让太上皇知道。"张轨说："已经暗地里通报了。"徐有贞又令太监曹吉祥入宫通报太后。

当晚，徐有贞以边境有敌情为借口，谎称为防万一，派张轨等率部进入大内。石亨掌管宫门钥匙，夜里四鼓时刻，打开长安门将张轨等放了进来。入宫后，"复闭以遏外兵"，徐有贞锁好城门，将钥匙丢入水塘。皇宫内御林军不知何故，见有武清侯石亨和张轨率领，也不过问。徐有贞等带领兵士直奔南宫，到了南宫门口，因门打不开，"毁墙以入"。见到英宗，石亨、徐有贞等立即拜伏，请英宗登大位，并大呼抬轿进来。因事出突然，士兵们紧张得抬不起轿来，徐有贞率众人合力抬轿以行。一边走，英宗一边问诸人姓名。至东华门，卫兵不开门，英宗高呼："朕太上皇帝也！"卫兵们呼啦闪开。进入奉天殿，英宗就座，徐有贞三呼万岁。

时间已是十七日破晓，百官已经在朝房等候景帝早朝，忽闻殿中呼噪，正感到惊异，徐有贞跑来高呼："太上皇帝复位了！"并催促众臣入贺。百官惊愕入谒，英宗宣谕复位，众人才定下神来。时为景泰八年正月十七日中午。

徐有贞等人拥英宗复辟时，景帝躺卧病榻，似睡未睡，被钟鼓声、呼叫声惊醒，惊问内侍："殿内嘈杂，莫非于谦？"内侍答不知。不久，太监来报南宫复辟。景帝呆了片刻，连道："好，好。"面里而卧，再不言语。

此时，奉天殿上，英宗正行即位典礼，诏告天下："土木之役，乘舆被遮，建立皇储，并定监国，不意监国挟私，遂攘神器，易皇储，立己子，皇天不佑，嗣子先亡，殃及己身，遂致沉疾。朕受臣民爱戴，再行践祚，咨尔臣工，各协心力"云云。宣诏毕，群臣三呼万岁。英宗命徐有贞以原官兼学士入内阁参与机务，宣谕朝臣以后，立即把于谦和大学士王文逮系，同时被逮的还有大学士陈循、萧镃、商辂、尚书俞士悦、江渊、都督范广、太监王诚、舒良、王勤、张永等。当时于谦、王文都在朝班当中，锦衣卫随即拿下，带上枷锁，押入牢中。

二十一日，改景泰八年（1547年）为天顺元年；二十二日，杀于谦、王文等。二月一日，废景帝仍为郕王，迁居西内，十多天后，景帝朱祁钰死于西宫，时年30岁。

这场宫廷政变，史称"夺门之变"，亦称"南宫复辟"。

英宗之所以以迅雷不及掩耳的速度将于谦等人逮系入狱，一方面固然因为于谦是景帝最为倚重和信用的大臣，英宗复位，必然首先剪除景帝的势力，而于谦就是首当其冲被剪除的对象；另一方面，尽管于谦采取的各项策略迫使也先不得不将英宗送回是一件大功，但毕竟英宗返回后，实际上是被景帝囚禁了起来，于谦作为景帝的重臣，英宗对他不可能没有嫉恨。

但是，于谦的被杀，则主要是"夺门之变"的策划者们推动的结果。

于谦主持北京保卫战胜利后，深得景帝信赖倚重，对于谦疏奏"一言即止"，无不采纳。在官员的任用上，景帝也一定悄悄地询问于谦的意见。于谦总是实事求是地回答，从不隐瞒自己，也不躲避嫌疑怨恨。因此，不称职的大臣都怨恨他，而那些未像于谦一样得到景帝信用的大臣都嫉妒他。在也先军刚刚退去时，都御史罗通就弹劾过于谦登记的功劳簿不实。还有御史说于谦太专权，干预六部的大事奏请实行，好像他就是内阁一样。各御史多次用苛刻的言词弹劾过他，全靠景帝力排众议，加以任用，于谦才得以实行自己的计划。

而且，于谦性格刚强，遇到不痛快的事，总是拍着胸脯说："这一腔热血，不知会洒在哪里！"他看不起那些无能的大臣、勋臣、皇亲国戚，因此，憎恨他的人更多。

夺门之变的功臣徐有贞，就是在"土木之变"后提议迁都的徐珵，受到于谦的斥责，很长时间得不到景帝的提拔，直到改名为徐有贞之后，才得到表现的机会和提升，他对于谦一直怀恨在心。

石亨在瓦剌进犯时兵败逃回京师，被逮入死牢。北京保卫战时，于谦深知其晓畅军略，善于带兵，就向监国的郕王保荐石亨，让他戴罪立功。石亨感恩戴德，奋勇杀敌，立下大功，被升为武清侯。石亨觉得自己功劳不如谦，却被封侯，心中有些过意不去，便上疏举荐于谦长子于冕，没想到却遭到于谦的当面痛斥："国家多事，臣子义不得顾私恩。且亨位大将，不闻举一幽隐，拔一行伍微贱，以裨军国，而独荐臣子，于公议得乎？臣于军功，力杜侥幸，决不敢以子滥功。"石亨本一番好意，却遭此批评，又愧又恨。同时，石亨掌京营兵，但因为惧怕于谦而不敢放肆，他也不喜欢于谦。

都督张轨因为征苗时不守律令，被于谦弹劾，和太监曹吉祥等一向都恨于谦。

于谦、王文等人被逮系后，徐有贞、石亨等诬陷于谦、王文等制造不轨言论，要另立太子，并且和太监王诚、张永、舒良、王勤等策划迎立襄王朱瞻墡的儿子。石亨等拿定这个说法，唆使科道官上奏。都御史萧维祯审判定罪，判处于谦、王文等死刑。王文怒气冲天，竭力抗辩："迎立外藩，须有金牌符信，可去内府、兵部二处查验，何得无故冤人？"徐有贞道："事尚未成，自无实迹，但心已可诛，应当定罪。"也就是说他们意欲迎立外藩，也应该定罪。王文斥骂道："犯罪必需证据，天下有逆揣人心、不分虚实，遂可陷人于死地么？"徐有贞哑口无言。于谦笑着对王文说："这是石亨他们的意思罢了，虽辩何益？"

奏疏上呈后，英宗有些犹豫，说："于谦实在是有功劳的。"徐有贞进言说："不杀于谦，复位这件事就出师无名。"英宗终于拿定了主意。

几日后，徐有贞以"意欲迎立外藩"将于谦、王文一案结案，判处两人斩刑。王文闭目长叹："今日以'意欲'二字诬陷我等，实不甘心！"于谦笑着劝慰他说："'意欲'与'莫须有'同一矣，辩亦死，不辩亦死，天下自有公论。"

英宗下诏：于谦、王文、范广、杨俊等斩首，家属戍边，家产归公；商辂等罢黜归里，大同总兵郭登屡拒朕于城外，欺君之罪不可不究，以功勋卓显谪戍甘州（今甘肃张掖）。

圣旨下达后，石亨、徐有贞等立即率锦衣卫抄籍于谦家。来到于谦府前一看，却见于谦府第陈旧低矮，室内摆设简陋，家无余资，又没有奴仆婢女，惊讶万分。只有一间正屋，门上用双锁紧锁，石亨、徐有贞以为于谦的金银珠宝一定藏于其中，命人砸开房门，登时目瞪口呆，里面存放的均是皇上所赐宝剑、冠带、印信等物，封存完好。见到此，不少兵将为之垂泪。

随之，徐有贞等人马不停蹄，谪戍于谦家人。于谦全家仅有六口：长子于冕夫妇、义子于康夫妇和女婿朱骥夫妇。京城百姓闻之心酸。六人被发配龙门卫（今河北赤城县龙关镇），即日起程，不得耽搁。

天顺元年即景泰八年（1457年）正月二十二日，英宗复辟的第六天，也是于谦被逮的第六天，北京阴霾重重，于谦等八人的囚车驰向西市。京城百姓前呼后拥，哭声震天，为于谦等人喊冤。

临刑前，于谦扫视围观百姓，大声说："当年百万大兵俱在我掌握之中，此时不谋危社稷，如今一老赢秀才，尚肯谋危社稷乎？南宋文天祥昔日于此处就义殉国，于谦今日死此地，愿已足矣。皇天后土，昭昭我心！"说罢，热泪纵横，作绝命诗云：

> 成之与败久相依，岂肯容人辨是非。
> 奸党只知谗得计，忠臣却视死如归。
> 先天预定皆由数，突地加来尽是机。
> 忍过一时三刻苦，芳名包管古今稀。

吟毕，引颈就戮，时年60岁。为威吓百姓，石亨命令暴尸七天，不得祭奠收尸。

京城百姓闻于谦冤死，老幼皆泣，合门私祭，《明史》载"京郊妇孺无不洒泣"，"行路嗟叹，天下冤之"，甚至还流传了一副民谣来怀念被冤死的于谦和范广：

> 京都老米贵，哪里得饭广（范广）？
> 鹭鹭水上走，何处觅鱼嗛（于谦）？

边关军士闻知，莫不涕泣，举营祭奠。居庸关内外树上尽挂

于谦墓

白带，以示哀悼。山西、河南、浙江百姓闻知噩耗，哀恸号哭，多在家中社灵祭奠。但慑于朝廷淫威，京城百姓无人敢去刑场祭奠，更无人敢去收尸。

太监曹吉祥手下有个指挥使朵儿，不顾禁令，带着酒物去刑场哭奠。曹吉祥得知后，将他痛打一番。第二天，朵儿又哭着去祭奠，又被痛打一番，皮开肉绽，第三天仍爬到刑场哭祭于谦，守尸一夜，于当晚逃出京都，奔往塞外。京城百姓为朵儿感动，纷云："我等皆是于少保存留性命者，反不如一朵儿也？"一起带酒物前往刑场祭奠，号哭之声，响彻天地。石亨差人禁止不住，祭奠者日夜不断，络绎而来。

都督同知陈逵平素仰慕于谦德操为人，在于谦被斩第四天晚上三更时分，贿买哨卒，将于谦尸骸收殓，偷运出城，葬于西直门外。

次年，被谪戍龙门卫的于康、朱骥得知父亲已被斩首，尸体被收殓，一心潜回安葬父亲。看守士兵得知，感慨于谦节操，故意放行二人。他们暗潜回北京，找到陈逵，将于谦尸首挖出，包装结实，昼夜兼程，回到家乡钱塘杭州，遵照于谦遗言，将其葬于杭州三台山。

在石亨、徐有贞等人的蛊惑下，英宗对于谦、王文等打算迎立襄王朱瞻墡为皇帝的审判结果笃信不疑，对襄王也满怀戒备。不久，英宗翻检出襄王所上的两个奏疏。原来襄王就封长沙，很有威望和声誉。英宗被俘虏后，当时掌权的孙太后有意迎立襄王为帝，并已经下令取出金符。但襄王却上书太后，请立英宗的儿子朱见深为太子，令郕王监国。英宗回到北京后，襄王又上书景帝，让他多去探望被囚禁南宫的哥哥，对英宗儿子也要多加关心。英宗见到襄王所上二书，才知冤枉了襄王，乃召见襄王，与之促膝而谈。此后，英宗很后悔杀了于谦等人。

英宗复辟后，立即大肆封赏夺门功臣。徐有贞爵封武功伯，以兵部尚书兼大学士入阁预机务。石亨进爵为忠国公，太监曹吉祥被赐予锦衣卫世职。其他在政变中有功的官员，也分别被封为侯、伯或加官晋俸。投机者在宫廷政变这场政治豪赌中，成了最大的赢家。

这些政治投机分子当政伊始，马上就露出了丑恶的嘴脸。其中石亨、曹吉祥、徐有贞三人，依仗夺门迎复之功，最为骄横跋扈。

英宗因徐有贞有才，对其十分宠信。石亨、曹吉祥十分怨恨，日夜图谋打击徐有贞。此二人使用离间计，使英宗疏远了徐有贞，后又唆使言官弹劾他"图擅威权，排斥勋旧"，致使徐有贞被逮入狱，贬为民，发配边疆。徐有贞被免后，石亨、曹吉祥更加招权纳贿，肆行无忌，不断被人告发。石亨后来也被逮入狱，于天顺四年（1460年）病死于狱中。石亨完蛋后，曹吉祥惶惶不可终日，认为自己与石亨同功，石亨既败，自己绝不能独全；于是，渐蓄异谋，结死党，阴谋废掉英宗，于天顺五年（1461年）七月事败，被凌迟处死。

天顺八年（1464年）正月二十六日，英宗驾崩，太子朱见深继位，改年号成化，大赦天下。于冕、于康等也获释归钱塘老家，上疏为其父申冤平反。不少大臣上奏于谦确系冤死。成化帝遂降旨旌表于谦功勋："卿以俊伟之器，经济之才，历事我先朝，茂著劳绩。当国家之多难，保社稷以无虞。

明宪宗朱见深

惟公道而自持，为权奸之所害。在昔先帝已知其枉，而朕心实怜其忠，故复卿子官，遣人谕祭。呜呼！哀其死而表其生，一顺乎天理；厄于前而伸于后，允惬乎人心。用昭百世之名，式慰九泉之意。灵爽如存，尚其鉴之。"遂为于谦昭雪，恢复于谦生前原有官爵，将于谦故宅改为"忠节祠"，成化帝御笔题词。成化二年（1466年），皇上又钦派大臣赴钱塘三台山祭奠于谦，刻碑铭文。

成化帝崩后，孝宗朱祐樘继位，降旨为于谦赠谥诰祠额，谥于谦"肃愍"，额曰"旌功祠"，并为于谦雕塑铜像，每年春秋两次祭祀。嘉靖年间，又将于谦侑享于功臣庙，与开国功臣刘基等并祭。万历年间，以"肃愍"谥号不能彰显于谦忠贞功德，改谥号为"忠肃"，子孙世袭。

于谦冤案到此得以完结。此后的明朝皇帝和清朝皇帝都对于谦墓祠有所修缮，使于谦的功绩更为世人晓知，得到世人的尊重爱戴。

于谦以令人仰止的功德气节，惨遭屠戮，于谦的功绩和精神却永驻人间，万代景仰。当时及其后的不少文人为其作诗赋咏。万历年间，钱塘人孙高亮为于谦事迹感动，作纪实小说《于少保萃忠传》四十回，开了当代人为当代人写小说的先例。

于谦墓在杭州三台山，宋代冤死的著名大将岳飞之墓在杭州栖霞岭，南北遥对。不少人的诗作或联对将于谦与岳飞并列。如杨鹤的对联：

千古痛钱塘，并楚国功臣，白马江边，怒卷千堆雪浪；
两朝冤少保，同岳家父子，夕阳亭里，心伤两地风波。

明末浙江鄞县人张煌言，号苍水，力主抗清复明，曾与郑成功联合，率兵攻清。他对于谦十分敬仰，曾作"日月双悬于氏墓，乾坤半壁岳家祠"

明孝宗朱祐樘

联。他被捕后，也期望死后能被埋葬于西湖边：

梦里相逢西子湖，
谁知梦醒却模糊。
高坟武穆连忠肃，
添得新祠一座无？

张煌言就义后，后人就将其葬在杭州南屏山南麓，并建"张苍水祠"，与岳飞、于谦号称"西湖三杰"。

阉竖宵小手下的血腥

——东林党案

中国历史上，宦官为祸之惨，罄竹难书。在数以万计遗臭万年的阉宦当中，堪称魁首的自当是明代的魏忠贤。他在日益腐坏糜烂的明廷中，掀起了一阵阵邪恶狂飙。他结党营私、操控内阁、清洗宫廷、滥用酷刑、钳制舆论、冒功掠财、招摇挥霍，无恶不作，导致冤狱累累，可谓绝无仅有。其对"东林党"的迫害更是手段残忍、令人发指。

一

明神宗朱翊钧像

明朝万历年间，由于明神宗长期怠荒，不理朝政，对朝臣政争多数时间又放任自流，因此，各级官僚为维护自身利益，纷纷拉帮结派，彼此倾轧，争权夺利。致使朝廷内外，党派林立。有以内阁辅臣沈一贯、方从哲为首的"浙党"，给事中亓诗教为首的"齐党"，给事中官应震为首的"楚党"，宣城人汤宾尹为首的"宣党"，昆山人顾六峻为首的"昆党"以及"东林党"。

除"东林党"之外，浙、齐、楚、宣、昆各党都是以地缘关系攀结而成，其中"浙党"势力最大，齐、楚等党依附于它，专以攻击"东林党"、排斥异己为事，统称为邪党。

"东林党"的出现，则源于万历年间的"国本"之争。

神宗因皇后久未生育，对其日渐疏远。一天，神宗来到其母亲慈圣皇太后的慈宁宫问安，见一位宫女娇柔可爱，一时兴起，致使这位王姓宫女怀孕。在慈圣皇太后的力主之下，该王姓宫女于万历十年（1582年）六月被册封为恭妃，并于万历十年八月生下一子，这是神宗的长子，起名朱常洛。

神宗对王恭妃感情冷淡，对皇长子朱常洛也心怀厌恶。神宗喜欢的是一个姓郑的妃子，朱常洛出生三年多之后的万历十四年（1586年），郑氏生下了朱常洵，神宗满心欢喜，立刻将郑氏封为皇贵妃，并打算将朱常洵立为太子。

消息传出，大臣纷纷上疏反对。按传统，皇位继承遵守"有嫡立嫡，无嫡立长"的传统，皇后没有生育，只能由长子继位，不论其母亲地位贵贱。大臣们都已将朱常洛当成太子，现在得知皇帝有意更立太子，登时哗然，群情激昂。他们认为，确保皇长子继承大位，是维护祖宗法度，捍卫朝廷立国之本，决不能让步。神宗恼羞成怒，就采取拖延的办法，既不说立也不说不立。廷臣见此并不罢休，时刻紧盯皇宫，捕风捉影，宫内稍有风吹草动，即刻上疏论争，就此引出了长达数年的"国本"之争。

在"争国本"的过程中，吏部文选郎中顾宪成因力主册立长子朱常洛，引起了神宗的不满。接着，在万历二十二年（1594年）廷推时，顾宪成推举因拥立朱常洛为太子而被免职的前首辅王家屏，再次触怒了神宗，因而被罢官闲住。

回到故乡无锡后，顾宪成与好友高攀龙、钱一本、顾允成、安希范等人开始了讲学活动。万

王家屏

历三十二年（1604年），在常州知府的支持下，他们重新修复了无锡城东的东林书院，在里面定期讲学，每年一大会，每月一小会。讲习之余，他们往往"裁量人物，訾议国政"，抨击当权派。一时间，"士大夫抱道忤时者，率退林野，闻风响附"，一些在朝官员也遥相应合。反对派因而称之为"东林党"。

党争的尖锐化是从癸巳京察开始的。明代考察官吏之制分京察和外计。每六年对在京官员进行一次考核，称京察；每三年对地方官员进行一次考核，称外计。主持其事者是吏部尚书、都察院都御史、吏部考功司郎中和河南道御史。在考察中，要根据官员的政绩品行，分别予以升迁、降调或罢免、致仕等奖惩。由于考察最终要决定升迁，故各派官僚均将其视为打击对手、扶植同党的主要机会，京察中尤其如此。万历二十一年（1593年），京察即争斗得异常激烈，由于这一年论干支为癸巳，史称"癸巳京察"。

主持癸巳京察的是吏部尚书孙鑨、左都御史李世达和考功司

顾宪成像

郎中赵南星。在考察中，他们严格执法，不徇私情。孙鑨的外甥、兵部员外郎吕胤昌，赵南星的亲家、给事中王三余因考察不合格，首先被罢免。接着，包括内阁大学士赵志皋的弟弟在内的一批庸官贪吏被或降调或罢黜。"一时公论所不予者贬黜殆尽……由是执政者皆不悦。"当时，大学士王锡爵刚刚还朝任首辅，本想有所庇护，"比至而察疏已上"，故王锡爵"亦不能无憾"。于是，王锡爵一面上疏神宗指责这次京察"抑扬太过"，一面授意刑科给事中刘道隆奏劾孙鑨等人升贬不公。神宗得奏，不辨是非，下旨严责部臣专权结党，把赵南星贬官三

"东林旧址"石牌坊

级、停发孙鑨禄俸。左都御史李世达、礼部郎中于孔兼、员外郎陈泰来等交章为赵南星讼冤，神宗大怒，将赵南星革职为民，于孔兼、陈泰来降调。孙鑨见事不可为，遂告老还乡。

癸巳京察对万历朝的政局影响很大。不仅"门户之祸坚固而不可拔，自此始也。"而且，先例既开，使"京察"成为各党用来打击对手的经常性手段，京察便失去了其固有的甄优汰劣作用。如万历三十年京察（乙巳京察），由"东林党"人吏部侍郎杨时乔和都御史温纯主持，二人"力锄"首辅大臣沈一贯的心腹，"浙党"给事中钱梦皋、钟兆斗及御史张似渠、于永清等都被贬谪。沈一贯非常恼怒，在他的煽动下，明神宗指责杨时乔、温纯等徇私，并扣住京察的奏疏不发。万历三十九年（1611年）京察（辛亥京察），主持其事者为吏部尚书孙丕扬、侍郎萧云举及副都御史许弘纲、考功郎中王宗贤、吏科都给事中曹于汴、河南道御史汤兆京等，大部分为"东林党"人，故北京京察中，齐、楚、浙、宣、昆诸党多遭驱逐。而南京京察为齐、楚、浙党主持，故"东林党"人又大受排斥。万历四十五年京察（丁巳京察），由"楚党"吏部尚书郑继之、给事中徐绍吉、御史韩浚和"浙党"考功郎中赵士谔等主持。为报复辛亥京察，郑继之等对"凡抗论国本、系籍正人者，莫不巧加罗织"，"东林党"人被逐一空。

正在此时，宫廷内部发生了著名的"三案"——梃击案、红丸案和移宫案，东林党人借此机会重新掌控了朝政大权。

二

我们先从梃击案说起。

虽然皇长子朱常洛最终被神宗立为太子，但其太子位在大臣们看来并不稳固。一是被立为福王的朱常洵并没有及时到洛阳就藩，二是从内廷有流言传出，说立皇长子是神宗被逼无奈的结果，早晚还要更立太子，甚至有朱常洵的母亲郑贵妃阴谋杀害太子的流言。不少大臣吵嚷着让福王立刻就藩，神宗先是不予理睬，后见无法拖延，又提出必须给福王庄田四万顷方能就藩。倾向于"东林党"的叶向高当时为内阁首辅，坚决反对，他认为这样不合祖制，强征民田，容易激发民变。在叶向高等人的谏言下，万历四十三年（1615年）三月，神宗不得不让福王就藩，所授田地也削减了一半。未想，在福王就藩后的第二个月，就发生了梃击案。

万历四十三年五月四日傍晚，有个男子手持枣木棍，从东华门直奔内廷，一直闯入到太子朱常洛居住的慈庆宫，见人就打，打倒了守门太监，又闯入前檐殿下，才被太监擒住。宫廷震动。神宗下令法司严审。

负责审讯的是浙党人、巡城御史刘廷元。他审讯后报告说：犯人名叫张差，蕲州人，说话语无伦次，似疯癫之人，但言语神色又显得奸猾，请求复审。负责复审的也是浙党人，复审后没有提出异议，只是对案件细节进一步详化，说张差是因所积柴草被人烧掉，气愤致疯，到京喊冤，误入皇宫等等。当时，郑贵妃谋害太子的传闻正在流行，所审结果竟与郑氏无关，引起东林党和其他大臣的怀疑。"东林党"人、刑部主事王之寀单独提审张差，审出张差根本就不疯癫，实是受人指使。张差本名张五儿，是本乡的马三舅和一个李外父让他跟一个太监到京师一户宅院，交给他枣木棍，带他到慈庆宫门口，说："见人就打，打死人自有人救。"并允诺事成后给他几亩田地等。这一报告使形势骤然紧张，朝臣纷纷请交十三司会审。

会审中，张差供出：那个太监一个是庞保，所到的那户宅院是太监刘成家。两人让他入宫梃击太子，并对他说："打了小爷，有吃有穿。"经查，庞保、刘成都是郑贵妃宫内的太监。这一下，舆论大哗，矛头直指郑贵妃。

"东林党"人认为这是郑贵妃及其兄长郑国泰谋害太子，企图更储，要求神宗追查幕后真凶。先前审讯的"浙党"成员刘廷元等也遭到弹劾。郑国泰极力辩解，说根本不认识张差，郑贵妃也坐立不安，向神宗哭诉庇护，神宗此时再也无法置之度外。事情涉及到了郑贵妃，神宗就不愿意事态进一步扩大。他让郑氏去哀求太子。郑贵妃无奈，只好去央求朱常洛。朱常洛表示不会牵连太多，只要将案犯张差正法就可以。

五月二十八日，神宗、太子一起在慈宁宫召见文武大臣。此前，神宗已有25年没有出见群臣了。神宗责备廷臣离间他们父子，下令处死案犯，并拉着太子的手说："此儿极孝，朕极爱惜。朕把他从襁褓抚养成人，如果想更立太子，何不早定？况福王已经就藩，相距千里，无诏不敢返京，廷臣尚有何虑？"太子也作了表态，说只将疯癫之人尽快处决，不要株连他人。次日，张差被磔死。几天后，庞保、刘成也被处死，马三舅等人流放。涉嫌故意攀扯郑贵妃的东林人物王之寀，则遭到浙党人物的攻击，说他挑拨祸乱，最终将其削职。梃击案草草结案。

万历四十八年（1620年）七月，神宗病死。八月一日，太子朱常洛即位，是为光宗。光宗在即位之前就已经病得很重，即位仪式也是挣扎着勉强完成的。光宗患此大病，有人认为与郑贵妃不无干系。梃击案后，郑贵妃为讨好太子，选了八名宫女送给太子。太子耽于女色，身体日渐虚弱，虽不满40岁，已经数次卧榻。即位后，到八月十二日还能勉强临朝接见大臣，之后便不能起身了。

郑贵妃指使司礼监秉笔太监兼掌御药房的崔文升入诊，开了一服泻药。光宗服后，腹泻不止，一天竟然连起三四十次。而崔文升原是郑贵妃的亲信太监，这立刻遭到东林人士的攻击，说郑贵妃谋害太子之心不死。二十九日，光宗自感大限将至，召首辅方从哲等大臣到病榻前，并把太子朱由校叫来，安排后事。光宗将太子托付给大臣后，问方从哲："李可灼所献仙药何在？"原来，此前鸿胪寺丞李可灼自称有仙药进献，方从哲不敢轻信，未让进献。此时光宗问起，只得让李可灼进献。李可灼所进的是一粒红色药丸。光宗服用一颗后，自感效果不错，连称李可灼为"忠臣"。让李可灼再进一丸，谁料，次日一早也即九月一日清晨，光宗突然驾崩。消息传出，群臣纷纷追问：李可灼给皇帝的是一种什么药？他并非御医，为何要主动献药？其背后是否有人主使？应该如何处置他？

　　尽管舆论汹汹，首辅方从哲却依旧我行我素，不仅不惩处李可灼，反而拟赏赐其白银 50 两。东林人士愤起责难，骨干高攀龙、杨涟、惠世扬等先后上疏，指出李可灼与崔文升均为弑逆，应该处以极刑，而且崔文升本是郑贵妃的心腹，李可灼又是方从哲引入宫中，与该案难脱干系，直斥郑贵妃进献女色也是包藏祸心，还将矛头对准首辅方从哲，弹劾他曲庇案犯，是与郑氏勾结谋逆。

　　方从哲于万历四十一年（1613 年）晋升为礼部尚书兼东阁大学士，次年，首辅叶向高致仕，方从哲继任。《明史》说他"性柔懦，不能任大事"。梃击案时他立场摇摆不定，被东林党斥为郑妃派系。现在，红丸案又将他直接牵涉进去，他知道李可灼是自己所进，担心牵入弑逆罪名，极力申辩，说李可灼乃先帝所召，服药后也夸李为"忠臣"，首辅有权代拟遗诏赐赏。东林人士不依不饶，认为他轻荐狂医，后赏银两，系自掩罪行。方从哲无奈，只得判李可灼罚俸一年。东林诸人认为应当将崔、李二人移送法司，

明光宗朱常洛

追查真凶。方从哲认为此举太重，改由司礼监处理，更引起东林诸臣攻击。高攀龙、魏应嘉等力言崔、李罪该万死，方从哲徇情包庇，无视国法。东林骨干孙慎行、邹元标等也言辞激烈地进行攻击，给事中惠世扬更直言方从哲有十大罪，可斩三次。方从哲被逼无奈，只好上疏乞去。这年十二月，经过六次请求后，方从哲最终辞官而去。此后，关于朱常洛致死原因，"东林党"和邪党进行了长期的争论。

光宗仅做了不到一个月的皇帝就突然驾崩，由16岁的太子朱由校继位，而在朱由校继位前后发生了移宫案。

在郑贵妃送给光宗的八位宫女中有两个姓李的选侍，由于居所一东一西，被称为"东李"、"西李"。"东李"老实本分，不受宠爱；"西李"则精明活泼，备受光宗恩宠。她恃宠骄横，在光宗在世时为得到皇后身份，竟然不择手段，和郑贵妃相互勾结，商定两人共同央求光宗封郑氏为太后，封自己为皇后。西李泼辣阴险，早在万历年间就将朱由校的生母王氏殴打欺凌致死。

光宗死后，其16岁的长子朱由校继位，是为明熹宗。李选侍在朱常洛生前极受宠爱。明光宗即位时，她与太子朱由校一起入居乾清宫。光宗死后，她便控制了乾清宫，并与心腹太监李进忠密谋，阻止朱由校与廷臣见面，企图挟皇长子自重。"东林党"人大学士刘一燝、给事中杨涟等首先和司礼太监王安共同设计从乾清宫骗出朱由校，拥住慈宁宫。随后，便以李选侍占住乾清宫违制为由，多次上疏力促李选侍移宫，皇太子朱由校也明确表示支持。李选侍无奈，只好怏怏搬出乾清宫，改居仁寿殿。她头天走，群臣第二天就正式拥立朱由校即帝位，是为熹宗。移宫后，御史贾春旺上疏指责力促移宫的"东林党"人，"谓不当于新君御极

明熹宗朱由校

之初，首劝主上以违忤先帝，逼逐庶母，表里交搆，罗织不休，俾先帝玉体未寒，遂不能保其姬女。"于是，两派官员便围绕移宫的是非展开了争吵。直到熹宗出面干涉，争论才暂时停息。此即为"移宫案"。

移宫案后，"东林党"人因拥戴有功，势力重新崛起，内阁、吏部、兵部、都察院等重要部门均由"东林党"人主持。

"东林党"人一向比较关注社会问题，看到"民不聊生，大乱将作"的现实，他们反对明神宗及大地主集团侵占田土，反对矿监税使四处掠夺，要求改革弊政，加强君主集权，因而获得了良好的声誉。所以，天启初年"东林党"人上台执政后，一时"天下欣欣望治"。他们也曾积极整肃吏治，规划辽东战事，但由于其仍将大部分精力倾注于论"三案"是非，排除异己，打击宿敌，因而政治改良收效甚微。

及至魏忠贤集团崛起，"东林党"人遂遭灭顶之灾。

三

魏忠贤原名李进忠，生于隆庆二年 (1568 年)，是河间府肃宁(今河北肃宁县) 人，父母均是贫苦农民。魏忠贤天生无赖气质，从小不读书，不做事，不务正业，但却十分伶俐，善于拍马奉承；长大后好酒色，更沉溺于赌博，在赌博场上争奇斗气，结交狐朋狗友，偷鸡摸狗，打架斗殴。22岁那年，他赌博大输，又拿不出银两，遭到赌徒羞辱，愤恚不已，一怒之下，挥刀自宫，决定走当太监这条"金光大道"。

当时，宫廷太监一般是从小净身，这样不仅手术易成功，死亡率低，而且容易进入宫中。成年人的净身手术，在当时消毒、麻醉技术落后的情况下，不仅被宫者要忍受更大的痛楚，可能因此丧命，而且不仅要承受从此丧失人性本能的巨大落差，更重要的是，即便净了身也不一定就能入宫当太监。当时想走净身入宫这条路的人非常多，而宫廷所用太监有限，即便明代宫廷用的太监达到空前的 10 万人，但仍然有很多人不能入宫。据载，明中叶时一次大规模招收太监 1500 名，结果有两万名净身者报名，大部分落选者只能沿街乞讨。魏忠贤对当时的情形也很清楚，却依然自宫，可见其投机心理。

魏忠贤像

净身后，他没有银子打开门路，只能卖了妻女，东拼西凑，贿赂了一个失势的老太监，万历十七年 (1589 年) 得以入宫做了一个打扫卫生的佣工，后到内廷隶属司礼监掌东厂的太监手下当差，被起名"李进忠"。因他目不识丁，根本不懂宫中规矩，又免不了无赖习气，根本无人理他。

魏忠贤韬光养晦的同时，随时盯着外界的变化。他用自己十余年的积蓄行贿一个太监，挣得了管理甲字库的职务。甲字库是宫中十库之一，负责一些宫中用品的购置。魏忠贤在这里私吞了大把的钱物，更用来行贿，从而结识了当时的权势人物魏朝。

魏朝是太子朱常洛的近侍，很受宠信，位高权重。魏忠贤与之结为兄弟。在魏朝的提拔下，魏忠贤得到了到朱由校的生母王才人的宫中管理膳食的差使。这个差使油水虽然不如甲字库，但却能与皇帝的嫡孙接近，尽管当时王才人和朱由校的地位还很低下，魏忠贤却依然相信自己的眼光。王才人不久就被李选侍迫害致死，魏忠贤见风使舵，迅速与李选侍结交，成为其得力近侍。光宗刚即位一月暴亡，李选侍被逼移宫，魏忠贤没了靠山，又通过当时的司礼监王安调到东宫典膳局，与皇长子朱由校接触更多。正是在这时，他结识了朱由校的乳母客氏。

客氏原名客印月，系保定府定义县民侯二之妻，妖艳风骚，18 岁被选入宫中做朱由校的乳母。小皇子对其感情日益深厚，逐渐形影不离。泰昌元年 (1620 年) 冬，朱由校刚刚即位不久就封客氏为"奉圣夫人"，给其许多特权，享受比生母、皇后还优厚的待遇。客氏见魏忠贤身材魁梧，与之开始了对食的关系。所谓"对食"，是宫中太监和宫女相好，结成名义上的夫妻关系。客氏原来与魏朝是对食关系，现在又改恋魏忠贤，后人称为"客魏"。这天晚上魏忠贤正和客氏亲热，被魏朝撞见，两人大打出手，惊动熹宗。熹宗让客氏自己选择，客氏选择了魏忠贤。魏朝被赶出乾清宫，后来又被客魏害死。

魏忠贤本以为刚继位的光宗起码要做上二三十年的皇帝，未想光宗即位一月即崩，现在自己侍奉的太子成了皇帝，兴奋不已。和客氏的关系使他开始耀武扬威、颐指气使，又得到熹宗授予的特权，日益狂傲，开始为非作歹。

击败魏朝后，两人又将矛头对准王安。王安（?~1621），字允逸，号宁宇，雄县（今河北雄县）人。万历六年（1578年）入宫为太子伴读，为人刚直不阿，在移宫案中毫不顾忌地站在东林党一边，得到廷臣敬重。不过他喜欢奉承，曾大力提拔魏忠贤。天启元年（1621年），朝廷有意任其为司礼监，魏忠贤知道王安为人正直，日后必成掣肘，就指使手下弹劾王安，让心腹王体乾任司礼监。两人编造理由将王安发配充军，又派人将之缢死。王安死后，宫中失去约束，客魏更是肆无忌惮，将一些有威望的太监驱逐出宫。宫廷成了客魏的天下。

不久，熹宗又将魏忠贤升为司礼监秉笔太监。司礼监秉笔太监是宫内职务最高的太监之一，掌管奏章文书，照内阁的票拟批朱，即批阅大臣奏疏，代拟圣旨等。魏忠贤目不识丁，按例不能担任秉笔太监，由于客氏与之交好，在熹宗面前极力推荐，魏忠贤才被破例任为秉笔太监。

客魏为了笼住熹宗，开始迫害皇后、妃嫔，防止熹宗移情他人。熹宗的皇后是张国纪之女，知书明理，端庄贤淑，见客魏不法，将客氏召来训斥一番，并说要将其处死。客氏恨得咬牙切齿，想方设法玷污皇后名声，后得知皇后怀孕，担心生下皇子，令侍者弄掉了皇后的孩子。随后，客魏又开始朝其他妃嫔发难，将赵选侍、张裕妃、冯贵人、李成妃等一一处死，最终导致熹宗绝嗣。整个后宫风声鹤唳，一片压抑。

随着权力地位的上升，魏忠贤开始耀武扬威。每次出宫都坐着高贵华丽的大轿，锣鼓开道，前后簇拥着全副武装的卫士，跟随的轿夫、差役等不下万人。所经之处，官绅士人都跪迎路旁，高呼"九千岁"，看上去很像皇帝的仪仗。

同时，客魏还大力扶植党羽，先后有王体乾、李永贞、王国泰、涂文辅等奸邪之徒归附。这些太监各有所长，辅佐目不识丁的魏忠贤牢牢控制了内宫。魏忠贤开始在宫中操练兵士，挑选身强力壮的太监操练，习武列阵，称为"内操"。到天启三年（1623年），其宫中卫队已达万人，战鼓声、喊杀声、兵器声终日不绝于耳。魏忠贤掌握司礼监大权后，又开始统辖东厂，由心腹田尔耕掌锦衣卫，许显纯主镇抚司，这样就可以不通过三法司，肆意处置罪犯，有了生杀予夺的大权。

把持内廷的同时，魏忠贤又把手伸向外廷。天启元年七月，沈㳽入阁，魏忠贤即密与相结。沈㳽曾任内书堂教习，魏忠贤对其执弟子礼。二人狼狈为奸，想方设法排挤阁臣刘一燝。天启二年（1622年）三月，刘一燝被迫去职。天启三年正月，魏忠贤援引顾秉谦、魏广徵进入内阁。顾秉谦为人庸劣无耻，魏广徵与魏忠贤是同乡，二人曲意奉承魏忠贤，就像奴仆一样。

随着魏忠贤权势的扩张，万历以来的"东林党"、邪党斗争的形势逐渐发生了变化。那些被"东林党"罢了官的人，纷纷投靠魏忠贤，蝇集蚊附，逐渐形成阉党。

四

天启四年（1624年）四月，给事中傅櫆与魏忠贤的外甥傅应星结拜为兄弟，诬奏中书汪文言，称左光斗、魏大中等与汪文言交通。结果，魏忠贤将汪文言下锦衣狱，并欲大行罗织"东林党"。

汪文言（？～1625），字士克，南直隶徽州府歙县（今属安徽）人。他本是一名布衣，没有参加科举，用银子捐纳了一个监生身份，做了县令。他为人侠义，聪明有术，活动能力很强，结交了不少朝中的实力派人物如王安、首辅叶向高等，与东林党赵南星、杨涟、左光斗、魏大中等关系密切。叶向高对汪文言很欣赏，破格提拔其为内阁中书。

但掌管锦衣卫镇抚狱的刘侨受首辅叶向高的指示，不愿给汪文言判罪。魏忠贤大怒，将刘侨撤职为民，而以亲信许显纯代替其职务。这时，御史李应升、刘廷佐，给事中霍守典、沈惟炳纷纷上疏指责魏忠贤不法事，但均遭其矫旨诘责。

副都御史杨涟愤怒已极，遂于是年六月上弹劾魏忠贤二十四罪疏。正是这篇疏奏，揭开了腥风血雨的东林冤案的序幕。

杨涟 (1572~1625)，字文儒，号大洪，湖广应山 (今湖北广水) 人，万历三十五年 (1607 年) 进士，居官清廉正直，政绩卓著。从光宗驾崩到熹宗即位的短短六天，他心急如焚，须发皆白，被熹宗称为"忠臣"，升兵科都给事中。但不久遭到贾继春弹劾，说其"逼庶母，结王安，图封拜"，罢官回乡。天启二年 (1622 年)，又被起用，升任左佥都御史。天启四年春，进左副都御史。他眼见魏阉日益猖獗，为非作歹，六月初一日，上疏熹宗，列出魏忠贤的二十四大罪状。

杨涟雕像

奏疏开头，杨涟直揭魏阉出身："太监魏忠贤者，本市井无赖，中年净身，夤入内地。初犹谬为小忠小佞以幸恩，继乃敢为大奸大恶以乱政。"他历数魏忠贤的二十四大罪，主要包括以下几类：自行拟旨，擅权乱政。魏忠贤从阁臣中夺得拟旨大权，代皇上内批，颠倒铨政，肆意掉弄机权；结党营私，斥逐直臣，剪除异己。他利用各种手段斥逐刘一燝、周嘉谟、孙慎行、邹元标等，群臣稍忤其意，立行贬黜，世人皆云"天子之怒易解，忠贤之怒难调";清洗宫廷,谋害妃嫔。先后杀了司礼监王安、冯贵人、赵选侍等等,导致陛下无有子嗣;滥邀恩荫,要挟无穷。生活奢靡,穷奢极欲,给亲属和私党滥用赏赐,即便在襁褓中也给予封号;把持东厂,恣意掳掠。在宫廷中训练内操,视人命如草芥,冤狱累累,又遍派税监,导致民怨沸腾等等。在其淫威下,"内廷畏祸而不敢言,外廷结舌而莫敢奏",导致朝野官民"但知有忠贤,不知有陛下",最后请熹宗"大奋雷霆,集文武勋戚,敕刑部严讯,以正国法"。该疏字字含泪,句句滴血,每一罪都切中魏忠贤要害,激愤之情,盈荡其间。此疏一出,朝野振奋,被广为传抄,一时洛阳纸贵。

然而,杨涟在上疏过程中却犯了一个致命错误。他写好奏疏,本打算次日早朝时呈交熹宗,却正逢次日免朝,担心疏奏事情泄露,就直接将之送到会极门,进呈入宫。未想宫内早已为魏氏控制,疏奏先被魏忠贤所得,随后才转给熹宗。魏忠贤看到奏疏很是害怕,召集其党魏广微、王体乾等商议。其后,他又跑到熹宗那里哭诉被杨涟诬劾,乞请自行解去东厂职务;客氏也煽风点火,添油加醋说东林党挟私报复;魏广微等人则上疏说魏忠贤劳苦功高,忠心耿耿,被人嫉妒。熹宗让王体乾读了一遍奏疏。王体乾故意略去要害处,熹宗见并没有什么紧要事,就宽慰魏忠贤,严旨切责杨涟。杨涟被责,更是激愤,准备当朝弹劾。魏忠贤得知,连续三天阻止熹宗上朝。到第四天早晨熹宗终于临朝,却有数百名穿甲佩刀的阉官罗列两旁,严阵以待,杀气腾腾,敕令今日不准奏事。杨涟见根本没有机会上奏,只好悻悻作罢。

杨涟上疏之后,东林人士纷纷上疏声援,包括叶向高、魏大中、黄尊素、袁化中等70余人都敦请熹宗斥逐魏忠贤。魏忠贤对东林党人的怨恨火上浇油,从这年六月中旬开始,他开始了疯狂反扑。对付这些根本不知道保护自己的东林党,他稍用手段,就取得了"开门红"。

工部郎中万燝继杨涟之后第一个上疏攻击客魏,魏忠贤正怒火中烧无所发泄,就拿万燝开刀祭旗。他矫旨将万燝在午门前廷杖,致万燝被抬回家中不久就因伤势过重死去。中书舍人吴怀贤在家中私读杨涟的奏疏,读到激愤处,情不自禁地击节称叹,被锦衣卫侦知，逮捕入狱，活活打死。

　　几场报复得心应手，魏忠贤胆子越来越大，决定将身在廷臣最高位的首辅叶向高拉下马。叶向高（1559~1627），字进卿，号台山，福建福清人。万历十一年（1583年）进士，官礼部尚书，东阁大学士。他是东林党在朝中最主要的依靠，为人光明正大，老成持重，外圆内方，处事不像杨涟等人过于激烈。魏忠贤以叶向高的外甥、御史林汝翥鞭笞手下为名，准备逮系林御史。林汝翥事先得知，逃跑到遵化，魏忠贤遂派人围住首辅叶向高的宅院大肆搜捕。大明200多年来，从未出现过宦官围攻首辅之事。叶向高自觉受辱太甚，上疏请辞。熹宗极力挽留，魏忠贤却矫旨应允。叶向高的离职，给东林党带来重大损失，使原本在东林和阉党之间的力量平衡迅速打破。东林党阵营缺少了稳重的叶向高维持，很快分崩离析。

　　叶向高败后，魏忠贤开始指使手下制定东林党名单，准备按名单逐一捕杀。其养子崔呈秀作了《东林同志录》，凡是不依附魏忠贤的人，都被视为东林党，同时又列出朝中与东林党人有矛盾者的名单，称为《天鉴录》，对所列人物加以重用。心腹王绍徽还捏造了《东林点将录》，计108人，并将《水浒传》中的梁山好汉的诨号加到东林人物头上。这些，都为魏忠贤株连打击东林人物提供了依据。

　　天启四年（1624年）十月，魏忠贤将东林中坚、吏部尚书赵南星、左都御史高攀龙罢职。原因是阉党核心人物、御史崔呈秀在巡按淮扬时贪赃枉法，高攀龙发现其贪贿情状，上疏弹劾。赵南星议处崔呈秀充军戍边。崔呈秀跑到魏忠贤那里哭诉求情。魏忠贤遂下手报复。赵南星、高攀龙被罢官。两人的下台，让东林党失去了对吏部、都察院的控制，形势更为严峻。

　　这年十一月，魏忠贤扫清了障碍，如愿以偿地将杨涟、左光斗削籍。理由是他们与吏部左侍郎陈于廷勾结，在推选官员时"恣肆欺瞒，大不敬，无人臣礼"。但将他恨之入骨的杨涟仅仅削籍，根本不能发泄魏忠贤的心头之恨。他决定兴起大狱，极力株连，将政敌东林党一网打尽。

　　许显纯代替刘侨负责审狱之后，完全秉承魏忠贤意图，对汪文言严刑拷打，残酷之极，逼汪文言以移宫罪牵连杨、左，污蔑杨、左在处理李选侍移宫时无人臣礼。此前，魏忠贤为污蔑东林，指使手下大翻梃击、红丸、移宫三案，指斥东林挟私报复，逼迫宫廷，原先被东林否定的浙、宣党人物和关键事件都被翻了过来。此时，魏忠贤又想以移宫罪处置杨、左。大理寺丞徐大化认为单以移宫罪牵涉东林党，杀之难以服众，就提醒魏忠贤说："但坐移宫罪，则无赃可指，若坐纳杨镐、熊廷弼贿，则封疆事重，杀之有名。"魏忠贤大喜，命许显纯以"封疆案"处置。

当时明军与努尔哈赤后金军作战，屡战屡败，朝议汹汹。先是杨镐在萨尔浒一战中大败而归，朝廷起用熊廷弼。熊廷弼尚未发兵，而明朝又失陷两地，被弹劾因循不战调回，以袁应泰代之。袁应泰到前线不久，沈阳失守，朝廷又重新起用熊廷弼。因将帅不合，广宁又失。熊廷弼被下诏狱论死，内心惊慌，托汪文言向内廷许诺将行贿白银四万两，得以暂缓施刑。但熊廷弼一贯清廉，根本拿不出银两，魏忠贤感觉被耍，老羞成怒，自然要起来报复。这就是所谓的"封疆案"。

这样，魏忠贤、许显纯将杨涟、左光斗等人牵涉进封疆大案，诬陷他们收受封疆大吏的贿赂，为之开脱罪责，事关国家生死存亡，性质自然骤变，成为重案。

许显纯严刑拷打汪文言，让他诬攀杨、左等人牵涉封疆案。未想汪文言死不开口，最后被打得奄奄一息，才说："世间焉有贪贿之杨大洪（指杨涟）哉？"最后，受刑而死。许显纯便自己编造了供状，诬为汪文言自供，牵涉的人物除了左副都御史杨涟、佥都御史左光斗外，以给事中魏大中、御史袁化中、太仆寺少卿周朝瑞、陕西副使顾大章等四人为首恶，还有赵南星、周宗建、高攀龙、黄尊素等十余从犯，都是魏忠贤深恶痛绝的人物。

牵连名单既定，魏忠贤马不停蹄派骡骑到各地捉拿案犯。天启五年（1625年）六月，案犯全部被捉拿归案。杨涟等六人被下诏狱，赵南星等人则被削籍，永不复用。除了杨涟，其他五人均是东林中坚。

左光斗（1575~1625），字遗直，号浮丘，桐城（今安徽桐城）人，万历三十五年（1607年）与杨涟同年进士，升监察御史。他为人正直，任事果断，曾一举捕治豪吏恶官百余人，缴获假印70余颗，震动京师。他提出"三因十四议"倡议兴修农田水利，在北方推广种植水稻。移宫案时，他上疏说如不尽快移宫，"武氏之祸，再见于今"，传颂遐迩。李选侍派人去召他入见，左光斗正色道："我天子法官，非天子召不赴，若辈何为者？"后升大理寺丞，天启三年（1623年）升左金都御史，多次上疏弹劾宦官。被魏忠贤斥逐后，写了魏忠贤三十二斩罪疏，未递交而被逮系。骁骑到达桐城时，当地百姓蜂拥前来，阻止骁骑逮人。左光斗极力劝阻，百姓哭声震天，送至黄河方回。他与杨涟被诬陷收受熊廷弼贿赂二万两，被作为封疆案首恶，严加拷掠。

魏大中（1575~1625），字孔时，嘉善（今浙江嘉善）人，万历四十四年（1616年）进士。师事高攀龙，家中清贫，清正严明。先后为工科、礼科给事中，天启四年（1624年）升吏科给事中，与赵南星等人交往密切。杨涟上二十四罪疏时，魏大中连夜纠合同僚上疏呼应，为魏忠贤痛恨。魏大中与阉党心腹魏广徵交恶，屡次弹劾他，更遭阉党嫉恨。汪文言狱发，士民闻骁骑逮人，哭泣送行。其子魏学洢要随之入京，魏大中说："父子俱碎，无为也！"魏学洢偷偷换上平民衣服追随入京，打探父亲狱中消息。魏大中被坐赃三千两，其子四处相借，也难以凑齐。

袁化中（?~1625），字民谐，武定（今山东惠民县）人，万历三十五年（1607年）进士。历知内黄、泾阳，有善政，升御史，曾继杨涟疏弹劾魏忠贤，又曾上疏弹劾阉党首恶崔呈秀，被以"扶同情弊"罪降级调外，深为魏阉痛恨。他还攻击魏忠贤的亲信毛文龙冒功请赏，为阉党不容。他坐赃六千

魏大中的绝命书

两，因其平素多病，又遭受酷刑，入狱不久就奄奄一息，被狱吏杀害。

周朝瑞 (?~1625)，字思永，东昌府临清（今山东临清）人，万历三十五年（1607年）进士。与杨涟关系笃厚，升礼科给事中，曾与左光斗一起弹劾大学士沈㴶，揭发其重贿客魏，大办内操。又曾上疏攻击徐大化，疏救熊廷弼，被牵涉汪文言狱。因其家中富裕，很快交上了被栽赃的一万两赃款，许显纯故意窃取一部分，声称尚未交齐。周朝瑞心中气愤，拿出历次所交帐目与许对质，更加速了许显纯杀其之心。有人说："公死之速，在此一算也。"八月二十八日，他正和顾大章一起吃饭，被人带走，当天就被害。

顾大章 (?~1625)，字伯钦，常熟（今江苏常熟）人，与左光斗、周朝瑞、袁化中同年进士。升吏部员外郎，负责审理熊廷弼案，因建议从轻论处熊廷弼谪戍而忤犯魏忠贤，被牵连入狱，坐赃四万。魏忠贤又捕风捉影地捏造了顾大章借审狱受贿的罪行。许显纯害死杨涟等五人后，担心六人均死于诏狱难服人心，将顾大章交刑部定罪。刑部会审时，顾大章大胆揭露许显纯拷掠杀害五人的罪行，方使外界了解了杨涟等人惨死的内幕。会审在魏忠贤的操纵下，判顾大章斩刑。顾大章知道冤狱难翻，于九月十四日自缢于狱中。

按照明制，诏狱由北镇抚司主管，其审讯程序完全不受刑部、都察院、大理寺三法司制约，只对皇帝本人负责，可以肆意拷掠，定鞫判刑。杨涟等六人被逮系入狱，立即遭受许显纯的酷刑。许显纯逼迫他们承认曾受杨镐、熊廷弼的贿赂，见他们拒不供认，便动用"械、棍、镣、拶、夹棍"等诸种大刑，日日痛打，所用酷刑令人难以卒闻。未几日，杨、左等六人就被打得血肉模糊，奄奄一息。

先是，左光斗受过累累重刑，不忍就此不明不白地离世，对其他五人说："阉党要杀我等，办法有二。如果我们拒不认贿，一是用酷刑将我等折磨至死，二是派人直接杀死。如果我们暂时承认受贿，按例应移送法司审讯，这样我们或许还有重见天日之机。"杨涟等人也觉得有理，遂先后承认受贿。但他们有些太过天真了，魏忠贤、许显纯等正想让他们招供，根本不管什么司法程序，见他们招供，责令五天内缴纳所收贿赂，到时不交就动大刑。左光斗等人才知大错特错，旧伤未愈又增新疮，最后都被打得血肉模糊，站立不起。

清代散文家方苞曾写过著名的《左忠毅公逸事》，记载左光斗的学生史可法去监牢探视时见到的情景。史可法应试时，左光斗见其才识超群，录为第一。史可法对座师很是尊敬，得知座师下狱，打算入狱探视。因阉党防范极严，他扮作清扫大牢者，贿赂狱卒得入狱中，见到了左光斗。左光斗坐在墙角里，面目焦烂不能辨认，左膝以下筋骨肌肉已经剥落，眼睛已经接近失明，一动不动，直如已死。史可法悲不自禁，痛哭失声。左光斗听出史可法的声音，奋力用手拨开眼皮，怒斥史可法："国家之事，糜烂至此。老夫已矣，汝复轻身而昧大义，天下事谁可支柱者？不速去，无俟奸人构陷，吾今即扑杀汝!"将其赶出监狱。

六人已经招认，就要缴纳贪贿所得。奈何他们素来清贫，根本无法凑齐"赃款"。家人为求得阉党宽贷，四处奔走筹措，星点积凑，以期少动酷刑。杨涟家产不足千金，老母、儿子卖掉房宅露宿乞讨，乡人纷纷捐助，也无济于事。其作为首犯，受刑最为残酷，死状最为惨烈。六月入狱，七月就与左光斗、魏大中同日被折磨致死。他死前声带已被烧坏，开口大叫却无声音，一根长长的铁钉从左耳穿过头颅从右耳穿出，备受折磨后，被装满沙土的重囊活活压死。时年54岁。

左光斗也坐赃两万，乡民四处为其捐款筹集，有人甚至变卖家产捐资。其长兄左光霁株连被害，母亲哭泣过度离世，家破人亡。左光斗被打得体无完肤，皮开肉绽，因天气炎热，伤口溃疡，腐肉连块，虫蛆乱爬，臀部已经腐烂见骨。死时51岁。

魏大中坐赃最少，但也无力偿清，其子学洢追随入京，四处借贷，依然没有凑齐。最后魏大中被挑断脚筋，"两足直挺如死蛙，不能屈伸"，与杨、左同日被害。袁化中、周朝瑞则在八月份被害。到九月顾大章自缢，短短三个月，六人全部被迫害致死。

为了避免外界物议，魏忠贤、许显纯也煞费苦心，极力掩盖迫害痕迹：杨、左、魏系同日而死，许显纯上报则错开日期。周朝瑞则报说因病去世，顾大章也是先称有病，最后难忍病痛才自缢。

这六人被称为"东林前六君子"。他们既死，给东林党以沉重打击，阉党出了恶气，欢呼雀跃。只是魏忠贤并没有就此放下屠刀，另一起大冤案正在酝酿当中。

五

六君子事件后，天启五年（1625年）十二月，魏忠贤矫旨张榜公布东林党人姓名，将之称为邪党。天启六年（1626年）正月，阉党又开始炮制《三朝要典》。"三朝"指万历、泰昌、天启，"要典"是梃击、红丸、移宫三案。此举由霍维华创议，以大学士顾秉谦、黄立极、冯铨为总裁，开馆编纂。其用意在于混淆是非，进一步对三案翻案，肆意诋毁东林言行，为东林党人制造罪名，打击东林党人。

该书肆无忌惮地篡改历史，如《明通鉴》中记，《三朝要典》"论梃击，以王之寀开衅骨肉，为诬皇祖，负先帝；论红丸，以孙慎行创不尝药之说，妄疑先帝不得正其终，更附不讨贼之论，轻诋皇上不得正其始，为冈上不道；论移宫，以杨涟等内结王安，故重选侍之罪，以张翊戴之功。于是遂以之寀、慎行、涟为三案罪首。"这样，王之寀、孙慎行、杨涟就分别被列为梃击、红丸、移宫案的罪魁祸首。

杨涟已死，王之寀也被下诏狱处死，孙慎行被流放宁夏。在这样的背景下，这年二月，魏忠贤下令逮系东林党人、前左都御史高攀龙、吏部员外郎周顺昌、苏松巡抚周起元、谕德缪昌期（谕德是文学侍从之职，正四品，专门为太子上道德课）、御史李应升、周宗建、黄尊素等七人。逮系之前，魏忠贤自然要给他们加一个罪名，于是他物色到了太监李实。

李实是北直隶保定府（今河北保定）人，万历六年（1578年）被选入宫，曾任太子朱常洛的侍读，后升司礼监秉笔太监。天启元年被派往苏州任苏杭织造，肆意搜刮民财，弄得民怨沸腾。苏州同知杨姜为官正直清廉，几次弹劾李实。李实不仅不听，反而诬陷杨姜为官作恶多端。应天巡抚周起元到任，为杨姜辩护，并指斥李实不法。李实对周起元极为痛恨，伺机报复。正好此时社会上有流言说：东林党人、御史黄尊素被阉党罢官后，四处游览，与李实交往甚密。有人传说黄尊素把自己当成杨一清，把李实当成张永，两人每日密谋，准备起事诛杀魏忠贤。

杨一清 (1454~1539)，字应宁，云南安宁人。升都察院左副都御史。明宪宗时，太监刘瑾作恶多端，扶植阉党，为祸甚巨。杨一清不肯依附刘瑾，被逮入狱，得群臣力救，才被释放，罢官家居。后他受命总制军务，讨伐安化王叛乱，太监张永为监军。张永本是刘瑾党羽，与刘瑾一起用事。刘瑾手握权柄后，恣意妄为，企图驱逐张永。张永对刘瑾也颇为痛恨。杨一清知道张永与刘瑾有隙，遂暗中托太监张永，共同策划计策，借宪宗之手诛杀了刘瑾。

魏忠贤得知黄尊素要效法杨一清，让太监李实作张永，就派人侦查监视李实行踪。李实本无其事，惶恐不已，特地派人赴京请阉党心腹李永贞、崔呈秀代为说情。崔、李威胁他说："如果你肯为魏公杀人，即可免罪得福。"李实追问计策，崔呈秀就让他提供一个盖有他印章的空白奏疏，随便起个罪名即可，具体要弹

杨一清像

劾哪些人由魏忠贤自己决定。这样既可以除去东林政敌，又可以欺骗公众，逃脱罪责。李实认为这是举手之劳，又可以迫害自己痛恨的周起元等人，于是他将周起元列为首恶，罪名为："周起元为巡抚时，乾没帑金十余万，日与高攀龙辈往来讲学，因行居间。"随之将空印奏疏连夜派人送呈魏忠贤。魏忠贤与死党密谋商定，将高攀龙、周起元等七人列入疏中。随即矫旨下诏："着锦衣卫即刻扭解来京究问。"时为天启六年（1626 年）二月二十

五日。一场大逮捕随之在全国展开。

周起元 (1571~1626)，字仲先，号绵贞，福建海澄（今福建厦门）人，万历二十九年（1601 年）进士。居官清廉，政绩突出，很有威望。天启三年（1623 年）升右佥都御史，巡抚苏松十府。因为杨姜辩护得罪李实和魏忠贤，成为阉党攻击目标。他又曾弹劾魏阉爪牙、兵科给事中朱童蒙草菅人命，贪赃虐民。魏忠贤矫诏以其排挤朝臣，将其革职为民。李实上空印奏疏，将周起元列为首恶，诬陷他任巡抚时贪污国库银十万两，并和东林党魁高攀龙来往密切。魏忠贤遂派骑赴海澄逮系。当地民众闻之，纷纷上街呼冤，为之捐银筹款，阻止骑逮人。周起元向民众跪拜说："父老爱我，不要陷我于不义。"才止住激愤的百姓，被逮系入京下诏狱。

高攀龙 (1562~1626)，字存之，号景逸，无锡人，万历十七年 (1589 年) 进士。他秉性刚直，潜心程朱理学，升御史，再升光禄寺丞。在梃击案中，他弹劾郑贵妃的兄长郑国泰说："张差梃击，实养性（郑养性为郑贵妃之侄，郑国泰之子）父国泰主谋。"红丸案中，他支持孙慎行攻击首辅方从哲，被罚俸一年，贬为大理寺少卿。后因触怒阁臣王锡爵，被贬官家居，与顾宪成等在东林书院讲学 30 年，应者云集，声名远播，也为魏忠贤嫉恨诋毁。天启四年（1624 年）任左都御史，又揭发阉党中坚崔呈秀在淮扬等地贪赃枉法。熹宗准备处治崔呈秀，崔呈秀惶恐不安，遂投靠魏忠贤，弹劾高攀龙结党营私。魏忠贤矫旨将高攀龙削籍。这时，又将之列入李实的奏疏，于天启六年（1626 年）六月派骑去无锡逮系。高攀龙得知消息，又知周顺昌已被逮系，依然镇定自若，不动声色，去拜谒了宋儒杨时的祠堂，回家又与弟弟宴饮。晚上他写了一封遗表封好，交给儿子，让他事情紧急时再打开，随后对妻儿说要去静思良策，明早处理骑事。半夜，他整理衣冠，向京师叩头再三，投入家中池塘自尽，时年 65 岁。遗书中说："臣虽削夺，旧属大臣。大臣不可辱，辱大臣则辱国。谨北面稽首，以效屈平之遗。君恩未报，愿结来生。"

缪昌期 (1562~1626)，字当时，号西溪，江阴（今江苏江阴）人，万历四十一年（1613 年）进士，与顾宪成为忘年之交，被视为"东林之目"。选为庶吉士，授检讨。梃击案中，他极力抨击浙党刘廷元的"疯癫论"，被罢官。天启元年（1621年），他主持乡试，试题中论及赵高、仇士良等宦官，魏忠贤认为他含沙射影，怀恨在心。后魏阉势焰日张，缪昌期与杨涟、左光斗等多次密商弹劾除掉魏忠贤，杨涟上二十四大罪疏前，曾与缪昌期、左光斗商议，缪昌期表示极力赞同。杨涟疏上，流言传出说是奏疏实是由缪昌期代笔，魏党也信以为真，更是对其恨之入骨。不久，杨涟、赵南星、高攀龙等被阉党斥逐，他人都唯恐避之不及，缪昌期却不顾阉党爪牙跟踪，前去送行，还执手叹息，交谈甚欢。魏忠贤更是火上浇油，恰此时有人推荐缪昌期赴外地就任，魏忠贤恼怒道："让他留在北京送客！"不久就将其革职。这时，自然迫不及待将其列入李实疏奏中，以"已削籍，犹冠盖延宾"为由，诬其受贿三千两，令骡骑逮系入京。

周顺昌（1584~1626），字景文，号蓼洲，吴县（今江苏苏州）人，万历四十一年（1613年）进士，授福州推官，为官方正，嫉恶如仇，不畏权奸，曾将税监捉弄得狼狈不堪，深得当地百姓拥戴。周起元因触犯魏忠贤被削籍时，周顺昌"为文送之，指斥无所讳"，直言痛斥阉党罪行，毫无顾忌。魏大中被捕系，途经吴县，周顺昌热情接到家中款待，并将自己的女儿许配给魏大中的孙子为妻。押解的校尉多次催行，周顺昌怒斥道："若不知世间尚有不畏死男子耶？归语忠贤，我故吏部周顺昌也。"还叫着"魏忠贤"的名字，破口大骂。校尉返回北京，果然将周顺昌所言告知魏忠贤。恰好魏忠贤的义子倪文焕与周顺昌本就有仇，更是恨得咬牙切齿，指使人弹劾周顺昌"与罪人婚"，并污蔑他受贿无数，连押解他的船都压沉了。魏忠贤趁机将周顺昌罢官，但仍不罢休，此时将周顺昌列入空印奏疏，由心腹毛一鹭带领锦衣卫张应龙、文之炳等60余人到吴县抓人。

周顺昌在苏州德高望重，很得当地百姓拥戴，县令陈文瑞对他也很是尊重，得知骡骑前来抓人，半夜登门求见周顺昌，痛哭失声。周顺昌却泰然自若，镇静无异往日。三月十五日，骡骑抵达吴县，勒索贿赂，威吓百姓，称如不纳银，周顺昌途中性命难保。当地百姓得知消息，人言汹汹，纷纷赶来，每天上万人聚集，为周顺昌呼冤并为其捐纳欠款。骐骑见百姓软弱可欺，得寸进尺，加大勒索数目，导致群情激愤，最终激起了一场声势浩大的民变。

当时有个商人的儿子颜佩韦，为人慷慨，平素敬重周顺昌，见骐骑逮人，号召百姓罢市，为周公呼冤请愿。三月十八日，骐骑将宣读诏令，正式逮系周顺昌动身赴京。苏州民众数十万人冒雨前来，汇聚在衙门前，呼声震天，群情激昂，难以控制。毛一鹭惊恐万分，喝令骐骑驱赶百姓。骐骑一贯作威作福，对苏州民众根本都不放在眼里。文之炳大喝："东厂逮人，鼠辈何敢阻拦？"并把镣铐往地上一掷，大叫"囚安在？速报东厂！"众人大怒："始吾以为天子命，乃东厂也！"颜佩韦及好友马杰、卖衣商人杨念如、牙侩沈扬更是怒不可遏，大骂："东厂何得逮官？此旨必出魏监！"众人一拥而上，追打骐骑。周顺昌的轿夫周文元抢过校尉手中器械，当场打死一名校尉，打伤十数名。毛一鹭吓得躲入厕所，60余名骐骑被打得非伤即残，几个被打得动弹不得，最后在当地官府的护卫下躲入官衙，才得以保全性命。毛一鹭忙向北京告变求援，说苏州已经反叛，竖旗城门，尽杀骐骑。魏忠贤闻报，也大惊失色，迁罪于当初出策的崔呈秀和李实。最后假传圣旨，说只逮捕首恶，其他民众不问，要即日解散，不然朝廷大兵一到寸草不留。颜佩韦等五人主动向官府投案，承认罪责，以拯救当地百姓，事情才渐渐平息。三月二十六日，骐骑终于得以押解周顺昌赶回京师。

周宗建（1582~1626），字季侯，苏州吴江人，万历四十一年（1613年）进士，升监察御史，曾上疏抨击客氏久居宫中，激怒熹宗，因廷臣疏救才免一死。天启三年（1623年），京师降下冰雹，周宗建又上疏说，这是朝廷"阴盛阳衰"，"殊属实异"，攻击魏忠贤和客氏祸乱宫廷，甚至说："如魏进忠者，目不识一丁，岂复谙其大义？而陛下假之顾笑，日与相亲，一切用人行政堕于其说。"魏忠贤愤恚不已，当场破口大骂。不久，周宗建又上疏抨击魏忠贤，指斥其结党营私，驱逐善类，蚁附蝇集，"天下事尚何言哉？"魏忠贤气得说不出话，只得号哭着请熹宗罢免自己。熹宗拟廷杖周宗建，被阁臣劝免，改为罚俸。魏忠贤指使党羽诬告周宗建、黄尊素等贪赃，将他们削籍。此时又借李实疏奏，将其列入其中。因对周宗建特别仇恨，疏中将其列为七人之首，诬陷他贪污赃银一万三千五百两，下入诏狱。

李应升（1593~1626），字仲达，与缪昌期同为江阴人，万历四十四年（1616年）进士，颇有文才，诗作传诵一时。升监察御史，一年间上疏15次，请澄清吏治，惩治贪官。天启四年（1624年），上疏劾魏忠贤滥设内操，滥用酷刑，请罢魏忠贤管东厂职。杨涟上二十四罪疏后，他上疏声援："忠贤一日不去，则陛下一日不安，臣为陛下计，莫若听忠贤引退以全其命；为忠贤计，亦莫若早引决以乞帷盖之恩。不然，恶贯满盈，他日欲保首领而不可得也。"语言犀利，比杨涟疏有过之而无不及。他还替高攀龙起草了弹劾崔呈秀的奏疏。崔呈秀惊慌失措，去央求高攀龙，高攀龙不理，又转去向李应升磕头求饶，李应升以"事付公论，非敢私"将他驳斥回去。李应升还弹劾阉党亲信魏广微，对他口诛笔伐，魏广微对他很是痛恨。天启五年（1625年）三月，崔呈秀指使党羽弹劾李应升勾结东林党，将其革职。李应升家居得知魏大中被逮，致书慰问，并和高攀龙、周顺昌等诗词作答。六君子死难后，李应升悲痛万分，不避嫌疑，设牌位祭奠，阉党对之恨入骨髓。此时，李实空印疏上，自然将李应升列入其中。骑驺至时，群情激愤，欲击毙校尉，李应升向众人拜谢说："君诚爱我，如蔑朝廷何？"悄悄乘囚车离去。

黄尊素（1583~1626），字真长，浙江余姚人，万历四十四年（1616年）进士，是清代著名学者黄宗羲之父。他为人重义，秉正雅洁，升监察御史。杨涟疏上，他即上疏声援，请求尽除阉党。他目睹阉党罪行，接连上疏弹劾，把魏忠贤比作明朝权倾一时的大太监王振、刘瑾，魏忠贤对其切齿痛恨。天启五年（1625年），黄尊素出巡陕西茶马，刚刚出京，就遭到阉党弹劾，被削籍。魏忠贤闻知是黄尊素让刘侨不在汪文言狱中牵连东林诸人，更是恨他。又有传言说黄尊素准备效仿杨一清杀刘瑾事，以李实为张永，准备诛杀自己，魏忠贤从未受过如此逼身的威胁，又怕又恨，才生出用空印奏疏株连东林党的阴谋。黄尊素是空印奏疏的导火索，当然也少不了列名其中。当骑驺赴浙江逮系黄尊素时，也引发了一场民变。百姓凿沉了骑驺的船只，追打落水的骑驺。骑驺四散奔逃，抱头鼠窜。最后在当地官府的帮助下才得以将黄尊素逮入京师。

七人之中，除高攀龙跳水自尽以外，其余六人全被逮入狱中，遭受严刑拷打，先后惨死狱中。缪昌期于四月十一日被逮入诏狱，审讯中，他毫不畏惧，慷慨陈词，历数阉党罪行。被坐赃三千，备受酷刑。因传言他曾为杨涟代写二十四罪疏，许显纯就给他多逮了一副镣铐。其十个手指被全部折断塞入衣袖。三十日被折磨至死。

周宗建与缪昌期同日入狱，许显纯以他第一个骂魏忠贤"目不识一丁"，对他下手也最毒。经多次毒刑，周宗建奄奄一息，倒卧在地，不能出声，许显纯厉声斥责："复能詈魏上公一丁不识乎？"坐赃一万三千两白银。周宗建根本无法筹措，被许显纯在身上钉满铁钉，又用开水浇淋，顷刻皮肉卷烂，六月十七日含恨而逝。

周顺昌于四月二十八日下狱，坐赃三千。许显纯每用刑，周顺昌必大骂魏忠贤。许显纯恼羞成怒，将其牙齿用锥子一个个撬掉，问他还骂不骂，周顺昌将满口鲜血吐到许显纯脸上，叫骂更甚。六月十七日夜被杀害。消息传到苏州，百姓饮泣。颜佩韦、

黄尊素墓

杨念如、马杰、周文元、沈扬五人也被处斩。后人感念五人忠义气节，在阉党败后，为之立墓，题"五人之墓"。明末复社首领张溥还专门为他们写了著名的《五人墓碑记》一文，刻石为碑，赞赏他们的气节。

黄尊素于五月二十日下狱，坐赃二千八百两，面对酷刑，依然谈笑自若，知己必死，赋诗一首，叩头遥与家人诀别，并向隔壁监狱的李应升告别，于闰六月初一日死。李应升于四月二十三日下诏狱，坐赃三千，备受拷掠。黄尊素遇害前，与李应升诀别，应升大声答："足下先行，应升踵至矣。"赋绝命诗，次日慷慨就死，年仅34岁。

周起元因路途遥遥，被押解到京师时，已经是闰六月中旬，其他五人已经归天。许显纯按李实奏疏上随手写下的十万赃款追缴，周起元根部无法偿还，备受折磨，九月中旬毙命诏狱。家产全部被没收充公，也远远抵不上赃款，亲友也无因此倾家荡产。

随着周起元的最后被害，"东林后七君子"冤案也宣告结束。

在魏忠贤阉党的黑暗统治下，东林冤狱并不仅仅止于前后君子事件，其他还有许多残酷之至的冤案。因为未能形成大规模的冤案，不能一一述说。

崇祯皇帝像

几年后，明朝最后一个皇帝朱由检即位，清除了阉党集团，东林党的冤狱先后得到平反昭雪，前六君子和后七君子先后被追谥封号。前六君子中，杨涟追谥忠烈，左光斗追谥忠毅，魏大中追谥忠节，袁化中追谥忠愍，周朝瑞追谥忠毅，顾大章追谥裕愍。后七君子中，周起元追谥忠惠，高攀龙追谥忠宪，缪昌期追谥文贞，周顺昌追谥忠介，周宗建追谥忠毅，李应升也追谥忠毅，黄尊素追谥忠端。

综观明末东林党案，冤狱累累，魏忠贤罪行罄竹难书。最后魏忠贤是倒下了，可让人们久久难以释怀的是，为何一个目不识丁的农民太监能掀起如此之大的风浪，将整个国家搅得天昏地暗，风雨飘摇？为何诸多受过正统教育的儒家士大夫们敌不过一个毫无知识的恶棍？更重要的是，为何不计其数的文臣武将心甘情愿、死心塌地地拜在他们曾嗤之以鼻的阉党脚下，甘愿为虎作伥？他们倡建生祠、荼毒善类、党同伐异，直如跳梁小丑，无不令世人哂笑曾经被奉为至高的道德标准，怀疑人世间的文明与愚昧到底谁是正统。

东林党是当时士人的标杆，他们秉持正气、视死如归的凛然气魄和浩荡胸怀，令后人瞩目、喟叹、钦服、仰重。他们竟然可以在如此黑暗窒息的环境里谈笑风生。他们唯我独清、与奸邪势不两立，鱼死网破、以图留名青史的气概，让诸多文人士子汗颜。也正因此，以他们为主角的冤案也更让人扼腕痛惜、黯然落泪。

正直派惨遭屠戮，奸邪派卓然屹立，这其间固然有冷静的史学家们所剖析的东林党人书生气重、门户之见深、过于极端等成分在，但更重要的是皇权制度自身的局限。大明朝日暮西山，世袭皇权把一个木匠推上了治理帝国的最高位置，这才有了"九千岁"魏忠贤一伙阉党操纵政局，一手制造了东林冤案。这样的体制，即便没有文盲太监魏忠贤出来，还必然会有其他更残酷的太监出来。东林党的错误不在于他们挺身而起与阉党舍身一搏，而在于他们没有看到制度的缺憾，正是他们所置身的皇权制度粉碎了他们所念兹在兹的圣贤理想。

但不管怎样，东林党人与阉党斗争的神勇气概和壮怀激烈的精神得到了后人的尊重钦敬，高攀龙的诗作就标明了他们的高洁品格：

蕞尔东林万古心，
道南祠畔白云深。
纵令伐尽林间木，
一片平芜也号林。

功到雄奇即罪名

——袁崇焕案

明朝崇祯三年八月十六日，午时三刻，北京西市口，刽子手正在施行磔刑。围观的群众人声鼎沸，前呼后拥，争着抢夺、购买从犯人身上割下来的肉片，抢到后立即塞进口中，大嚼一气后咽进肚里，张着鲜血淋漓的嘴谩骂着"汉奸"、"叛贼"。被施刑者就是被梁启超称为"明朝第一重要人物"、"千古军人之模范"的袁崇焕。

一

袁崇焕像

袁崇焕（1584~1630），字元素，号自如，祖籍广东东莞，三岁时全家迁居广西梧州府藤县（今广西梧州市）。他"少年慷慨，负胆略，好谈兵"，23岁时参加在广西桂林举行的丙午科乡试，得中举人，此后，虽接连四次赴京参加会试，都没考中。他性情爽直，并不为落榜沉沦，每次赶考都沿途游历，遍览祖国名山大川。他又喜欢结交友人，常常与老年的军校或退役的兵士谈论兵法战阵及边塞作战形势。万历四十七年（1619年），袁崇焕才得中己未科进士。

就在袁崇焕金榜题名的这一年

的春天，发生了一件令所有人震惊的大事：明朝兵部侍郎、辽东经略杨镐率领的12万大军被崛起于东北的后金军击溃，这就是历史上著名的"萨尔浒之战"。正是这一战，改变了袁崇焕的命运。

此前，原建州左卫都指挥使、女真人努尔哈赤经过30年的征战杀伐，基本上统一了女真各部，势力逐渐强大。万历四十四年（1616年），努尔哈赤在赫图阿拉即位称汗，定国号为"大金"，年号"天命"，史称"后金"。努尔哈赤被尊为聪睿汗，又称天命汗。两年后，努尔哈赤以"七大恨"起兵攻明，进兵抚顺，并一举夺取了抚顺城。从此开始，天朝大国明朝与后金开始了正面的军事冲突，令明朝大臣们谈之色变的"辽事"开始蔓延，直到让所有的汉人如坐针毡，食不甘味。

抚顺的陷落使明廷"举朝震骇"，明廷决定"犁庭扫穴"，一举消灭努尔哈赤，荡平后金。兵部侍郎、辽东经略杨镐统率12万大军，号称47万，浩浩荡荡，兵分四路，直取后金都城赫图阿拉。努尔哈赤兵仅6万，却将杨镐大军击溃，士兵死近5万人，而后金仅死伤3000余人。明朝大国军政废弛疲沓，由此一览无余。明神宗万历帝在位48年，已经有二三十年不上朝临政，躲在宫中不出，万事不问，不管多紧急的事情只是装聋作哑，一味往自己的仓库里敛钱。万历帝二十多年的怠政，导致政事日非，军纪荡然，士无斗志，国力虚弱，局面困难至极。二十多年不露面的明神宗万历帝于万历四十八年（1620年）终于一命呜呼，其儿子朱常洛只做了一个月的皇帝就因贪色误服药物而死，在位时间虽短，却留下了著名的"梃击案"、"红丸案"、"移

努尔哈赤

宫案"，为明末党争留下了话题，使明朝政事更一发不可收拾。光宗死后，儿子朱由校继位，改年号天启。

萨尔浒之战后，努尔哈赤又攻占了开原、铁岭。此时，明廷派熊廷弼以兵部右侍郎、右佥都御史的身份统领辽东的军政事务。熊廷弼到任后，采取"坚守渐逼"之策，整肃军纪、练兵造械，积极布防，逐渐稳定了局面。但朝中大臣弹劾其只知防守，无力收复失地，万历四十八年（1620年）九月，熊廷弼被罢，由治水有方的袁应泰继任。

次年（1621年）三月，努尔哈赤率兵进攻沈阳，袁应泰虽具政治才能，但"兵事非所长"，7万守军全军覆没，后金军攻陷沈阳，接着攻占附近的辽阳。袁应泰自缢而死。后金军乘胜连陷定远、鞍山等70余城，势如破竹，明军则闻兵色变，一溃千里，根本组织不起有效的防守，更毋庸谈进攻和收复失地了。努尔哈赤接连得胜，把都城由赫图阿拉迁到了辽阳。

明廷只得重新启用赋闲在家的熊廷弼为辽东经略，试图挽住颓势。熊廷弼主张以守为攻，多方协作，固守辽西，待时机成熟再收复辽、沈。但其下属、时任辽东巡抚王化贞自命不凡，另有

太祖克沈阳图　选自《满洲实录》

178

主张。王化贞在明廷中有靠山，首辅叶向高和兵部尚书张鹤鸣都支持他，他往往不经熊廷弼而直接与朝廷联系。而且，王化贞当时拥兵12万，而熊廷弼部下只有5000人，经略之职只是个空壳。两人意见不一，不但不能相互配合，反而互相指责，经常发生争执。而且，明廷中多支持王化贞者。努尔哈赤知道"经抚不合"，便趁机挥军渡过辽河，向广宁进攻，王化贞的12万大军大败而归。努尔哈赤占领广宁，又攻占周围的40余座城镇。王化贞一败涂地，狼奔豕突，尽弃关外之地逃命。

至此，明朝与后金之间的三场大战役：杨镐的12万大军，袁应泰的7万大军，王化贞的12万大军都以溃败告终。而且，这三次大战都是后金军以少胜多，以弱胜强。其他的小战更是数不胜数。后金军已经让明军畏之如虎，几乎到了不战即可屈人之师的程度。

熊廷弼、王化贞因败被下狱治罪。当时，明熹宗天启帝继位后，贪于玩乐，政权由太监魏忠贤及其党羽把握，朝廷内部党争日益激烈。以清高自许的东林党和阉党之间势如水火，针锋相对。经过数年的明争暗斗，阉党逐渐占据上风，不少清流正士被迫害致死。因熊廷弼与东林党人过往甚密，天启五年（1625年）八月，熊廷弼被弃市，时年57岁。

熊廷弼，字飞百，江夏（今湖北武昌）人，万历二十六年（1598年）进士，先后三次任辽东经略，善于用兵，极有将才，使辽东局势大有起色，是明末不可多得的文武兼备的人才，却因党争被冤杀，传首九边。所谓传首九边，就是把罪犯的首级传递到辽东、蓟州、宣府、大同、太原、延绥、固原、宁夏、甘肃等九个边镇，震慑边疆士卒，以儆效尤。熊廷弼的被杀成为当时影响甚大的一个冤案，对明军士气打击甚大。

熊廷弼、王化贞被逮后，朝廷任王在晋为兵部尚书，兼都察院右副都御史，统领辽东、天津、蓟镇、登莱等处军务。王在晋（1564~1643），字明初，江苏太仓人，万历二十年（1592年）进士，历任江西布政使、山东巡抚、兵部侍郎，天启初任兵部尚书。此时，代替熊廷弼为右副都御史，经略辽东。当时，山海关外之地，大部分由蒙古族的喀喇沁诸部所控。喀喇沁部与满洲女真族经常为争抢财物发生争斗，结怨甚深。王在晋就打算利用喀喇沁守关外，以缓冲后金的冲击，上奏请朝廷发粮食布匹接济拉拢喀喇沁部。

正在此时，袁崇焕站出来，表示了坚决不同的意见。他表示，蒙古族与女真族同为游牧民族，惯以狩猎掠财为生，不能相信，同时他坚定地说："予我军马钱谷，我一人足守此！"举座震惊。

袁崇焕中进士后，赴福建邵武县任知县。在任上，他关心百姓，平反冤狱，深得百姓拥戴。他时刻关注辽东军事进展情况，常常邀从辽东退下的老兵闲谈。天启二年（1622年），袁崇焕到北京朝觐，即接受朝廷的政绩考核。在京期间，他得到更多关于辽东战事的消息，忧心如焚，在与群臣闲谈时，发表了一些中肯见解，引起了御史侯恂的重视，并得到他考进士时的主考官韩爌的推荐，被破格升任兵部职方主事。

明朝官制，兵部设尚书一人，左右侍郎各一人，下设武选（武官人世）、职方（军政军令）、车驾（马匹警备）、武库（后勤兵器）四司。职方司有郎中一人、员外郎一人、主事二人。袁崇焕由一个七品知县仅一年就升为六品的职方主事，的确是破格提拔。

当时，朝廷在辽事上节节败退，大臣议论纷纷。山海关作为"天下第一关"，是保卫京师的第一要塞。如何守住山海关就成为最先要考虑的问题。廷臣为此争论得面红耳赤，莫衷一是。袁崇焕就孤身一人骑马到山海关内外考察。兵部发现新任的职方主事不见了，家属也不知情，正四处寻找时，袁崇焕风尘仆仆回到兵部，说出了那句令所有大臣目瞪口呆的话，并提出了他的治兵守边方略。朝廷越级提升他为佥事，指挥关外的部队，拨国库银20万给他招募军队。袁崇焕正式开

清末的山海关

始了他的军旅生涯。

当时，关外已经全部被喀喇沁各部族所占领，袁崇焕只得驻守关内。不久，各部族归附，王在晋就命袁崇焕移住中前所，并管理前屯卫的事务，接着又命令他到前屯安置失业的辽人。袁崇焕当晚就带两个随从连夜穿过虎豹出没的丛林，四更时到达前屯卫，兵民无不骇然惊服，送他一个"铁胆"的外号。王在晋对袁崇焕十分倚重，提拔他为宁前兵备佥事。但袁崇焕却看不起王在晋，认为他没有远大的谋略，不完全服从王在晋的命令。到王在晋提出在关外不远的八里铺修筑重城时，袁崇焕认为这种做法不策略，应该在宁远筑城。两人意见相左，争论十分激烈。袁崇焕见难以说服王在晋，就越级向首辅叶向高报告。这在官场里实在是大忌。

叶向高难以决定，委派兵部尚书孙承宗行边考察。孙承宗（1563~1638），字稚绳，号恺阳，北直隶保定高阳人，万历二十三年（1595年）进士，是该科的榜眼，才华横溢又晓畅军事，被破格提拔为兵部尚书兼东阁大学士。孙承宗能入阁是由东林党领袖、御史左光斗推荐的，但他又能在东林党和阉党之间保持相对中立，被视为东林党的温和派。是年六月，孙承宗抵达山海关考察后，认为袁崇焕所见极是，与王在晋辩驳，王在晋始终坚持己见。孙承宗只好暂返北京，面奏天启帝弹劾王在晋"笔舌更自迅利，然沉雄博大之未能"。天启帝免去王在晋的职务，由孙承宗为督师，统领辽东军事。

孙承宗到任后，进行了一系列力度很大的人事变动，重用袁崇焕，着力修筑宁远城。

宁远位于山海关外200里，在锦州和山海关之间，扼辽西走廊咽喉。明前中期，关外的军事重地为广宁，广宁、辽阳失陷后，宁远就处于前线位置，背后即是山海关，战略位置大为凸显。孙承宗、袁崇焕派游击祖大寿兴工营筑，到天启四年完工，整座城池"高三丈二尺，雉高六尺，址广三丈，上二丈四尺"，成为一座固若金汤的关外重镇。远近难民纷纷涌入，人口大增，使宁远城成为远近闻名的乐土。同时，袁崇焕又在周围先后筑城数十座，练兵十余万，造甲百万，屯田五千顷。明朝的东北国防线向北推移了200多里。袁崇焕也因功劳被提拔为兵备副使。孙承宗对他极为赏识，委任甚专。天启四年（1624年），袁父病故。按传统，儿子应丁忧即守丧三年，袁崇焕屡次上奏回家守制，但朝廷以边关正急，命他素服办公。这种应该守丧而被迫放弃的情形，称为"夺情"。

袁崇焕在孙承宗的支持下，大刀阔斧进行改革，从天启二年到天启五年，短短三四年时间，使局势大为改观。随后他又派兵屯驻锦州、松山等要地，把边境又往北推进了200余里。后金见明军稳扎稳打，无机可乘，兼忙于整顿内部，四年间很少侵犯。

而此时东林党和阉党之间的斗争日益炽热。熊廷弼被弃市，杨涟、高攀龙、左光斗等东林人士被扫除殆尽。孙承宗也遭到弹劾，最后迫于压力不得不辞职。魏忠贤趁机派其党羽、兵部尚书高第出任经略。

高第，字登之，滦州（今属山西）人，万历十七年（1589年）进士，不但毫无方略，且胆小如鼠，以谄媚阉党得任兵部尚书，得知被任命为经略，吓得直哭。他认为关外肯定守不住，主张"各率重兵驻关，共图防守之策"，下令放弃关外所有城池，全线撤退到关内。袁崇焕见多年心血要毁于一旦，极力驳斥，说兵法有进有退，一退则锦州、宁远动摇，山海关就毫无保障，直接置于前锋，而且主动退守是示弱于敌，不战自溃。高第不顾这些，强令关外诸城守兵撤退。袁崇焕性格倔犟，抗命道："宁前道当与宁（远）、前（屯卫）为存亡，如撤宁、前兵，宁前道必不入，独卧孤城，以当虏耳！"高第也拿他无法，只得尽撤其他城镇守兵，只留宁远、前屯卫两城。一时间，米粟辎重被弃者数十万计，难民哭声震天，死者塞道。袁崇焕见此，便请求回家守制，未获批准。没过多久，朝廷提拔他为按察使。

这样，广阔的关外仅余两座孤城屹立。但谁也没想到，袁崇焕竟靠这两座孤城顶住了气势汹汹的后金军。

<h1 style="text-align:center">二</h1>

天启六年（1626年）正月，辽北地区天寒地冻，努尔哈赤见高第庸懦无能，便统兵13万，号称20万，西渡辽河，直扑宁远。二十三日，后金军抵达宁远城下。

当时，宁远守军不足两万，双方实力悬殊。消息传来，经略高第惊慌失措，吓得屁滚尿流，封闭关门，龟缩不动，绝不救援。京师大臣也知道宁远凶多吉少，兵部尚书王永光连连嗟叹。袁崇焕却慷慨激昂，写下血书："区区宁远，中国存亡系之，失此不守，数年后吾族皆左衽矣。"激励将士誓死守城，同时将城外居民撤入城内，坚壁清野，又设重金悬赏奖励勇士，初步稳定了军心民心。

二十四日，努尔哈赤派人劝降，被袁崇焕骂回，遂开始攻城。后金军善于骑射野战，来势凶猛。袁崇焕待敌兵迫近，下令发射刚刚引进的西洋巨炮，又用石头火木向敌军猛砸。后金兵死伤甚重，努尔哈赤也被炮火余力击伤。后金兵连攻三日，袁崇焕率军民死守，战斗异常惨烈。战火中袁崇焕肩臂受伤，鲜血染红了战袍。将士劝他下城，他撕下战袍裹住伤口，继续指挥。此时正值严冬，袁崇焕的胳膊与血染的战袍被冻粘在一起。将士们见主帅誓死抗敌，争死效命，血战三天三夜，杀得金兵尸横遍野。努尔哈赤见力攻不下，最终不得不下令退兵。袁崇焕守卫宁远取得了令人瞠目结舌的胜利。这就是有名的"宁远大捷"。

努尔哈赤自25岁起兵以来，至今四十余年，大小数百战，战无不克，攻无不胜，

宁远城

而且多是以少胜多，令明军闻风丧胆。如今，攻打一个孤城宁远竟毫无办法，而且损失惨重，愤恚不已，退兵途中劫掠了明军的一个粮草重地觉华岛，将守岛的几千名兵将屠杀殆尽，又焚烧了十万石粮草，以泄败兵之恨。尽管如此，努尔哈赤依然郁郁寡欢，又兼患上了痈疽病症，是年八月还没回到沈阳就一命呜呼了，时年68岁。宁远之战是努尔哈赤一生中惟一的一次大败仗。后来，清朝人在修《明史》谈到此次战役时说："我大清兵举兵所向，无不摧破，诸将罔敢议战守，议战守自崇焕始。"

袁崇焕指挥的宁远大捷，打破了后金军不可战胜的神话，使关外筑城防守策略的正确性得到验证，极大振奋了明末低迷的官心、军心、民心。消息传到北京，举朝振奋，论定功次。高第因坐守不援被免职，由王之臣代替高第出任辽东经略，升袁崇焕为右金都御史、辽东巡抚。

当时，魏忠贤势焰日炽，把握朝政，不少大臣趋炎附势，蝇营狗苟，阉党大盛。魏忠贤派两名亲信太监刘应坤、纪用镇守山海关。袁崇焕极力反对却毫无作用。

王之臣经略辽东后，袁崇焕又与他在人事安排和职权划分上产生了意见冲突。朝廷为调和两者关系，只得将辽东防务划分为二：关内由王之臣负责，关外由袁崇焕负责。这种简单的做法不仅没有调和好两人的关系，反而事与愿违，双方对此都不甚满意：袁崇焕认为这是对他的不信任和猜忌，而王之臣职任辽东经略，有权节制关内外兵事，现在却只负责关内，权力小了一半。一时间，廷内不少大臣认为袁崇焕居功自傲，不服节制，弹劾的奏折和言论日渐增多。袁崇焕性情耿直，即上疏申辩："任劳则必召怨，蒙罪始可有功，怨不深则劳不著，罪不大则功不成，谤书盈箧，毁言日至，从古已然，惟圣明与廷臣始终之。"他认为自己之所以被弹劾攻击，是因为功劳太显。尽管他说的不无道理，但此时上疏申辩在外人看来很有些自视甚高甚至要挟的意思。天启七年（1627年），朝廷怕两人失和对备战不利，将王之臣召回京师，由袁崇焕一人节制关内外军事。

努尔哈赤死后，其第八子皇太极继位。此时，满洲正处于内困外乏的忧患时期，他们作为游牧民族，生产力低下，又急剧扩军，不仅导致百姓生活难以满足，军需补给也很困难。皇太极的皇位来之不易，还很不稳固，要笼络、震慑其他贝勒，巩固自己的位子。基于这许多方面的考虑，皇太极需要一定的喘息时机，既无力也不想在此时与庞大的明朝大动干戈。

在明朝，北部边境线被高第撤退后，仅余宁远、前屯卫两城。袁崇焕深知，与善于骑射的女真族作战必须训练一支野战军，而练兵、屯田、造械、修筑锦州宁远防线等等都需时日，也渴盼后金这一时期不发动攻势。双方都需要一段的休战时间，不约而同地产生了和谈的念头。

得知努尔哈赤死讯后，袁崇焕立即奏报朝廷。并经请准，派遣人员，前往沈阳进行吊丧，兼贺新汗皇太极继位；同时打探后金内部的虚实。这是明朝官员自辽事以来第一次到后金进行政治活动，皇太极也显得颇为友好，殷勤接待并派使回谢，献上人参、貂皮等礼物，并附上了文书。袁崇焕见来书封面题写"大明"、"大金"字样并列，认为后金桀骜自大，有损大明国朝尊严，没有拆封就直接让来使带回，也没有复信。

当时，满洲还没有吞明的野心和胆量，女真人口不到80万，土地也就10万平方公里，而明朝人口近1亿，国土350多万平方公里，此外还有几个附属国。两国实力悬殊。双方的议和各有自己的目的：皇太极是要明朝承认自己现有的疆域，能和明朝自由贸易，发展经济，壮大实力；袁崇焕则是想借议和重整力量，一举荡平满洲，收复全部辽东失地，重现大明帝国的

皇太极像

辉煌。

正在双方积极准备谈判的时候，皇太极竟出其不意地出兵朝鲜，并攻击据守皮岛的明朝守将毛文龙。朝鲜作为明朝的附属国，一直向明朝进贡并听从明朝调遣，明朝负责保护其不受日本侵略。辽事以来，朝鲜在后方给后金军极大牵制，使其不敢大肆攻明。后金对朝鲜觊觎已久，使之屈服不仅可以得到其丰富的物产，更可以解除进攻明朝的后顾之忧。此时袁崇焕正忙着修建锦州城池，构筑锦州、宁远防线，得报急派兵增援。而援兵未到，朝鲜已经抵挡不住，投降了后金。

袁崇焕开始议和的时候，明廷并不知道。及至奏报上呈，皇帝下圣旨准许了议和，但后来又认为这种做法不策略，接连下旨禁止。袁崇焕要借议和收复故土，更加极力坚持议和。此时，就有科道官说朝鲜和毛文龙被攻打，是议和所致。

天启七年（1627年）五月，皇太极出兵南下，直抵宁远的外围要塞锦州，把锦州四面包围了起来。守卫锦州的是山海关总兵官赵率教和太监纪用，势单力薄，就用求和作缓兵之计等待援兵。袁崇焕派祖大寿带4000精锐骑兵从宁远出发，准备从敌后袭击，不料却被截回。双方议和未成，后金兵大举攻打锦州，赵率教带兵死守，从五月十一日到六月四日，血战30余场，毫不退缩。皇太极见攻锦州不胜，就于二十八日分大部兵力去攻宁远。袁崇焕兵力较上次已大为增长，此次不仅仅是防守炮轰，也出城与后金兵野战厮杀。原来曾与袁崇焕有过节的大将满桂也奋力拼杀，身中数箭不下火线。战斗异常残酷，金兵伤亡惨重，城下尸积如山，不得已放弃宁远，又转攻锦州。锦州将士奋力抵抗，后金军见仍不能克胜，只得于六月五日撤退，只毁了大、小凌河两座城。这是明军对后金军的第二次血战胜利，史称"宁锦大捷"。

从宁远大捷到宁锦大捷，其间一年半的时间，袁崇焕将他的军事思想和军事方略运用到营建辽东防线上。他总结上次宁远大捷的经验，根据敌我军队的特点，提出了"凭坚城以用大炮"的战术原则，认为敌兵善于野战，我军则拙于野战，只能凭借坚固的城池打击敌兵；又提出"守为正著，战为奇著，款为旁著"的策略，认为防守是第一位的，野战、款和等等都可以用，但不能为主；从长远看，他提出了"以辽人守辽土，以辽土养辽人"和"守关外以御关内"的方略，从而接连获得两次大捷，给入侵的后金以沉重打击。一时海内惊叹。

但明廷内部尖锐激烈的派系争斗并未让袁崇焕尝到胜利的喜悦。袁崇焕虽然不是东林党，也不与东林党过从太密，但其座师韩爌、保荐他的御史侯恂、前辽东经略熊廷弼等等都与他关系极好，而此数人与东林党关系不一般。因此，袁崇焕也被目为东林一派。阉党交章弹劾，说袁崇焕不救援锦州是"暮气"，袁崇焕便请求辞官。

事实上，袁崇焕在锦州被困时，因考虑宁远位置重要，关系整个辽东局势和国家安危，上疏请求派其他兵力驰援锦州，天启帝表示同意。袁崇焕又请让他本人带兵35000人救援，却遭到兵部的阻止："援锦之役，责成三帅，宁抚只宜在镇，居中调度，战守兼筹，不必身在行间。"袁崇焕只得调派满桂、祖大寿等人前去驰援。

耿直倔犟的袁崇焕不愿争辩，请求辞官，七月，天启帝准许他辞官归家，而用王之臣代任督师兼辽东巡抚，驻于宁远。

朝廷官员因宁锦大捷增秩赐荫者有几百人，魏忠贤的从孙魏鹏翼还在襁褓中，也被封为安平伯。而袁崇焕只增加一级俸禄。尚书霍维华为袁崇焕抱不平，上疏要求把荫职让给袁崇焕，魏忠贤也未准许。梁启超读到此，在他的《袁督师传》中慨叹道："古未有奸臣在内，而名将得立功于外者！"

三

天启七年（1627年）八月二十二日，23岁的天启帝朱由校病死，因无子由其17岁的弟弟朱由检嗣位，年号崇祯。崇祯帝即位伊始，就展现出了不同于天启帝的强硬姿态。他在东林余党的支持协助下，将阉党一举击溃，魏忠贤被赐死，其党羽被称为"逆党"，或杀头或革职。被阉党排挤罢免的大臣又得起用，冤死的大

崇祯皇帝像

臣得到平反。人心大快，朝政为之一变。崇祯帝也被臣民看作是"中兴之君"。是年十一月，崇祯帝重新起用袁崇焕，任为都察院右都御史，管兵部添注左侍郎事。

崇祯元年（1628年）四月，再升袁崇焕为兵部尚书兼右副都御史，指挥蓟、辽的部队，兼负责登州、莱州、天津军务。按明制，军官需由文臣担任，主要是担心武官掌握兵权威胁皇位。带兵的文臣衔级最高为督师，一般必须以大学士兼任，宰相或首辅出外带兵才称督师。袁崇焕不是大学士，却有了大学士方能得到的军事最高官衔，此时距他做知县时仅六年时间，提拔速度之快令人瞠目。只是他的兵部尚书衔，是督师所加的加兵部尚书衔，并非真正的兵部尚书。

七月，袁崇焕从广西家中赶到京师，崇祯帝在宫城平台召见袁崇焕及亲信大臣。崇祯帝慰劳一番后，问袁崇焕：满洲起兵已经十余年，我国失土丧师，生灵涂炭，朕把你从万里之外召来，你有何方略平辽？袁崇焕见新皇帝礼贤下士，态度谦和地咨询于他，一时很是激动，脱口而出："方略已具疏中。臣受陛下特眷，愿假以便宜，计五年全辽可复。"崇祯帝大喜，当着群臣的面许诺，只要能"复辽，朕不吝封侯赏。卿努力解天下倒悬，卿子孙亦受其福。"群臣也随声附和，称袁崇焕赤胆报国，是"真奇男子"。

崇祯此时稍感疲倦，要休息片刻。给事中许誉卿趁机私下里问袁崇焕用什么计策可以五年复辽？袁崇焕一怔，答道："圣心焦劳，聊以相慰也。"意思说，考虑到皇帝为辽事日夜焦虑，我是宽慰皇上的。许誉卿一听，立即责怪道："皇上英明，安可漫对？异日按期责效，奈何？"袁崇焕一听，才发觉自己失言，有些不自然。等皇帝出来继续谈话时，袁崇焕就改变口气说："陛下把辽事委托于我，我怎敢说难？但五年内，必须事事应手，户部转解军饷，工部供应武器，吏部安排人事，兵部调兵遣将，都应随处配合，才能收到成效。"崇祯帝当即命令在场的户部尚书王家桢、工部尚书张维枢、吏部尚书王永光、兵部尚书王在晋在粮饷、兵器、用人、兵将方面全力配合袁督师，不得懈怠迟误。

袁崇焕又提出自己的担心："以臣之力，制全辽有余，调众口不足，一出国门，便成万里，忌能妒功，夫岂无人。即不以权力掣肘，亦能以意见乱臣谋。"这话当着群臣的面说给皇帝听，规劝皇帝不要听信谗言，更强调"将在外君命有所不受"，是想让皇帝当面表态，很有些刺耳。崇祯不觉站起来表态说："卿勿疑虑，朕自主持。"

群臣见皇帝力挺袁崇焕，齐声请皇帝赐袁崇焕尚方宝剑以便宜行事。当时持有尚方宝剑的有王之臣、满桂和毛文龙三大将帅。皇帝当即应允，宣旨收回王之臣和满桂的尚方宝剑，用来赐给袁崇焕，准许他相度机宜、自行处事。在崇祯看来，只要能收复辽土，所有条件均可答应，辽东一平，大明中兴也就指日可待。

袁崇焕几乎承担了崇祯帝的全部期望，自己也感到担子沉重。临赴关前，他又向皇帝上疏陈述自己治辽的方略和顾虑。方略仍是他以前所提的"以辽人守辽土，以辽土养辽人"和"守为正著，战为奇著，款为旁著"，同时他又指出平辽不能急功近利，要稳扎稳打，务求实效，"法在渐不在骤，在实不在虚"，这是他总结和后金之间的战役而得出的持久作战的方略。接着，他一针见血地指出对朝廷在边疆用人方面的顾虑：一是要"任而勿贰，信而勿疑"，皇帝和大臣不能根据片言只语指摘边将，二是兵不厌诈，前线情况虚虚实实，瞬息万变，"图敌之急，敌亦从而间之，是以为边臣甚难"，敌人可能用反间计，散播谣言，挑拨离间，也请皇帝和大臣注意。崇祯接到奏章，优旨褒答，赐袁崇焕蟒袍、玉带和银币，表示对他的充分信任。袁崇焕上疏推辞了蟒袍、玉带。

同月，四川、湖广到宁远戍守的士兵因缺了四个月的饷而哗变，其余十三营也起来响应，把巡抚毕自肃、总兵朱梅、通判张世荣、推官苏涵淳等捆缚起来作为人质，逼迫明廷发饷。

明代征兵采取招募制，明初的卫所制度和兵源征募法已经名存实亡。到明末时只有生活无计的人才去当兵，不仅素质无法保证，而且多数人是冲着军饷而来，靠军饷养活自己和家人。发军饷是户部即中央财政的职责，但明末中央财政匮乏，虽然年年加征用于平辽的"辽饷"，但许多被冒挪截用，集中到了皇帝和贪官污吏的私家仓库中。此时欠饷已逾四个月，士兵哗变也是可以预料到的。兵备副使郭广到后，亲自保护毕自肃，并收集了抚赏和自己朋友的两万两白银发给士兵，士兵们仍然不满足，郭广又向商人和百姓借贷，凑足了 5 万两白银，哗变的士兵才散去。毕自肃上疏承担了罪责，走到中卫所，自缢而死。

八月初，袁崇焕赶到山海关，听到士兵哗变的消息后，即赶到宁远和郭广密商，宽宥了鼓动兵变的首领，准许他们立功赎罪，只惩罚了几名哗变的从犯，同时斩了明知兵变而不及时上报的中军，将兵变平息下来。

但朝廷的军饷依然没有发下。袁崇焕上疏朝廷请饷。崇祯一听要发内帑之银作军饷，很是不悦，又不好明确拒绝，召集群臣商讨。吏部侍郎周延儒奏说："古人虽罗雀掘鼠，而军心不变。现在各地军卒动辄鼓噪，其中必有缘故。"

周延儒 (1593~1644)，字玉绳，号挹斋，宜兴（今江苏常州）人。他自幼聪慧，很有才华，20 多岁时连中会元、状元。崇祯三年 (1630 年) 为首辅，年仅 36 岁。为官机智敏慧，善于察颜观色，曾深得崇祯帝器重与信任。崇祯六年（1633 年）他被政敌温体仁排挤罢相，后又重新入相，最后以兵败被逼自缢。

罗雀掘鼠是唐代张巡的典故。安史之乱时，大将张巡被安禄山围困在睢阳，苦守月旬，军中绝粮，兵士只得张网捕雀、掘穴捉鼠来充饥，仍坚守不屈。周延儒此时提出这一典故，暗示袁崇焕有以兵变要挟的企图。崇祯帝领首会意，但也不好发作。

此时，锦州和蓟州的兵士再次哗变，袁崇焕又上奏催促发饷，直接提出"军欲鼓噪，请发内帑"。崇祯见袁崇焕接连上疏，颇为不满，当着群臣的面怒道："将兵者果能待部属如家人父子，兵卒自不敢叛，不忍叛。不敢叛者畏其威，不忍叛者怀其德，如何有鼓噪之事？"他认为，将帅如果能对待兵士如父子、家人一样，不说没有军饷，士兵即便饿死也不会吵闹。

但不管怎样，军饷还得解决，中央财政空虚，皇帝不肯发内帑之银，最后还是周延儒献策："饷莫若粟，山海粟不缺也，缺银耳。何故哗？安知非骄弁拘煽，以胁崇焕邪？"意思是，以粟充银两发兵饷，崇祯也发了些内帑之银，以示对袁崇焕的倚重。兵变得以平息。

袁崇焕罢官家居时，皇太极逐渐稳定局势。他见最棘手的对手已去，趁机降服蒙古诸部，并弃称汗，堂而皇之称皇帝。袁崇焕回任后，因为兵变，军队有待重整，无力开战，打算重新借和谈以为缓兵之计。他致书皇太极说明此意。袁崇焕提出和谈条件，要皇太极先除去帝号，恢复称汗。

皇太极对袁崇焕的复出很警惕，当时的形势对满洲并不利，如果错过这一议和时机，袁崇焕挥师北上，自己很可能难以阻挡。皇太极也打算利用和谈强化自身，巩固辽沈，富国强兵，时机一到，就可"破竹长驱"。因此，他对袁崇焕的提议积极回应，显示出极大的诚意，表示甘愿称汗，自居为明朝藩邦。在此后不到一年的时间里，他先后发出八封议和书信，其中给袁崇焕的六封，给明朝诸大臣的两封。他提出的议和条件一是划定两国国界，二是明朝给后金铸造金国汗印，三是讲定修和之礼数目。袁崇焕回书说，和议之事"非一言可尽"，必须上奏朝廷方可。

但崇祯帝当时正年轻气盛，着眼中兴，对满清坚持不承认政策，不认同其地位，不与之交易，认为满洲是藩属，与之议和有损国威，一定要灭之恢复疆土。明朝与女真的此次议和也告失败，丧失了最后一次调整自己的良机。此后直至明朝覆亡，再也没有这种机会了。

在与皇太极和谈的同时，袁崇焕着手整饬辽东的防务，加紧训练军队，并上疏请不再设辽东巡抚，同时把宁远、锦州合为一镇，由祖大寿驻守锦州，何可刚驻守宁远，赵率教守关门，袁崇焕自己则镇守宁远总揽全局。

崇祯二年（1629年）闰四月，朝廷以春秋两防的功绩加袁崇焕太子少保头衔，从一品，比兵部尚书还高一级，同时赐蟒衣、银币，荫锦衣千户。袁崇焕意气风发，踌躇满志，致力于辽东军务，不久，他又做了一件令朝野震惊的大事，那就是用手中的尚方宝剑斩杀了另一个持有尚方宝剑的将领——毛文龙。

四

毛文龙是浙江杭州人，祖籍在山西太平，万历二十三年（1595 年）进士，官至山东布政使司。他原先不事产业，经常赌博，渐成无赖之徒，因有个舅舅在兵部做官，被推荐为都司，到辽东去投总兵李成梁，随军出援朝鲜，负责制造火药兵械，得到嘉奖。辽东失陷后，他带百余人以朝鲜为根据地，打打游击，不时侵扰后金军后背。天启元年（1621 年）七月，毛文龙带领 200 余人偷袭了后金的镇江城（今辽宁丹东九连城），取得胜利，成为当时少有的胜仗，从此声名大噪，被封为东江总兵，加左都督，赐尚方剑，挂将军印，设军镇于皮岛。

皮岛又称椵岛、根岛，位于鸭绿江口之南，距朝鲜本土仅一水之隔，地理位置显要。辽阳、沈阳失陷后，河东辽民多逃岛中。毛文龙在那里建房、练兵、征税，还与过往客商开展贸易，使之成为一块基地。朝廷特别为他设立一个军区，叫东江镇，以毛文龙为总兵，划拨粮饷。因当时袁崇焕还没有名气，毛文龙成为惟一能与后金军相持的人物，很受朝廷器重，甚至有人说：国家只要有两个毛文龙，就可以恢复辽地，擒努尔哈赤。

毛文龙以东江为基地，常常发动小股士兵，袭扰后金军营。尽管几次行动都以失败告终，却像只跳蚤搅扰得满军不得安宁，客观上也起到了一定的牵制作用。孰料，毛文龙占据皮岛后，因后金没有水军，安全感大增，过起了海外天子的日子，不再出兵骚扰后金，而且做起生意，征收商船通行税，又派人去后金辖区挖人参。同时他还保持与北京的联系，不时上疏，夸大自己的功劳和艰苦，邀功请赏，向朝廷索要粮饷。有一次，他竟把斩杀六人说成斩杀六万，甚至杀百姓以充后金兵数。他还向附近的朝鲜索要钱粮，理由是帮其阻击金兵，要出保护费。朝鲜作为附属国，只得依从。这样，毛文龙在皮岛没有起到应有的军事作用，钱却赚得盆满钵满。同时，他也没忘记拉拢朝中诸臣，送给魏忠贤及其党羽大量贿赂，许多大臣都为他撑腰说话。御史麦之龙弹劾毛文龙擅权专用，也被魏忠贤处死。据说，后来的历史学家在"满文秘档"中还发现了他与后金往来的密信，毛文龙在密信中与皇太极议降，说"尔取山海关，我取山东，若从两面夹攻，则大事可定矣"，在另一封密信中又称"尔率兵前来，我为内应，如此则取之易如反掌"。当然这已是后来知晓的事了。

毛文龙逐渐得意忘形，忘乎所以。崇祯刚刚即位，毛文龙即上疏，措辞激烈，说自己"七年苦楚，百事勤劳，有不平者事五"，即衣服不足、待遇不一、赏罚各异、抹煞战功、传言不断等，以辞职相威胁，请朝廷给予满足。崇祯不明真相，便下诏宽慰："文龙远戍孤悬，备尝艰苦，屡建捷效，心迹自明。东顾方殷，岂得乞身求代，还宜益奋义勇，多方牵制，以纾朕怀。"更让毛文龙肆无忌惮。

袁崇焕与毛文龙之间的芥蒂早在袁崇焕指挥宁远之战时就已经开始了。当时，后金军攻打宁远，毛文龙却两次拥兵不救，到后金兵攻打毛文龙时，袁崇焕也有意无意慢半拍去救援，使毛文龙丢掉了铁山大营。此次袁崇焕重新督师，赴辽前与大学士钱龙锡商谈方略时就表示：整治辽东"当自东江始，文龙用则用之，不用则斩之，易易耳"。

袁崇焕到任后不久，就拿毛文龙开刀。他于崇祯二年四月上《策画东江事宜疏》，请求兵部改变运往东江粮食的航道，直接从山海关起运到觉华岛，再船运至东江，而不再经停登州、莱州，以接受蓟辽督师衙门的节制和核查。这一招自然断绝了毛文龙的财路，使皮岛成为一个死岛。毛文龙立刻上疏抗辩，说这等于是"拦喉切我一刀，必定立死"，更要起无赖要挟说：袁督师是上司，我驳斥其疏不合礼法，还是听任皇上或撤或留，若撤，我当即上缴将军印，等候把我逮入京师治罪，也算成全我一生名节，以免耽误边疆大事，总比受这窝囊罪强。这一席话倚老卖老，更让袁崇焕对其恨之入骨。

对待毛文龙，廷臣中分成截然对立的两派：支持者都是被他贿买的官员，鼓吹其功劳和价值；反对者认为他飞扬跋扈，作威作福，无益抗金。此时，袁崇焕写信给钱龙锡，说有斩毛文龙意，钱龙锡回信嘱托"务须慎重"。

崇祯二年（1629年）五月二十二日，袁崇焕离开宁远，乘船到达皮岛附近的双岛，以检阅军队的名义邀请毛文龙前来。袁崇焕充分考虑了形势：毛文龙已对他产生疑忌，邀其到宁远，其必起疑推脱，自己到皮岛也是深入虎穴，毕竟那是毛文龙的地盘，而双岛位处两者之间，两人都可以接受。六月初一日，毛文龙率领将士赶到双岛，以下属身份谒见，呈上礼帖。两人各怀机心地谈话，从初一谈到初三，袁崇焕试图说服毛文龙接受对其辖地的改造，同意船只改道，把皮岛并入宁远管辖，毛文龙当然不答应。此计不行，袁崇焕又试图说服毛文龙同意在皮岛设立文官监军，接受朝廷派来的饷监等，也遭到拒绝。

初四日，毛文龙为表示友好，请袁崇焕到皮岛视察。两人在皮岛又商谈一日，袁崇焕以"杭州西湖尽有乐地"，暗示要毛文龙辞职归里。毛文龙答："久有此心，但灭了东奴，朝鲜又弱，可袭而有之。"袁崇焕的办法用尽，再无良策，一改几日的紧张气氛，以督师身份犒赏东江官兵，官每人三至五两银，兵每人数钱，又将带来的10万两饷银交卸东江。同时，又和毛文龙划定职权，旅顺以东由毛指挥，以西由袁指挥。毛文龙得到大批赏银，对新划的职权范围很是满意，就放松了警惕。

初五日，袁崇焕请毛文龙观赏将士射箭比赛。观赏毕，袁崇焕说，我明早即辞别，你一人担当海外守御重任，请受我一拜。说着下跪。毛文龙赶紧回拜。袁崇焕邀毛文龙登山叙别，把其将士挡在山下，只许一些将官跟随，询问那些将官的名字，多数姓毛。毛文龙解释说："他们都是我的义孙。"袁崇焕说，你们在海外辛苦，为国效力，每月却只有五斗米的粮饷，令人痛心，请受我一拜。众将赶紧还礼。边走边拜，不觉走进大帐，袁崇焕突然变色，责问毛文龙违反朝命，虚报军功之事，毛文龙抗辩反驳。袁崇焕喝令随从摘下毛的冠带，捆绑起来，说："本部院披肝沥胆，与你谈了三日，望你回头是岸，你狼子野心，一片欺诳，目中无本部院犹可，方今圣天子英武无纵，国法岂能相容？你有应斩十二罪。"接着就历数其罪：

一是不接受朝廷文臣监核，专制一方，兵马钱粮，也不受经抚管辖，专恣不羁；二是谎报军功，欺诳圣上，没有征战，却杀百姓、降兵充数以报首功；三是不守臣道，刚愎自傲，无人臣礼，宣称取南京易如反掌；四是侵占兵粮军饷，每年饷银十万，只发给士兵每月三五斗米；五是擅自与外国贸易，私开马市；六是官兵姓毛者数千，树立爪牙，玷污朝廷；七是劫掠过往客商船只，与盗贼无异；八是抢良家妇女，部下效尤，好色诲淫；九是草菅人命，强令百姓到后金辖地挖掘人参，不肯去的就不给粮食，听任饿死；十是以金银贿赂朝中官员，给魏忠贤建立生祠；十一是铁山一役，全军覆没，却谎报有功；十二是设立东江镇八年，没有收复寸土，观望养敌。

毛文龙吓得魂不附体，只叩头求生。袁崇焕问毛的部将毛文龙是否当斩，诸人点头如捣蒜，连连称是。有人低声说毛文龙数年辛劳，袁崇焕大怒道："文龙一布衣耳，官极品，满门封荫，足酬劳，何悖逆如是？"说毕，跪下面向京师叩首："臣今诛文龙以肃军，诸将中有若文龙者，悉诛。臣五年不能平奴，求皇上也以诛文龙者诛臣。"随即取下尚方剑，令水营都司赵不忮、何麟图监斩，令旗牌官张国柄持尚方剑，将毛文龙斩于帐前。

随后，袁崇焕安抚皮岛官兵，说今日只斩毛文龙，官兵照旧供职，恢复原姓，为国报效，又改编军队，整合队伍，分赏将士，稳定了毛的旧部反抗，防止了骚乱和哗变。第二天，袁崇焕又命将毛文龙尸体装棺安葬，还亲自到灵柩前祭奠，并说："昨日斩尔，乃朝廷大法，今日祭尔，乃僚友私情。"安抚各岛军民停当，于初九日返回宁远。

回到宁远，袁崇焕即奏报朝廷，朝中大臣无不惊愕骇然。崇祯帝也很是震惊，但想毛文龙已死，目前辽东事又倚仗袁崇焕，只得下旨嘉奖褒扬，同时公布毛文龙的罪状，说毛文龙"悬踞海上，糜饷冒功，朝命频违，节制不受。近复提兵进登，索饷要挟，跋扈叵测。卿能周虑猝图，声罪正法，事关封疆安危，阃外原不中制，不必引罪"云云。

即便如此，时人对于此事依然议论纷纷，褒贬不一。从当时情形看，袁崇焕此举确实有些冒失。他所提出的十二条罪状中并非每条都是死罪，如给魏忠贤建生祠，当时全国各地都是如此，袁崇焕本人也曾申请建立，只是因故没有建成。而且，毛文龙也是皇帝钦命的边塞大将，同样被授尚方剑和将军印，袁崇焕虽有尚方剑但也不能随意处置封疆大吏。同时毛文龙的罪行并非特别紧急，也非反叛作乱，只不过是狂放不羁和冒功请赏，用不着先斩后奏，本可以先奏明朝廷，听从朝廷的旨意再处置。袁崇焕自作主张，武断行事，有些没有把朝廷和皇帝放在眼里。这样的事对多疑的崇祯帝来说只有一次就可以认定袁崇焕的脾性了。在崇祯帝看来，此时的袁崇焕远比毛文龙更为跋扈不羁，他自恃辽东依赖于他，擅杀大将，严重侵犯皇帝的权力，这样的人不能不提防。一旦袁崇焕让皇帝感到了坐立不安，他的危机也就来了。

从客观上来看，毛文龙驻守的东江镇，是在朝鲜投降后金的崇祯初年，惟一能从敌人腹背起到牵制左右的重镇。毛文龙一死，无人有能力统辖节制东江镇，袁崇焕也无暇顾及，使昔日兵镇如同散沙，再无任何作用。而且毛文龙的部下对袁崇焕杀主一直耿耿于怀，愤恚不满，逐渐叛逃。最有名的就是孔有德、耿仲明、尚可喜三人，他们后来为清军立下赫赫战功，被清廷封王。清初的四大降王，除了吴三桂外，就是毛文龙的这三个旧部。

五

毛文龙死后三个月，皇太极突然倾全国之力绕开宁远、山海关防线，由蒙古境内开拔，兵分三路，分别从大安口、龙井关、洪山口突袭长城防线。其后，金兵攻城略地，势不可挡，顷刻兵临遵化（今属河北），直逼北京。消息迅速传来，京师戒严，人心惶惶，不少人开始南逃。

皇太极所以选择此时突袭，一是明廷坚决不肯议和，却又无力改变现状，相持下去对自己来说很不利；二是本年后金遭受严重饥荒，饿殍遍地；三是地处腹背的朝鲜、毛文龙已不再构成威胁，没有了后顾之忧；四是蒙古部落新归顺后金，可作先导和前锋。此数种因素使皇太极选择了先发制人。当然，皇太极并非没有顾虑，后金统治者内部对此次行动分歧很大，争论持续了数日。以举国之力攻击庞大的明朝，劳师袭远，粮草不济，兵力必然削弱，更重要的是万一袁崇焕乘虚攻入都城沈阳，后果不堪设想。但经过数日争辩，皇太极还是决定冒险出征。

袁崇焕十月二十八日得报，当时身在宁远，立即传令分兵两路，一路由山海关总兵赵率教带骑兵4000西上堵截，驰救遵化，另一路由祖大寿、何可纲马不停蹄，增援北京，自己则镇后策划。

十一月初四日，后金军进攻遵化城。巡抚王元稚依城固守，顽强抵抗。赵率教援兵星夜兼驰，抵达三屯营。但三屯营总兵朱国彦胆小如鼠，不容入城，赵率教率部直奔遵化，途中遭遇后金贝勒阿济格所部，力战身亡，全军覆没。初五日，遵化城陷，王元稚自缢。

遵化陷落，朝廷一片混乱。崇祯惊慌失措，大力提拔一切可用之人。他将原兵部尚书王洽革职下狱，召还赋闲在家的孙承宗任兵部尚书兼中极殿大学士，负责保卫京师。

初十日，袁崇焕率祖大寿、何可刚一路援军飞抵蓟州，沿途所经各地都留兵布防，准备截断清军退路。崇祯帝得知袁崇焕驰兵入卫，下旨褒奖，主动发内帑犒赏将士，令袁崇焕统率各路军马。袁崇焕令祖大寿作先锋，自己居中调停，赴援京师。

此时，京城人心惶惶，谣言恣肆。有流言蜚语说袁崇焕私通后金，因和议不成，引导金兵攻入北京，以胁迫朝廷同意和议，制定盟约。崇祯帝从战争刚开始虽有些狐疑，对这些流言也有所耳闻。说袁崇焕私通后金，也并非空穴来风：他擅杀毛文龙，目的是为后金除去心腹大患；他与后金和谈，名义上是缓兵之计，但更可能是暗中议降；后金绕道蒙古入侵，也有人说是袁崇焕给他们出的主意，否则袁身为督师，如何不能预知敌军这么大的行动？但在非常时期，形势尚不明朗的情况下，只能静观事变。崇祯传信袁崇焕应驻守蓟州，不可轻举妄动，随意调拨军队。当然，信的口气很是委婉。

不料，皇太极攻陷遵化后，并没有象袁崇焕预计的那样强攻蓟州，而是象征性地打了一仗就迅速向西挺进，进逼京师，连陷玉田、香河、顺义等县，推进到通州北 20 里处扎营，分兵向居庸关、天津、密云推进，形势更加严峻。

袁崇焕弄清了后金兵的意图，不顾崇祯的旨意，立即率兵火速救援京师，于十五日赶到通州附近的河西务。副总兵周文郁提醒他暂时驻扎，不要再往前开进，视情再作决定。但袁崇焕心急如焚，不予理睬，翌日率 9000 兵马抄小路抵广渠门外。同时，大同总兵满桂、宣府总兵侯世禄率援军也赶到德胜门外驻扎。此外，孙承宗在通州驻屯，北京城内的兵士由新任兵部尚书李邦华、右侍郎刘之纶统率。

当时天气已是仲冬，士兵露宿京城郊外，冻馁交加，袁崇焕严肃军纪，不准士兵进入民家。有一个士兵实在难忍饥寒，去附近民家拿了一块饼，就被袁崇焕枭首示众。

二十日，后金军兵临北京城下，在城关之东扎营兵分三路，开始攻城。北京保卫战正式拉开序幕。有名的几次战役主要在德胜门、广渠门、左安门和永定门进行。

德胜门有大同总兵满桂、宣府总兵侯世禄把守。崇祯帝召见满桂并赐其玉带，封东平侯。二十日，皇太极亲率贝勒代善、济尔哈朗、岳托等攻打德胜门。双方厮杀激烈，侯部不久即溃，满桂率军独战，城上明军发炮支援，却打中满桂军，死伤惨重。满桂受伤兵败，进入德胜门瓮城暂驻。

与此同时，皇太极派贝勒莽古尔泰、阿济格、多尔衮、多铎等率数万骑兵直扑广渠门。袁崇焕、祖大寿率 9000 骑兵迎战。后金兵分六路，气势磅礴，袁崇焕率将士奋力鏖战，从上午打到下午，激战 8 小时，转战十余里。袁崇焕横刀立马，冲锋陷阵，身上中箭无数，"两肋如猬，赖有重甲不透"，仍奋不顾身。后金兵最后失利撤退。袁军乘胜追击，取得了广渠门大捷。皇太极闻讯叹息："十五年来，未尝有此劲敌也！"崇祯帝见击溃敌军，一再催促袁军出战。作为京师护卫统率，袁崇焕深知此时敌我形势，自己从千里之外赶来，以劳敌逸，已犯大忌，此时又经一战兵困马乏，不宜追杀，就以等待大部援军为由推脱。崇祯帝自然不满，疑云更重。

遭此一击，皇太极气焰稍敛，暂缓进攻。二十二日，他提出议和，崇祯没有回应。二十三日，崇祯在平台召见袁崇焕、满桂等将帅，鼓励他们为国效死，并给予赏赐。袁崇焕以士兵饥寒疲怠请进城稍事休整，崇祯帝面露难色，默不做声。两天后，袁崇焕以满桂兵可以驻扎外城休整为由再次提出带兵入城，并请辅臣入援，崇祯仍然拒绝。

此时，崇祯对袁崇焕的疑心已经很重，城中流传的袁崇焕勾结后金、逼订和议的谣言越来越逼真：袁崇焕把大军放在蓟州，敌军却只用 200 人，声东击西，双方交战如同儿戏；朝廷命袁不要过蓟州，他却置之不顾，一直移师到京城下，现在更得寸进尺要入城；倘入城后，与满兵内外夹击，明朝必然顷刻颠覆。这些都让群臣和百姓生疑，而生性善疑的崇祯更是疑窦丛生。

二十七日，皇太极见进攻广渠门失利，转攻左安门，袁崇焕、祖大寿急奔赴守，经过一天厮杀，后金兵败退到京郊的南海子。城外的战事暂时进入胶着状态，皇太极在蛮攻的同时，也用起心计分析当时的形势。这时，投降后金的汉人范文程献出了反间计。

范文程（1597~1666），字宪斗，号辉岳。他是宋朝宰相范仲淹的第 17 代孙。明初自江西谪沈阳，遂为沈阳人，居抚顺。1618年，努尔哈赤率八旗兵攻陷抚顺城，范文程和他的哥哥范文寀主动前往投奔。其后，辅佐努尔哈赤、皇太极、顺治、康熙四朝，为清初文臣之首。范文程病逝时，康熙帝亲笔题写了"元辅高风"四个大字，以表彰他辅佐大清的卓越功勋。此次悍然进攻北京，皇太极就是听从了他的意见。此时范文程见皇太极无计可施，想出了一个计策，窃窃私语说："昔汉王用陈平之计，间楚君臣，使项羽卒疑范增而去楚，今独不可踵其故，智乎？"皇太极一听大喜，败退途中派人俘虏了两名太监。

两位被捉的太监一名杨春，一名王成德，职任马房提督。皇太极将他们关押起来，说要杀了他们，同时让副将高鸿中、参将鲍承先、巴克等五人监守。二十九日，高、鲍等人来到羁押两名太监的处所，乘他们似睡未睡之机，大声"耳语"，一唱一和，说"袁督师既与皇太极密约，大事定成"、"袁督师既许献城，则此辈皆吾臣子，不必杀也"云云。翌日，他们故意疏忽，放走两名太监。两个太监仓惶逃到京城，密奏崇祯所闻，崇祯点头会意。一出皇太极版的蒋干盗书上演得天衣无缝。

六

十二月初一日，崇祯以议饷为名再次召袁崇焕、祖大寿、满桂等进宫。君臣寒暄几句，崇祯忽然脸色阴沉地质问袁崇焕：缘何杀毛文龙？缘何逗留观战，贻误战机？袁崇焕毫无准备，懵然伫立一会，立即跪下叩头，请皇上慎重明察。崇祯帝见他下跪，认为是心虚默认，下令侍卫将其捆绑逮捕，囚进诏狱。阁臣成基命见此，极力劝解："兵临城下，非他时比！"敌兵压城而逮捕总帅是兵家大忌，自古罕闻。可崇祯对此无动于衷，说袁崇焕谋叛，只罪其一人，与众将卒没有干系，并宣布由满桂代统袁崇焕各路兵马，祖大寿、马世龙分统辽东军队。

同来的祖大寿惊骇万分。盛怒之下，不辞而别，统率辽东军往辽东开拔。祖大寿与赵率教是袁崇焕手下的两员大将，也是袁崇焕的密友，袁崇焕还救过祖大寿的命。现在袁帅无辜被逮，不只祖大寿绝难接受，袁部兵将也痛哭失声，表示愿撤回辽东。祖大寿遂不顾京师安危，走了一步险棋。辽东军训练有素，又常经战争磨砺，都是精锐部队。这一撤不仅带走了守卫京师的主力，引起其他援军的骚动，更兼祖大寿怒不可遏，极可能叛降后金。崇祯见事出意外，急忙一面颁旨公布袁崇焕罪行，褒扬祖大寿的功勋，一面请出昔日辽东经略孙承宗去和祖大寿说情，劝他息怒回返。祖大寿对孙承宗派去的人概不接见。

崇祯一时无计可施，阁臣成基命献策，请袁崇焕致书祖大寿，以袁、祖之间的私情说服祖大寿。崇祯忙派内阁全体大学士和九卿到狱中央请。袁崇焕开始坚决拒绝，后兵部职方郎中余大成劝其应"以国家为重"，袁崇焕方才含泪写信。

此时祖大寿已经带兵退回山海关外，遇到从宁远赴援的袁部主力部队。他们得悉主帅被逮，也掉头回返。驿使飞驰赶来，递上袁信，祖大寿读罢，痛哭失声，全军皆恸。祖大寿八十岁的老母亲力劝祖大寿返回勤王立功以赎救袁帅。祖大寿遂下令回师入关，并向皇上请罪。崇祯自然赦免，并予赏赐。

皇太极得知袁崇焕下狱，欣喜万分，挥师南下固安、卢沟桥等地，乘胜逼近永定门。总兵满桂、副将孙祖寿带兵防御，自知不敌，想固守待机。崇祯严令出师迎敌，满桂只得出城布阵。血战一夜，满桂、孙祖寿等30余大将皆战死，明军大败。后金军欲乘胜攻陷京师，皇太极认为明代"疆域尚强，非旦夕可溃者，取之易，守之难，不若简兵练旅，以待天命"，就致书崇祯，重申议和的愿望。崇祯此时仍自视为"中兴之君"，誓不议和，断然拒绝。但袁崇焕被系，满桂既死，士无统帅，孙承宗、祖大寿分统东西两路，连接不上，难以形成攻势，崇祯也只能徒叹奈何。

次年三月初，皇太极在关中转战半年，开始有计划地撤退。他从冷口出长城经蒙古而后回沈阳。撤退时，又令部下对所经城镇抢劫屠杀，造成几座空城。五月初，后金军全部撤回长城以北，北京保卫战结束。此时，如何处置袁崇焕就提上了议事日程。

崇祯即位之初惩办魏忠贤阉党的案子是由阁臣钱龙锡办理的。当时御史高捷、史蒅也名列阉党，其后以贿赂得免。后来，高捷、史蒅得到吏部尚书王永光的推荐，遭到钱龙锡的阻挠。三人怀恨在心，得知袁崇焕与钱龙锡关系密切，就想借袁崇焕打击钱龙锡。在袁崇焕下狱的第五天，高捷和史蒅就攻击钱龙锡，说其与袁崇焕相互勾结，杀死毛文龙，引敌入侵，是幕后人物，最后钱龙锡也被判死罪。

其后，另一阉党余孽周延儒任吏部尚书后，阉党势力大增。当时，具有东林色彩的除袁崇焕的座师韩爌外，还有钱龙锡、成基命、孙承宗和李标等。而阉党与东林党的斗争集中在袁崇焕身上。不久，温体仁取代周延儒成为内阁首辅。他与毛文龙是同乡，对袁崇焕极为痛恨。因温体仁行事不端，常常受到大臣攻击，他就向崇祯标榜自己是"孤臣"，不依附任何党派。对党争深恶痛绝的崇祯认为温体仁是中立派，对其言听计从。温体仁先后五次上疏，请求崇祯杀袁崇焕，以排挤韩爌和孙承宗等。他更联合阉党余孽，试图借袁崇焕案发动一个"新逆案"，把东林余党一网打尽，就罗织了袁崇焕的不少罪名，如假领军饷、恃功谋叛、自立为王、勾结后金、和谈通敌等等。

兵部尚书梁廷栋曾与袁崇焕共事辽东，两人因性格不和，发生了一些矛盾。梁廷栋一直怀恨在心，此时他上疏请立斩袁崇焕，认为袁崇焕一死，"则逆奴之谋既诎，辽人之心亦安"。

而当时的京城百姓承平日久，受到此次惊吓，听信了袁崇焕勾结敌军的谣言，对袁崇焕恨之入骨，请求将卖国贼千刀万剐的呼声前所未有的高涨。这些都令崇祯逐渐坚定了诛杀袁崇焕的决心。当然，袁崇焕的屡次触犯龙威让崇祯帝如坐针毡，这才是崇祯下定决心除去袁崇焕的根本原因。平素最恨党派争斗的崇祯发现了阉党的阴谋和两党之争，一时大怒，下令限五天之内了结袁案。

袁崇焕蒙冤下狱时，不少大臣都为之呼冤。崇祯在平台下令逮捕袁崇焕时，70岁的礼部尚书成基命也在场，当即跪下叩头请皇上慎重，无奈崇祯坚持己见。孙承宗、祖大寿、王来光等等都上疏鸣冤。袁崇焕的一个部将何之璧带全家40余口申请，愿以全家入狱顶替袁崇焕。兵部职方郎中余大成上《剖肝录》极力为袁崇焕辩白。而平民百姓程本直与袁崇焕素昧平生，只因对其钦佩便拜其为师。此时，他写了一篇《漩声记》为袁崇焕辩冤，其中说："举世皆巧人，而袁公一大痴汉也。唯其痴，故举世最爱者钱，袁公不知爱也；唯其痴，故举世最惜者死，袁公不知惜也。于是乎举世所不敢任之劳怨，袁公直任之而弗辞也；于是乎举世所不得不避之嫌疑，袁公直不避之而独行也。而且举世所不能耐之饥寒，袁公直耐之以为士卒先也；而且举世所不肯破之体貌，袁公力破之以与诸将吏推心而置腹也。……予谓掀翻两直隶，踏遍一十三省，求其浑身担荷，彻里承当如袁公者，正恐不可再得也。"他申请与袁帅同死，并说："予非为私情死，不过为公义死尔。愿死之后，有好事者瘗其骨于袁公墓侧，题其上曰'一对痴心人，两条泼胆汉'，则目瞑九泉矣。"崇祯帝成全了他，将他投入狱中，最后杀害。

主持袁崇焕案会审的，正是与袁有嫌隙的梁廷栋。他正好公报私仇，拟将袁崇焕夷三族，即要将犯人家族、母亲家族、配偶家族满门抄斩。兵部郎中余大成一直为袁喊冤，此时去威吓上司说："袁崇焕并非真的有罪，只不过清兵围城，皇上震怒。我在兵部做郎中，已换了六位尚书，亲眼见到没一个尚书有好下场。你做兵部尚书，怎能保得定今后清兵不再来犯？今日诛灭袁崇焕三族，形成先例，清兵若是再来，您的尚书位子也要当心啊。"梁廷栋果真害怕，不敢独断，于是和温体仁商议设法减轻处刑，改为袁崇焕凌迟，家属充军。

崇祯三年（1630年）八月十六日，崇祯帝在平台召见大臣，宣布对袁崇焕的处置意见："以袁崇焕托付不效，谋叛欺君，结奸蠹国。斩帅以践虏约，市米以资盗粮，既用东酋，阳导入犯，复散援师，明拟长驱。及戎马在郊，顿兵观望，暗藏夷使，坚请入城，致庙社震惊，生灵涂炭，神人共愤，重辟何辞。其家属本当依律正法，姑赦不论，妻子流二千里，安置福建，财产尽没入官。"

当天，由刑部侍郎涂国鼎任监斩官，将袁崇焕押往西市执行磔刑。他的罪名是"通虏谋叛"、"擅主和议"、"专戮大帅"，京城百姓对袁崇焕这个私通夷狄、引敌入京的最高军事指挥官恨得咬牙切齿，欲啖肉饮血而后快。刑场上人山人海，呼声震天，百姓齐声咒骂袁崇焕"奸贼"、"叛徒"。刽子手刚割下鲜血淋漓的肉就被蜂拥而上的群众抢去，或者以一文钱一块的价格买去，到手后就塞进嘴里大嚼特嚼，咽进肚里。刽子手剖开袁崇焕的胸膛，取出肠胃，发疯的群众互相撕扯，抢得一段就生吞下去。时人张岱在他的著作中描绘袁崇焕被杀的情形："刽子手割一块肉，百姓付钱，取之生食。顷间肉已沽清。再开膛出五脏，寸而沽。百姓买得，和烧酒生吞，血流齿颊。"计六奇在《明季北略》中则写到：袁崇焕皮骨已尽，"心肺之间，叫声不绝，半日而止。"真是惨不忍睹。

袁崇焕眼睁睁地看着自己倾注全部心血保卫的百姓在解恨地啖食自己的肉体，热泪横流。肉体的惨痛可以忍受，心中的惨痛却让他难以忍受。相传袁崇焕在临刑前还口占了一首诗：

一生事业总成空，
半世功名在梦中。
死后不愁无勇将，
忠魂依旧守辽东。

清朝凌迟处死的照片

47岁的袁崇焕被执行死刑后，朝廷搜查其家，"崇焕无子，家亦无余赀"，其70多岁的老母、弟弟、妻子、4岁的女儿流放到2000里之外的福建。

袁崇焕的皮肉被削得一干二净，也被百姓吞食殆尽，只剩下骸骨弃在地上，也被人用砖头砸碎。他的头颅被挂在城头的旗杆上，准备像熊廷弼的脑袋一样传首九边。他的一个姓佘的部下冒着诛灭九族的危险晚上取下其头颅，埋葬于广渠门内。这位姓佘的义士此后辞官守墓，并嘱咐子孙世代为袁督师守墓，不许读书做官。370多年来，袁崇焕墓屡毁屡建，佘家后代一直守墓。现在的守墓人是佘义士的第17代孙、60多岁的老人佘幼芝女士。她接受媒体采访时说："守墓不为别的，只为'忠义'两字。"

袁崇焕死后，国事日非，边事日坏。明廷再也找不出一个象袁崇焕一样的将才，更重要的是，这使得将士对腐败的朝廷寒心，开始有整个部队投降后金的事情发生。他死后的第二年，投降的明朝士兵给满兵带去了红夷大炮，从此明军失去了武器装备上的优势。各路勤王兵军心大乱，山西和陕西的两路援军竟沦为流寇，加速了明廷的覆亡。此后，不可一世的崇祯帝再也没有过上一天舒心的平稳日子，十四年后终于吊死煤山。因此，历史学家以"自毁长城"来评价崇祯帝的这一行为。《明史》云："自崇焕死，边事益无人，明亡征决矣。"对于明朝而言，杀袁崇焕无异于自斩手足，自毁长城，此后再难以谋求足以克敌制胜的帅才，辽事更为艰难，正如时人所说："封疆之事，自此不可问矣。"

而更令人唏嘘的是，袁崇焕的冤案也直到150余年后方得以大白天下。当时虽有个别人为其鸣冤，但更多的人却相信即便袁崇焕确有功勋，但其通敌谋叛也证据确凿。明末不少文人如张岱、董其昌等都相信此点，并对袁崇焕痛加斥骂。到了南明，已经没有人再为袁崇焕呼冤，无论是高官显贵还是普通百姓，都认为袁崇焕是与秦桧一般的奸细叛徒。小说家还编造了袁崇焕通敌的故事梓行。著名历史学家孟森说："（袁崇焕）遂以便宜诛毛文龙。于是崇焕一身，在明诋为罪大恶极之人，而清太宗反间之计得行。阉党余孽，媒孽其间，思宗愚而自用，诸臣意气用事，崇焕至以磔死。定罪时本兵之疏如此，犹曰一时君臣之愦愦也。乃至北都既覆，崇焕功罪一日不明。"一个真正的民族英雄，一个不顾大厦将倾依旧敢于任事、不避不惧的豪杰，一个以"十年以来，父母不得以为子，妻孥不得以为夫，手足不得以为兄弟，交游不得以为朋友。予何人哉？直谓之曰大明国里一亡命之徒"自视、将自己的全部身心交给祖国的志士竟然遭到他所效忠的朝廷的如此对待，而且从崇祯一直到南明，始终没有人为他鸣冤叫屈，令人辛酸落泪。

这种情形一直持续了一个半世纪。直到乾隆初年，清朝人张廷玉根据《清太宗实录》编写《明史·袁崇焕传》才初次透露了皇太极的反间计。几十年后的乾隆四十九年（1784年），乾隆皇

崇祯皇帝自缢处

帝阅读到此传，深受感触，特下旨："昨披阅明史，袁崇焕督师蓟辽，虽与我朝为难，但尚能忠于所事，彼时主昏政暗，不能罄其忠悃，以致身罹重辟，深可悯恻。袁系广东东莞人，现在有无子孙？曾出仕否？著传谕尚安，详细查明，遇便覆奏。"自此，人们才开始知晓袁崇焕之冤，千古奇冤真正大白天下。此时已经距袁崇焕死155年。

关于袁崇焕的死因，著名清史研究专家阎崇年说："崇祯帝将后金的设间，都人的怨怼，朝士的愤懑，中贵的环诉，阉孽的诬谤，自身的愧赧，都聚焦到辽督师袁崇焕的身上，杀袁崇焕以'慰'庙社，磔袁崇焕以'谢'天下。袁崇焕成为京师受辱的替罪羊，明末党争的牺牲品。"确是一针见血。

较之岳飞、于谦等民族英雄的冤死，袁崇焕的冤案更见沉重。岳飞死后，南宋依旧存活了100多年，其被申冤也只用了20多年；于谦则死于功成之后，对明朝的国祚没有太大影响，而且只几年就被平反。但袁崇焕之死却直接导致存续了270多年的明王朝覆亡，其覆盆之冤也一直过了155年才得重见天日，可谓中国最大的冤案。梁启超在《袁督师传》中说："天下古今冤狱虽多，语其关系之重大，殆未有袁督师若者也。"对于袁崇焕，我们只能用他自己的诗作去解读他、审视他：

五载离家别路愁，送君寒浸宝刀头。

欲知肺腑同生死，何用安危问去留。

杖策只因图雪耻，横戈原不为封侯。

故园亲侣如相问，愧我边尘尚未收。

小人物酿就的血光之灾

——庄廷鑨明史案

　　一部史书的编修，引出一场骇人听闻的血腥大狱；一个欺世盗名、沽名钓誉的庸碌之辈，竟带来一场令人瞠目结舌的血光之灾；一个卑鄙歹毒的无耻小人，竟从中得到飞黄腾达的机缘。

一

　　公元 1644 年 3 月，中国历史上最后一个汉族王朝随着李自成的起义军攻入北京、崇祯皇帝自缢于煤山而倾覆。

　　来自山海关外黑土地上的满洲人，在明朝降将吴三桂的配合下，打着"为尔复君父仇，非杀尔百姓，今所诛者唯闯贼"的旗号，麻痹明廷及中原百姓，攻入了李自成占领的北京。在摧毁了李自成和张献忠的起义军之后，起源于满洲的大清国露出了其真正的面目，开始向明朝残余军队进攻。此后，逐渐消灭了福王朱由崧在南京建立的弘光政权、鲁王朱以海在绍兴建立的政权以及唐王朱聿键在福州建立的隆武政权，在前明的国土上基本上建立起了自己的统治。

　　然而，满洲人以少数民族问鼎中原，自然遭受到深受"夷夏之防"思想浸润的汉族士人们的强烈反抗，而且，清军入关后实施的民族高压政策进一步激化了汉族的反抗情绪，他们的亡国之痛很难愈合。士子们集社结盟，对清王朝构成了潜在的威胁。顺治十七年（1660 年），清廷颁布严禁盟令："士子不得妄立社名，纠众盟会，其投刺往来，也不许用同社同盟字样。违者治罪。"即

南浔景色

　　是出于对这一威胁的担心。

　　这就是我们的故事发生的时代背景。

　　浙江南浔是今天的旅游胜地。这座千年古镇流水潺潺，风景秀丽，既充满着浓郁的历史文化底蕴和灵气，又洋溢着江南水乡古镇诗画一般的神韵，而且此地自古以来文化昌盛，人才辈出，仅宋、明、清三代，南浔就出了 41 名进士，有"九里三阁老，十里两尚书"的美誉。

　　到了清朝初年，南浔属乌程县（今浙江湖州市）辖，更是繁华，镇上富贾豪商云集。远近闻名的庄家就是其中之一。据《明朝庄氏族谱引略》记载，这庄氏老家原在江苏吴江县的陆家港，到庄允（一作胤）城这一代才迁居南浔镇定居。庄家不仅是当地闻名的豪门大户，家资丰厚，而且还出才子，当时有"九龙"之称：庄允城与弟弟庄允坤、庄允埰，庄允城的儿子廷鑨、廷钺，庄允埰的儿子廷镳、廷鎏、廷镜、廷铣。这两代九人中，庄允城为明季贡生，庄允坤为清顺治十一年贡生，庄廷鑨也是贡生，其余多为庠生，吟诗作画，附庸风雅，在当地十分显赫。

　　庄廷鑨更是"九龙"中的佼佼者。他字子相，从小文采出众，15 岁就被从县学里选拔出来，成为贡生，进了当时的最高学府——设在北京的国子监。也可能是天妒"英才"，正在庄廷鑨信心十足地打算迈步仕途时，19 岁那年却不幸身患重病，虽花费大把银子抢救保住了性命，却从此双目失明。他极为痛苦，如花似锦的前程从此一片黑暗，曾经的抱负和雄心灰飞烟灭。但他毕竟经过儒家思想的灌输和洗礼，传统的"立德、立功、立言"为"三不朽"的观念时时激荡着他：人活一世，要么以自己的品德修养树立起万人膜拜的典范，要么在战场上建立功勋，如果两者都不行的话，就只有著书立言，流传千古，总之要青史留名，遗芳百世。他又想到司马迁虽受宫刑能写出名垂千古的《史记》，是受到"左丘失明，厥有国语"的启发，立即灵犀点透，雄心万丈：既然左丘瞎了眼能写出千秋拜读的史书《国语》，我又有何惧？于是，庄廷鑨以"瞽史"自居，誓言写出一本与《国语》、《史记》相媲美的书籍，流传万代。

说归说，想归想，但要真正写出书来，凭他的才能还相差甚远。正在他烦躁时，事有凑巧，从人杰地灵的南浔镇走出的前明名士朱国祯无意中帮了他的大忙。

朱国祯 (1558~1632)，生于嘉靖三十七年 (1558 年)，字文宁，号平极，别号虬庵居士，乌程 (今湖州) 南浔人，万历十七年 (1589 年) 中进士，此后官运亨通；天启三年 (1623 年) 任礼部尚书，改文渊阁大学士，成为明熹宗的重要辅臣。魏忠贤专权，排挤首辅叶向高、韩爌。朱国祯继任首辅，后为阉党李蕃所劾，不得不称病辞官，归隐家乡，专心文史。他文才甚高，所著《涌幢小品》费 13 年之力而成，记载明朝掌故、朝章典制、社会风俗、人物等。《四库全书总目》评道："其是非不甚失真，在明季说部之中，尤为质实。"清新灵秀，至今令人喜读。尤其是他悉心搜集大量史料，仿照司马迁《史记》等明以前二十一部史书的体裁，编撰并刊刻出一部《皇明史概》，书中包括《皇明大政记》、《皇明大训记》、《皇明大事记》以及"开国"、"逊国"时期的诸臣列传，记录了明朝二百多年的一些历史实事，还有他自己以"朱史氏"名义发的一些评论。同时，朱国祯还写有《皇明大因》、《皇明大志》两种笔记体史书和《皇明列朝诸臣传》等，但还没有付梓印刷就抱憾离世，只留下尚需整理的稿本。据全祖望《江浙两大狱记》载，"曾取国事及公卿志、状、疏、草命、胥钞录几数十帙，未成书。"杨凤苞《秋室集》载朱国祯明史只有《开国、逊国诸臣二列传》；而《费恭庵日记》则言，朱国祯的书中没有志、表、帝纪、世家，而且"即王阳明一传，就有上下二卷，共三百余页，其冗长无体裁可知。"因朱国祯死得早，其书也就没有崇祯一朝的史事。

朱国祯宅院门庭前悬挂的牌匾上题有"清美堂"，在刊刻其作品时，就让刊刻者在书籍版心印上了"清美堂"三字。可惜他死后，家道急遽中落，最后子孙只得变卖家产，家产卖得差不多后，就打算把祖上的这部书稿以一千两银子的价格向外出售。

庄廷鑨家资殷实，听说此事后立刻将书稿购下，起初他只是让门客给他朗读以消遣时光，并不甚上心，后来才突然触发他的敏感神经：自己要实现青史留名的宏愿还无着落，这不就是一部现成的书稿么？我只要稍加增删润色，修订补充，然后署上自己的大名，不就可以实现"立言"的夙愿并流芳百世了么？同时，他也深知，凭自己的才力和目盲的现状，增删修订也做不到，何况朱国祯的书还很不成形，需要修订的地方很多。这是一个难以逾越的鸿沟。他把自己的想法告诉了父亲庄允城，想听听他的意见。

庄允城，字君维，是明朝天启间的贡生，又是复社遗老，也深谙"三不朽"的要义，当即为儿子的"身残志坚"击掌叫绝，极力赞成。但对于现实存在的困难，父子考虑再三，商讨良久，意识到这只能求助于当地的文人士子，成立一个写作班子，靠集体的力量和智慧完成宏愿。

江浙一带自古人杰地灵，钟灵毓秀，人才荟萃，名士辈出，要搜罗编修史书的人倒也不是难事。庄氏父子经过几天的筹划商讨，终于列出了十八位当地名士：

潮州府归安县的茅元铭、吴之铭、吴之镕、李礽焘；

湖州府乌程县的吴楚、茅次来、严云、唐元楼、蒋麟征、韦全佑、韦全祉；

江苏吴江县的张寯、董二酉、吴炎、潘柽章；

仁和县的陆圻；

海宁县的查继佐、范骧。

名单确定后，庄氏父子就发出聘单，说聘请诸位作为"参订"共同完成《明史》修撰大业，言辞恳切，且提供的报酬极为诱人，每千字润笔为三十两白银。

一时间，各名士纷至沓来，开始了这一浩大工程。他们明确分工，夜以继日，焚膏继晷，查阅资料校订撰写，也很有些影响。据当时的笔记《书潘（柽章）吴（炎）二子事》载，当时的名人顾炎武听闻有人编纂明史，也喜出望外，慕名前来，但实地考察后，认为庄廷鑨不学无术，全无史才，不过是一沽名钓誉的庸碌之辈，所编撰之书也"冗杂不足道"，就离开了。然而，他对参与编纂的一些名士很是敬慕，如对吴炎、潘柽章，在著作中还为他们写了传记。参与编书的名士中有的人颇有才华，在当地也有不小的名气，有些在史籍和方志中也有记载，而且大家也多认为这是一件很荣光的事，是顶天立地的大功业。

但总的看来，这支临时拼凑起来的修史队伍，组织相当松散，也有的人是因家贫为求重金而来，有的人反清复明意识强烈，秉笔直书，言辞激烈。那个被聘任为总裁的陆璘甚至品德恶劣，很为人不齿。他作为书籍的总编，也是全书的总监，负责整部书稿的内容、体例、文笔、语言风格等等的协调。但因他才力有限又不负责任，根本就不管不问，致使整部书没有严密的提纲和要求，任由各人凭兴致或专长随心所欲写来。书写成后，陆璘名声大噪，被聘到一家徐姓财主家做教师，教授徐家正待字闺中的爱女读书。未想该女生得标致非凡，陆总编春心荡漾，把持不住，开了色戒。这下可捅了马蜂窝，被徐家告到官府，移交到浙江学道衙门，革去功名，下放回南浔交地方官看管，弄得声名狼藉。庄允城很看重个人品德修养，在书即将付梓印刷时，把陆璘的名字剔除出了参编人员名单。没想到，因桃色事件而丢尽脸面的陆璘，却因此而免成刀下之鬼。

然而，正在庄廷鑨踌躇满志、信心满怀之时，他又罹患了一场大病，于顺治十二年（1655年）撒手人寰。庄允城悲恸万分，儿子大业未成，媲美司马迁的宏愿尚未实现，竟"出师未捷身先死"。他在儿子墓前立了一个石碑，雕刻四个大字"才高班马"，意思是说，儿子庄廷鑨的才华堪与写《汉书》的班固与写《史记》的司马迁相比。

为完成爱子未竟大业，实现爱子遗愿，庄允城在悲恸之余，放下手中的一切生意，不惜金银，致力于书稿的修订工作。他从同乡茅瑞征家借来《五芝纪事》和《明史启祯遗事》作为参考书，还辗转相求，亲自跑到湖州，请当过南明礼部主事的李令皙作序。

庄允城之所以想到了李令皙，全是因为李令皙在当地的声望和名气。此前，他和次子庄廷钺商讨了不少人选，但一本书的序言就像一个人的眼睛或灵魂，至关重要。序言作者的才气、品行、地位、声望如何，直接关系到书的品次高低和在别人心目中的形象。为此，他们一度想请当地青年才俊费尔庄。费尔庄，字夔一，少有才气，为人仰羡。讨论甚久，庄允城认为他年少言轻，资格不够，难以服众，就回绝了。最后，因庄廷钺与李令皙的儿子李礽焘私交颇深，且李礽焘也在修订者之列，才请得李令皙作序。

李令皙，字霜回，原名木实，后改名本实，字木生；最后改为令皙。他自幼聪颖灵慧，文采超群，在当地颇有名气。他于明朝天启四年（1624年）考中举人，后屡试不中，直至崇祯十三年（1640年）才中进士，任江阴知县，而此时清兵已经步步进逼。四年后，李令皙得知弘光皇帝朱由崧在南京建立了南明小朝廷，便前去投奔，官至礼部主事。但在清兵摧枯拉朽般的攻势下，这个南明朝廷存在仅一年就宣告灭亡了，满怀救国图存热情的李令皙只得归乡隐居。当庄允城请他作序时，他的双眼已经因病完全失明了。

李令皙得知是为新修撰的明史书稿作序时，或是怀着对明廷的怀恋和对清朝的憎恨，或是像庄廷鑨那样为了留名青史，我们不得而知，但不管怎么说，他没有推辞，但也没有亲自动笔，而是将这一任务交给了他的同学陶铸。陶铸也没有推辞，慷慨激昂，一挥而就，随后交给李令皙。李令皙署上自己的名字交给了庄允城，算是完成了一件差使，并从中得到"四币十二金"的润笔费。

在庄允城的积极努力下，经过一年多的奔波操劳，终于大功告成：第一部全景描述明朝始末的书籍写成了。庄允城将儿子庄廷鑨列为总纂，其他18位参编人员都列名其中。书题为《明史辑略》，又称《明书辑略》。该书内容上除了藻饰增删朱国祯原作内容外，又增添了朱书中所缺的崇祯朝史事。同时，为借重朱国祯的威望，书中的评论大部分仍署"朱史氏曰"，又为使后人不忘庄氏功劳，有时则直署"庄廷鑨曰"。

庄允城见诸事皆备，就解散诸位写手，着手准备雕刻印刷。他请当地最好的刻工汤达甫、最好的印刷工李祥甫，在南浔镇北圆通庵开始了工程浩繁的刻板印刷工作。为与朱国祯原刻的《皇明史概》版式统一，庄氏书稿也在版心雕刻了"清美堂"。幸而庄氏家底殷实，又专心于此，耗费巨资，历时五年，至顺治十七年（1660年）冬，《明史辑略》正式问世。书凡一百余卷，亦堪称煌煌巨著。

　　庄允城虽日渐老迈，但见书籍最终大功告成，刊印梓行，可以告慰爱子在天之灵，倍感欣慰。他一面将书赠送给亲朋好友，一面让行商坐贾运往各处发卖，说不定还可以大赚一笔，名利兼得。

　　正当他做着黄粱美梦的时候，殊不料一场泼天大祸倾盆而至。

二

　　署名庄廷鑨总纂、庄允城主刊、名士们参编的《明史辑略》甫一问世，就立刻受到广泛关注。尤其是当地名士李令晳作序，更让该书身价倍增。尽管其六两银子一套的价格颇有些昂贵，但销路却一直不错，各大书铺购者如云。一时间，街谈巷议无不以庄氏《明史》为话题，巷闾之间，遍论明廷与清朝是非功过。

　　庄允城抚摸着印制精美的《明史》，看着书铺里不断发卖出去的书籍，听着别人充满崇敬的谈论，心满意足：这既可以告慰儿子在天之灵，更可以显示出庄家的风雅，我们庄家决非只认铜臭的粗人，也是书香一门。

　　但是，一些洞晓世事的士人却从中觉察出了不妙。他们就是列名《明史》参订的举人查继佐和贡生陆圻、范骧。正是他们的首先发难，点燃了《明史》冤案的导火索。

　　查继佐（1601~1676），字伊璜、敬修，号与斋，又号左隐、方舟、东人等，浙江海宁人，明崇祯年间举人；明亡后，曾参加鲁王朱以海组建的政权，任兵部职方主事，积极抗清，失败后定

查继佐的《长松图》

居杭州讲学，从者云集，影响颇远；著有《敬业堂先申后甲集》、《落叶编》、《远道编》、《罪惟录》等。

陆圻 (1614~?)，字丽京，钱塘（今杭州）人，自由聪慧，有神童美誉，尤擅长诗文。其兄弟五人，各有造诣。陆圻是老大，著有《威凤堂集》；老二陆培，崇祯十三年进士，明亡时死于国难；老三陆堦，有《白凤楼集》；老四陆坦，诗文颇佳；老五陆坒，有《丹凤堂集》，在当地很有名望。

范骧 (1608~1675)，字文白，也是海宁人，以品格高洁闻名。清朝建立后，地方上推举他为贤良方正，坚辞不就；有《点庵集》、《昭代尺牍小传》存世。

这三人在江浙一带名气甚大，时人以与之结交为荣。庄廷鑨在组织人员修订《明史》时，为了扩大书的影响，抬高书籍身价，有意邀请三人参与，但素知三人行为乖僻，从不与商人交往，就没有发出请柬、征得三人的首肯，就直接把他们的名字列入修订者名单，并刊印在书前的扉页上。首先发现三人名列《明史》的并不是他们自己，而是范骧的一个相交甚契的老友周亮工。

周亮工 (1612~1672)，字元亮，一字减斋，号栎园，河南祥符(今开封)人，移家金陵 (今南京)，明崇祯庚辰进士，官至御史，是诗人、书画家、篆刻家、鉴赏家，著有《赖古堂集》，是当地的名士。一天，周亮工偶尔发现一本庄氏《明史》，在扉页上有好友范骧和查继佐、陆圻的名字，很是惊讶。粗略翻阅内容，有李自成进入北京的事迹，并在下面注上了龚鼎孳的名字，而龚鼎孳却不是一个好惹的人物。

龚鼎孳 (1615~1673)，字孝升，号芝麓，祖籍江西临川，后迁安徽合肥，诗文俱佳；与吴伟业、钱谦益并称为"江左三大家"。明亡后，他先降李自成，后降清，官至刑部尚书、兵部尚书、礼部尚书；著有《定山堂集》等。龚鼎孳为人心胸狭窄，时任清朝都察院左御史，如果知道庄氏《明史》中列自己名字，必然伺机报复。因此，周亮工即刻找到范骧，并极力劝三人赶紧向官府检举，以免无辜受到牵连。

范骧、查继佐、陆圻觉得不可思议，说庄氏与他们素昧平生，一声招呼不打就将三人名字列于书中不太可能。三人专门跑了一趟书铺，找到一本《明史辑略》，一看，果然三人大名赫然在列；翻了翻内容，觉得该书内容虽然有些表述过于偏激，"抵触本朝"，但历朝史书都是贬彼扬己，无可厚非。何况在当时，这种借助名人效应宣传书的情况也并非少数，对于被列入书中的名士来说，这也可使自己声名广播，一个为利一个为名，双方各取所需，也并非绝无好处。正因此，范骧甚至炫耀说："吾三人参阅有名。"三人认为不必小题大做。

周亮工却反复警告，说君子不能掠人之美，自己没有功劳就不能列入其中；更重要的是，如果其中有犯禁的地方，你们没有参订，也就不代表你们的观点，这应该向外界和衙门说清楚，要给学政衙门写一封联名禀帖，声明自己与该书无关。为了敦促三人赶快检举，周亮工甚至替他们起草了呈稿，声明庄氏未经他们同意，擅将三人列为参订者，所言诸事，与己无关。

三人也觉不好再推辞，乃于是年十二月，联名具呈向浙江按察司衙门检举此事，申明备案。按察使衙门对此事爱理不理，说："文章之事，不便存案。"而司理嵇永福却认为此事不可等闲视之，就拿着呈稿去见浙江学道胡尚衡。谁知胡尚衡也很不上心，说："文章之事，何必存案？贵司以为需要，就烦贵司代批如何？"嵇永福也不客气，就代批几句："明史一书，非奉旨孰敢擅刻？仰湖州府严查确

周亮工

报，以便详宪题参可也。"批转给湖州府学查明报告。湖州府学教谕赵君宋此时正闲着无聊，看到批文，即刻行动起来，从而真正揭开了这场文字惨祸的序幕。

赵君宋，温州人，时任湖州府学教谕。他只是一个拔贡出身，做着这样一个清水衙门的学官，想受贿没人送，想贪污无处下手，只能瞪大眼睛四处寻找机缘大捞一把。上面的命令一到，他就迫不及待地到当地书商叶圣基开的书铺里买了一套《明史》，带回衙中细细审读。因为自己水平有限，又觉得速度太慢，他就找来他的学生俞世祯帮他搜索提取违禁语言。功夫不负有心人，不几天，两人就找出了几十条悖逆不道的文字、称谓和评论。赵君宋如获至宝，即刻将之报送浙江学道胡尚衡。胡尚衡此时碍着面子，不好再不管不问，只好应付一下，派人着手调查。

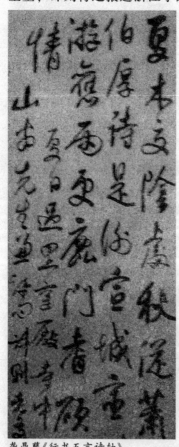

龚鼎孳《行书五言诗轴》

庄允城得知此事，深感震惊，但还不至于惊慌失措。一来他觉得这事虽然有些棘手，却不会弄出什么大的风浪；二来他毕竟在商场里摸爬滚打了数十年，做事颇有手腕；三来他与官场也很有些交往。他一面上下行贿，央求时任浙江巡道张武烈责令赵君宋停止行为，一面赶紧派人去书铺收回尚未卖出的《明史》，将其中涉嫌悖逆语句的页码抽掉，找人窜改补正，重新刊刻和装订，使之成为一部洁本，仍发往各地销售。同时，为避免再惹出此类麻烦，庄允城带着改版后的《明史》和大量金银，亲自进京拜访在北京通政司衙门主事的王元祚。王元祚当初在浙江任守道时与庄允城交情颇深。庄允城委托王元祚分别转给礼部、都察院一部洁本《明史》，同时送给三衙门大把金银。通政司、礼部、都察院得到实惠，且书已被净化，就未加任何批驳。

庄允城心知肚明，自己花去大把银子，运用手段和关系，通政司、礼部、都察院已默许该书继续通行，有了官方的护身符，事情基本摆平，从此可以高枕无忧了。

然而，树欲静而风不止，此时庄氏《明史》事件已经在当地闹得满城风雨，许多心怀叵测之人开始盯上这个非常惹人的敏感物，两位刚从刑狱中释放出来的人物——李廷枢和吴之荣——已经盯上了此事。正是这两人的翻云覆雨，弄权作奸，成就了《明史》冤案。

李廷枢、吴之荣何许人也？

李廷枢，字辰玉，江苏震泽人。顺治三年（1646年）进士，选为庶吉士，升翰林院编修，后谋得浙江督粮道的职位。明清时期，沿江沿海省份缴纳的米粮，由水路运往北京，称漕粮。官方设漕运总督一人，为正二品官，其下设专管漕运事务两人，即为督粮道，又称粮储道，主要职责是监督征收粮食和押运粮船，并任命地方上的押运官，颇有实权，被视为一个绝好的肥缺。李廷枢也果然"不负众望"，利用职权以权谋私，侵吞民脂民膏，中饱私囊，是一个地地道道的贪官。

吴之荣，祖籍江西抚州，自顺治七年（1650年）任归安（今属吴兴）知县。此人一贯善于钻营，贪赃枉法，心狠手辣，为达目的从来不择手段。当时，他得知浙江两位督粮道中，进京押运的不是李廷枢，而是另外一个满族出身的督粮道。为讨好这位督粮道，他送去了大礼，而给李廷枢送去的却是一件象征性的礼物。李廷枢绝非良善之辈，当即勃然大怒，着人搜罗吴之荣的罪状，准备上告揭发。未想吴之荣在归安县门目很多，得知此事，也派人搜罗李廷枢的恶行，准备以牙还牙。结果，事情越闹越大，甚至惊动了远在京师的顺治皇帝。浙江总督、巡抚为替本省官场遮丑，不顾两人的分头行贿，将二人革职查办，并查得李廷枢侵吞钱粮至白银六七万两之巨，吴之荣也有过之而无不及，结果，二人被同时治罪，判处绞刑，押入牢狱等待处决。李、吴二人的确神通广大，在狱中托人找关系，花去大把银子，使绞刑一拖再拖，一直拖了六年也没有执行。二人蹲了六年的监牢，到顺治十六年（1659年）皇帝大赦天下，被赦出狱，但必须缴纳赃款。

经过这一番狗咬狗的折腾，两人共历患难，臭味相投，竟然尽弃前嫌，化敌为友，并结成了儿女亲家。二人的品格高下自此也可见一斑。

李廷枢出狱后，为还清被追缴的赃款，四处寻找发财良机。这时，他风闻庄氏因《明史》与赵君宋之间的一场风波，觉得大有文章可做。庄家作为当地豪富之一，颇有油水可捞。他立即花六两银子从袁祥甫的书铺买到一部《明史》，废寝忘食地翻阅一遍，就兴冲冲地跑到湖州知府陈永命家，叫道："苞苴到，共烹之！"他深知自己如今无权无势，根本撼不动庄家根基，只有依靠官府，自己才能从中分一杯羹。

陈永命是现任湖州知府，满族人，顺治九年（1652年）进士，由庶吉士转部署，升任湖州知府。李廷枢是他考中进士时的老师。两人关系非同一般。

李廷枢晋见自己的学生、当今的知府陈永命，几句寒暄过后，就直奔主题，拿出《明史》递给陈，极力渲染该书奇货可居。陈知府当即对恩师的思路和打算鼓掌叫绝，并许诺为恩师办好这件事，以报答恩师的栽培之恩。

老师一走，陈永命便开始行动。他先是让人放出话，说《明史》问题很大，上面正在调查，准备严惩。这风很快刮到庄允城的耳朵里，尽管他已经打点好礼部、都察院、通政司三家，但无风不起浪，话从知府衙门里传出来，自然与知府有关。庄允城委托他认识的在知府任职的一个库吏周国泰去探听虚实。周国泰没费力气就反馈回来信息。于是，几个回合下来，一笔幕后交易在庄允城和陈永命之间达成：庄允城把三千两银子托周国泰交陈永命，庄允城缴回书籍刻板，全部劈毁，陈永命把《明史》案压下去，自己独吞了三千两白银。

李廷枢原指望借官府威力，能从门生那里分一杯羹，不料等了半月却毫无动静，只得厚着脸皮登门询问。陈永命态度很冷淡，将李带来的那部《明史》还给他，告诉李事情已处理完毕，就端茶送客。李廷枢竹篮打水，懊丧不已，叹自己时运不济。但他决不甘心就此罢休，思索良久，忽想到了自己的亲家、做事极有手腕的吴之荣。于是，他揣着那部《明史》敲开了吴家的门。

三

吴之荣出狱后情况同样不佳，不仅丢了官职，被追缴的八万两银子就够他招架的。当时的刑厅书办施鲸伯，在吴之荣任归安知县时任粮书，为吴所宠信。施鲸伯为感谢吴之荣的知遇之恩，就以百姓名义，声称愿意为吴之荣捐输，说只要吴赴湖州，赃款即可还清。清初，朝廷规定，遇有国家庆典、筹集军饷、皇帝巡幸、工程建设等浩繁开支，准许巨商富民捐款报效。其实是朝廷为了增加财政收入而采取的勒索苛派手段。湖州府推官李焕被施鲸伯大言欺骗，笃信不疑，就向督抚申请允准吴之荣赴湖州。督抚也贪银两，默然放行。

吴之荣抵湖州后，凭着他在归安任知县时的威风，与本地的乡绅富户结识，耍起无赖本领，软硬兼施，要求各家解囊救他于水火。各富户深知此人一向心黑手辣，虽然目前一时失势，但难保来日不东山再起，此时被他记上一笔帐，到时悔之晚矣。因此，不少乡绅大户宁肯破财消灾，互相攀比着捐出银两，"多者数千，少亦累百"，结果导致"富民大家，卧不贴席"。吴之荣在湖州三年，诈得赃款数十万，却依旧不知足，正寻机会大捞一把。想睡觉就有人送来枕头，此时，他见李廷枢携《明史》过来探访，只稍作沉思，即开始行动。

他先跑到南浔镇直接找到庄允城，准备先礼后兵，探探庄允城的口气和底细。庄允城深知吴之荣的为人，又见他皮笑肉不笑地捧着《明史》，登时知道来意。因为吴已被罢官，威风大不如前，再说自己的史书已通过三部堂审查，且给当朝知府送过不少银子，庄允城底气十足，不软不硬地端茶送客。吴之荣结结实实地碰了一个钉子。他自然不肯罢休，就实施他的第二方案：向上面告发。作为告发者，自然会得到好处。

清初，为镇压地方百姓的抗清活动，地方上最有权势的不是总督、巡抚，而是手握兵权的八旗将军。凡向皇帝奏事，必须由将军领衔方可。吴之荣深知此点，就直奔杭州，将《明史》呈递给浙江将军满人柯奎。柯奎听说此书有反清内容，果然大怒，立刻下令严查，并准备向朝廷报告。

庄允城得知吴之荣向柯奎告发，一刻也不敢闲着。兵贵神速，他即刻想到与他相熟的湖州府学诸生徐典和松江提督梁化凤。梁化凤，字歧山，陕西长安人，顺治三年武进士，因作战勇猛、屡建战功升为参将，继而升宁波副将、苏松总兵；又因其生擒郑成功手下大将甘辉，被清廷大加褒赏，委任他为江南全省提督，加太子太保左都督，晋三等男，准世袭八次。当年，梁曾因仇人诬陷被打入死牢，旧友徐典得知后，央求庄允城出资营救。庄思虑再三，认为梁来日前途无量，就鼎力相救，上下打点，花去大把银子，才保梁出狱。现在梁化凤是柯奎的王牌，全赖梁为他挣功勋，梁说句话柯奎不能不考虑，何况这事与柯奎干系不大，还能捞到好处，想柯奎也不会太过迂执。庄允城觉得自己不好出面，就委托与梁相熟的湖州府学诸生徐典带一千两银子去馈赠梁都督。梁化凤见昔日恩人相求，即写信备礼向柯奎说明情况。庄允城又适时托人给柯奎送去不少银两。柯奎得贿，就让人转告吴之荣，说书籍的事是文职所辖，不归他武将管。《明史》事又不了了之。

吴之荣失望之余，深感选庄允城作突破口力不从心，一时无计可施，百无聊赖地翻阅那部《明史》，忽然发现书籍版心的"清美堂"，他想到了他觊觎已久的南浔镇另一富户、庄允城的亲家——朱佑明，立刻眉开眼笑。

朱佑明，字峒，祖籍并不在南浔，到朱佑明辈才迁居此地。朱家世代做木匠，到朱佑明的哥哥才开始经商。朱家经商颇有办法：清军南下，时局动荡，朱佑明却囤积居奇，大获暴利，发了几笔横财，家资百万有余，可称南浔首富。令朱家引以为憾的是，朱家世代对笔墨诗文一窍不通，颇为书香门第之家轻视。朱佑明本人又贪婪吝啬、锱铢必较，更让乡人不屑与之交往。

朱佑明举家迁往南浔后，当地名门望族争着与他联姻结亲。庄允城就在此时为长子庄廷鑨娶了朱家的女儿，两家成为儿女亲家。朱家还花巨资买下前明尚书董份的一处宅邸，花了七万多两银子进行翻盖装修，打算将之打造成"壮丽甲于一郡"的豪宅。宅邸座落在本镇董家弄，为明代尚书董份于万历年间所建。正厅为世德堂，左厅为寿俊堂。两厅堂各有楼屋三间七架两厢房，房屋结构古朴典雅，其所用木料之大、楼板之厚，极为罕见。

不过，当地书香之家对朱佑明的这种庸俗做派很看不上眼，在宅邸修建完成后，没有人愿为朱家题写门庭上的牌匾，很让朱佑明下不了台。正在此时，朱的外甥偶尔发现有人卖一块书法遒劲、汪洋恣肆的"清美堂"的旧匾，匾上还有"朱老年亲台"的书款。一打听，才知道是前明相国朱国祯家的旧物，出于赫赫有名的明代书法家董其昌之手，就立刻买下来给舅舅送了去。朱佑明一见，果然惊喜万分，不只牌匾的字体苍劲有力，大红色也充满喜庆气息，更宝贵的是，"朱老年亲台"的书款与朱佑明也天然巧合。他随即命人粉刷一新，悬挂在门厅上，颇觉体面风光。哪里会想到它会给自己带来灭门之祸。

吴之荣之所以选朱佑明作另一敲诈对象，是经过深思熟虑的：其一自然是朱佑明家资雄富；其二他是庄廷鑨的岳父，为支持女婿的事业，又为附庸风雅，曾出钱赞助出版《明史》；三是朱佑明对文史诗词一窍不通，不会有多大见识；其四则是最具有杀伤力的证据——朱家门厅悬挂的那块"清美堂"牌匾，与《明史》书籍版心的"清美堂"一致。这几个因素让吴之荣自信能马到成功。他相信，只要拿"逆书当斩"的大话一吓唬，朱佑明必会俯首听命。

谁料朱佑明比庄允城还硬气，探明吴的来意，脸色铁青，一句客套话也不说，立刻毫不客气地将吴赶出了家门。吴之荣气急败坏地离开朱家，恨得咬牙切齿。

两个回合下来，吴之荣被庄、朱两家作弄得狼狈不堪，南浔镇妇孺皆知。吴之荣脸面一扫而尽，一时又放不下脸去庄、朱两家，就托人捎话说只要庄家稍微馈赠些银两，借以挽回颜面，事情就可以解决。但没想到庄允城有了柯奎作后台，腰杆也硬了起来，毫不松口。

庄允城怕吴之荣再来纠缠，与亲家朱佑明一商量，决定先发制人。他们向湖州巡道衙门送去不少银子，告发吴之荣在湖州敲诈勒索的恶行，说吴之荣"赃私既完，相应离任，何得踞任诈人无已？"巡道张武烈早闻吴在湖州的所作所为，痛恨兼嫉妒，即勒令吴限期离开湖州地界。这场争斗，吴之荣一败涂地，羞愤难当，只得准备卷铺盖离开。

可他贼心不死，企图临行前再去庄家、朱家借辞行说些好话，捞些盘缠。他厚着脸皮来到朱家门口，却不见一个成年男子，朱佑明也不见踪影。正纳闷时，突然大门内涌出数百个婢女、丫鬟、老妇，把他围在中间，破口大骂，又抓又挠，一片混乱。吴之荣无法和她们理论，招架不住，只能撒腿就跑，抱头鼠窜。谁知刚跑不远，迎头遇到一队官兵，不由分说将他拿下，押出湖州地界，一直过了吴江。原来，庄允城、朱佑明早料到吴之荣恬不知耻，必会登门要泼，精心布置了这场闹剧，又买通巡道张武烈，借机将他轰出湖州。张武烈对吴之荣搜刮数万两银子早已愤恨不已，正好借今天的机会泄了恶气，所以行动起来也很是卖力。

吴之荣敲诈不成，反而遭此大辱，实在难以咽下这口气，无赖泼皮本性大发，发誓要报仇雪恨。此时，他也不再考虑敲诈勒索银两之事，而必欲不择手段置庄、朱两家于死地而后快。他千方百计弄来一套初版《明史辑略》，将其中的"悖逆"之语一一标识出来。该书凡例中在介绍资料来源时，提到了原作者朱国祯，但在内容中阐发评论时只称为"朱史氏"，而没有写出"朱国祯"三字。吴之荣就借此大做文章，他在凡例最后增加了"朱史氏即朱佑明"一行。同时，为了集中打击让他丢尽颜面的庄、朱两家，他把书前的参订者名单和序文页码都撕去。作弄停当，吴之荣马不停蹄，直接赶赴京都，将《明史辑略》和检举信递呈刑部。

刑部官员一看事关重大，立即直接奏报康熙皇帝的顾命四大臣：索尼、鳌拜、遏必隆、苏克萨哈。于是，这场《明史》血案真正开始了。此时是康熙元年（1662年）八月。

四

顺治十八年（1661 年）二月，年仅 24 岁的顺治皇帝在做了十八年的皇帝后突然"辞职"了。这里之所以说"辞职"，是因为没有人知道他去了哪里。有人说他病死了，有人说他出家做了和尚，但均没有拿出有力可靠的证据，以致使之成为清初三大疑案之一。但不管怎么说，顺治帝留下的诏书对后事做了详尽的安排，包括由 8 岁的儿子玄烨承继皇位，命四大臣索尼、鳌拜、遏必隆、苏克萨哈辅政。玄烨继位后，改翌年为康熙元年，是为康熙帝。由于其尚年幼，大权就落在四位辅臣手中。

此时，刑部转来吴之荣递交的《明史》一部和检举信，四大臣即指派刑部侍郎、满人罗多即刻赴浙江调查此案，严惩涉案人员。

罗多不敢怠慢，立即动身，于是年初冬抵达湖州，安置完毕，就火速派人赴南浔镇拘捕庄允城和朱佑明两个首犯。庄、朱毫无防备，束手就擒，被押解至湖州巡抚衙门，打入死牢，听候发落。

按照庄允城的招供，《明史》刻板已经由湖州知府收去。罗多即刻亲自至湖州知府衙门向知府索取。此时，前任知府陈永命已卸任，新任知府谭希闵刚刚到任才半个月，正忙于公务交接。陈永命离任时也没有向他提及关于《明史》刻板的事情，所以当谭希闵见罗多前来索取该书刻板，又说什么逆书等等，一时不知所云，懵然无知。罗多大为光火，警告谭希闵此案非同小可，失职事小，若定为包庇罪可是吃不了兜着走，希望他好自为之。言

鳌拜

康熙帝便装写字像

外之意，这是给谭一个机会，让他赶紧行动送贿给他。但谭希闵为官清正，性情耿直，又带有几分书生气，不但不赔礼道歉说好话，反而直来直去，执拗犟硬，强调自己初到任上，不知此事。随后几天，罗多接连造访谭希闵。谭希闵被催逼急了，还不知天高地厚地抢白了罗多一顿。

罗多大怒，叫来管库的人质问。库吏正是那个撮合成庄允城与陈永命之间交易的周国泰，他只怕把陈永命的丑事抖出来，连自己也牵扯进去，就一口咬定陈知府已经将《明史》刻板移交给了谭希闵。罗多又派人询问陈永命，陈永命怕漏出自己受贿的丑事，也一口咬定已将刻板转交。谭希闵目瞪口呆，极力否认，罗多冷笑不语。结案时，罗多故意陷害，谭希闵竟被判绞刑，可谓冤枉。

之后，罗多押解庄允城、朱佑明于是年十二月抵京，交刑部讯问。庄允城此时尚认为该书已经通过三部院审查，无可忧虑，准备到京师申辩，并趁有申诉的机会，揭发吴之荣的老底，却万万没料到甫抵京都，就被关入刑部监狱，备受严刑拷掠。尽管刑部曾安排他与吴之荣在庭堂上当面对质，但讯问者只是让他确认《明史》是否自己所编，接下来就让他供认《明史》所犯的八大罪状上画押服罪。庄允城深知画押的后果，决不从命，更遭酷刑煎熬；不几日，就声音暗哑，只张口不出声，唯有老泪纵横，悔不当初，又加年事已高，不胜凄楚，一腔怨愤无可发泄，仅匝月，于腊月二十三日瘐死狱中。

再说朱佑明，自然也免不了受酷刑锤炼。在庭堂上与吴之荣当面对质时，吴之荣抓住《明史》上的"朱史氏即朱佑明"一条，咬定他参与修订逆书。朱佑明有口难辩，极力否认，更受鞭笞火烙，只得极力用银子买通狱卒，才得以保住性命。

朱佑明被押回杭州，与原湖州府学教谕赵君宋关押在一处。他知道赵君宋是率先揭发《明史》违逆的人物之一，必不会被处死，就把他作为最后的救命稻草，许诺如果赵君宋能救他出狱，自己情愿以半数家资奉送。朱佑明家资百万，半数家资的酬谢让赵君宋垂涎三尺，他当即应承，表示一定尽力解救。

当时，谁也不知道事态的发展趋势。不过，像赵君宋这样善于钻营投机者，是不会放过任何一个机会的。他知道认定朱佑明有罪的证据是吴之荣后来增刻上去的"朱史氏即朱佑明"一条，而自己购买的初刻本上根本没有"即朱佑明"字样，这是证明朱佑明无辜的铁证，也是自己得到至少五十万家财的通行证。次日，赵君宋就迫不及待地禀告了吴、戴二位侍郎，清兵押着他到家里取来自己保存的那套《明史》，对照勘验，果如其所言。案情一下出现了逆转，不只朱佑明可以因此赦免，赵君宋首告有功也可被释放出狱，而吴之荣可以因伪造证据、诬陷他人、扰乱治安被凌迟处死。

吴之荣没料到赵君宋有这一招，心里发慌，但他毕竟老奸巨猾，眼珠一转，以攻为守，咬定自己所持那本《明史辑略》才是正本，赵君宋那本被人做过手脚，并举出一个无可反驳的例子：假如朱佑明与《明史辑略》一书无关，何以该书版心的"清美堂"与朱家门厅悬挂的牌匾一致？这可是朱佑明作弊的铁证。

审判官得到吴之荣的揭发，即刻派道台、乌程知县郑宗圭等人率领兵马再下湖州南浔镇，从朱家门厅上取得"清美堂"牌匾送至杭州。朱佑明虽极力申辩，却无力回天。赵君宋只得暗暗叫苦，悔之不迭，最后以窝藏逆书久不上缴罪被置入死牢。

赵君宋提供的全本《明史辑略》，将参订者和作序者全部公布出来，审判官即刻按图索骥，派大批军队前往湖州捉拿案犯。次年（康熙二年）正月，鳌拜再派吴、戴两位侍郎赶赴杭州，准备会同浙江督抚按照原本《明史辑略》所列人员名单，缉捕有关人员，严加审讯。这两位侍郎的名字和供职的部门现已无可查考。两人带着心腹差役，带着大队人马，日夜兼行，飞奔浙江省城杭州。

刚过元宵节，两人就到了杭州城，立即与杭州巡抚商谈行动计划。他们日夜商谈，制定了详尽的抓捕方案：包括将凡与《明史》有丝缕牵扯的人，诸如主编的、参订的、刻板的、印刷的、卖书的、买书的、作序的、审查的、谈论的等等，一律满门拘捕，关入大狱，集中会审。

康熙二年（1663年）正月二十日清晨，湖州城门在大白天关闭了。湖州城与南浔镇正沉浸在新春欢庆中，人们互相串门拜年，走亲访友，其乐融融，一片喜庆。随着吴、戴两位侍郎的到达，繁华江南顷刻堕入人间地狱，刀光剑影、人喊马嘶，陷入一片紧张恐怖的气氛之中。

吴、戴二人在浙江、杭州官府的配合下，调动当地军队，布下天罗地网，进入杭州、湖州、南浔等有关人员家中抓捕，按照书中列名各家，无论父子兄弟祖孙及奴仆内外男女，尽皆拿获，大有宁可错抓一千，不可漏过一人的势头。

参与修订的吴炎、潘柽章被逮捕时，还穿着明朝服饰，一人方巾大袖，一人儒巾蓝衫，气宇刚毅，从容就缚，并把全家人都召唤出来，让衙役捆绑。

为《明史》作序的李令皙家住湖州，被抄家时为正月二十日，当时，前来拜年的人络绎不绝，都在李家大院里，有七十多人。浑然不觉中，上千名士兵已把李家围得水泄不通。李家百余人连同拜年的亲朋都被抓捕。

庄廷钺自北京日夜兼程回到南浔，正好自投罗网，与他的五个兄弟一起被关入死牢。

江南书商陆德儒正在家置办嫁女喜事，全家及迎亲亲朋所有男女均被逮捕。

……

正月里这场突如其来的抓捕行动，使整个湖州府尤其是南浔镇地动天摇。整个抓捕行动持续了一个多月，其他不在湖州的，也都追拿到案。两千多人被拘系，大多数关押在杭州驻防清军虎林军营内，等待案情审理清楚后发落。

朱佑明原想倚仗赵君宋咸鱼翻身，未想却遭此惨败，只得另寻出路。他相信有钱能使鬼推磨，仗着家资殷实，把目光投向了手握重权的浙江巡抚朱昌祚。随着案情的进一步深入扩大，当局的态度日渐强硬，朱佑明知道求朱昌祚按无罪释放自己已无可能，只求能让他"一身流徙，不累家口，不致籍没"。朱昌祚是汉军镶白旗人，其妻子是浙江潘协镇富户的女儿。当时著名的武进士龚廷元恰巧也是该镇的女婿，两人也算是连襟，又很能说得上话，关系颇为密切。朱佑明的一个亲戚与龚廷元相识。朱佑明就委托这个亲戚贿赂龚廷元，让龚去买通朱昌祚，算了一下，前后至少要花费五万两银子。朱佑明虽有些心疼，但暂无其他路子可走，又渴盼早些出狱，只能咬牙狠心走这条路。朱昌祚倒也爽快，满口答应只要一拿到银子，将竭力相助，从轻处罚，最多只是流放，并且是很近的地方，不株连全家。这与其他获死刑和被抄家的相比，已经强出百倍。一来一往，事情进展得异常顺利，让朱佑明有些怀疑是否给价太高了？而事有凑巧，朱佑明的长子朱彦绍的妻子有一个姑表兄弟王羽听说此事后，极力反对，说自己与官府一些要员很有交往，与杭州城南的满人图赖也很熟。图赖掌握大权，又是真正的满人，比起朱昌祚这个镶白旗人强出很多，更重要的是，图赖与两个从京师派来督办此案的吴、戴两位侍郎关系都很硬，而且花费绝对不高，最多三万两银子就足够。一席话让朱佑明心动神摇，他一贯嗜财如命，此时能省出两万两银子，如何不省？于是就对朱昌祚这边冷了下来。朱昌祚等了半月毫无动静，托龚廷元一打听，才知道自己早给甩了，登时恼羞成怒，发誓要给朱佑明些颜色。

吴、戴两位侍郎也并非不吃腥的猫，闻之心动，只等着图赖送银子过来。巡抚朱昌祚却率先前来拜访，诡秘地告诉他们，说杭州城正盛传朱佑明准备拿出一百万两银子贿赂二位大人，别说两位大人一贯两袖清风，秉公刚正，就是一般官员也不敢动这个念头。吴之荣阴险狡猾，正筹划第二次进京告状，如果从轻处罚朱佑明，被吴之荣上告揭发，将自身难保云云。吴、戴两位侍郎登时惊得目瞪口呆，极力否认此事，决定将朱佑明置以极刑，以免生后患。

此时，杭州将军柯奎也因赦免庄允城被逮入京。他惊慌失措，将责任都推在幕僚程维藩身上。程维藩胆小如鼠，把梁化凤之事和盘托出，并找出梁的亲笔信作证。清廷对此极为重视，派人连夜赶赴松江将提督梁化凤抓捕归案。梁化凤原本以为不过一本书能有什么罪，吴之荣一个小人物也掀不起多大的浪花，就撺掇柯奎接受庄允城的贿赂，自己也收入颇丰。此时，见事情越闹越大，恐难脱身，就抱定死不认帐的态度，声称根本不知此事，那封信根本不是他写的，肯定系他人诬陷。吴、戴二人见难以查出真相，又不能对当今的松江提督动刑，一时无计可施，只能当堂对证笔迹。而对证的结果是：程维藩手里的那封信的确不是梁所写。当然，这是早被梁化凤买通了的。吴、戴二人虽有些怀疑，但又无他法，商量后，认为最稳妥的办法是把问题上交，由四位顾命大臣自己裁决。

事情到了四大臣手上，就不是笔迹的真伪问题，而是考虑梁化凤这人动得动不得。思虑商讨良久，从当时的形势来看，大规模的抗清虽然已逐渐熄灭，但星星之火式的反抗活动依然不绝如缕，尤其是以浙江南田的前鲁王政权的兵部尚书张苍水为代表的义军很有威胁性，考虑到梁化凤的军事才能及在军队中的威望和地位，恐处治他而引起骚乱。权衡再三，最终由九岁的皇帝下了圣旨，说梁系被奸徒陷害，设计诬攀，当前海疆多事，正需良将，着令回衙供职云云。而柯奎则被判决是因满人不识汉字，免死革职归旗。

至此，《明史》一案基本审理完毕，案件的缘由和来龙去脉也已经上报顾命四大臣。康熙二年（1663 年）五月，刑部审讯定谳，拟罪奏报，四辅臣称旨，以庄氏《明史》传闻异词、赞扬故明、毁谤本朝、悖逆已极，著将庄朱两家和参与编撰者及其父兄子侄年十五岁以上者斩决，妻妾女孙及子侄十五岁以下者流徙或者判给贵族为奴。余下的就是按照判决择日宣判执行了。

那么，清廷到底认为《明史辑略》中有哪些忤逆内容呢？由于该书已被销毁和严禁流行，原貌已经无从知晓。康熙年间吕留良的儿子吕葆中曾有该书节钞本《明史钞略》，1935 年由商务印书馆收入《四库丛刊》中影印出版。从影印书看，为残钞本三册，包括明朝显皇帝（神宗）本纪三、四各一卷；贞皇帝（光宗）本纪一卷；愍皇帝（熹宗）本纪二卷。此外，还有李成梁、戚继光、刘綎、杜松等列传合一卷；开国以后释教之传一卷。总共七卷三册。自神宗以下至崇祯列朝皇帝本纪及志、表，大概是庄氏增补，以使之与二十一史体例相应。

从现存三卷的内容，并结合前人笔记记述，其中违禁的文字大致有以下几种：一是直称清朝皇帝先祖的名讳而不加尊称，如称努尔哈赤的父亲，清朝称"显祖宣皇帝"，该书则直呼其名"塔克失"，称清太祖努尔哈赤为建州都督；称清朝的先祖和清朝官兵为"贼"、"夷"、"寇"、"奴酋"等等；二是清朝入关前只用明朝年号，不用清朝年号，将努尔哈赤崛起辽东称为"兹患"，记载了南明三王的即位、正朔等，对其大书特书；三是斥骂投降清朝的尚可喜、耿仲明等称为"尚贼"、"耿贼"，而不按照清朝功令所封二人为智顺王、怀顺王，称其为"尚王"、"耿王"，同时极力褒扬敢于抗击清军的明朝将领，对明军的失败充满悲愤、惋惜和同情，对清军的失败则喜形于色。

而据亲历该案的范骧之子范韩所著《范氏记私史事》载："壬寅（康熙元年，1662年）冬，史难发，奉旨谕承审大人及督抚问："书内赞扬故明，毁谤本朝，是何情由？'著严刑夹讯。'呼太祖为某子，是何情由？'著严刑夹讯。'呼尚王、耿王为尚贼、耿贼，是何情由？'著严刑夹讯。'呼本朝为后金，是何情由？'著严刑夹讯。共八条，余四条年久忘之矣。"

在清朝统治者看来，这无疑是对他们的大不敬，大逆不道，违反天意。尤其从当时的政治形势看，不镇压不足以显示天威。为此，顾命四大臣定下了严厉镇压的方针，手下爪牙为邀功请赏，小题大做，罗织罪名，广为株连，最终将《明史》一案锻炼成一个冤魂累累的文字狱！

五

康熙二年五月二十六日，庄廷鑨《明史》案正式结案。所有被羁押的犯人在杭州被集中宣判执行。这日，在清兵虎林军营内，上千名囚犯集合在弼教坊广场上等候发落。司法官慑人心魄的声音划破长空："朱佑明，凌迟处死；庄廷钺，凌迟处死；李令皙，凌迟处死……""凌迟"、"绞"、"斩"等词不绝于耳。被捆缚的犯人脸色苍白，浑身哆嗦，涕泗横流；围观者两股战战，不敢正视；刽子手听到名字，即将人押至刑场行刑。霎那间，一颗颗人头随地乱滚，一片片肌肤被剐下，血流成河，惨叫声响彻寰宇。随之，罪犯家属被绳子拴着，赶上停在江边的官船，被发配流放到遥远的盛京（今沈阳），永世不得赎回。白发苍苍的老妪、怀抱婴儿的少妇、尚未成人的儿童呼天抢地，泪水横飞，闻之心酸。

圣旨明确了此案的惩处范围和力度：凡参与编书的、组织的、刻书的、装订的、印刷的、买卖的以及有书不上缴的，都处死刑，各家财产藉没。其男性家属凡年满十五岁以上的，都获死刑，其妻女母姊等都被发配东北沈阳附近的宁古塔做奴隶，犯罪情节较轻者的家属变卖给富家做丫鬟。那时的沈阳绝不似现在的繁荣，而是一片荒芜的狼藉之地，令人闻之色变，很少有人能活着回来。

这样，庄氏、朱氏两家和参与修订的十几位名士（除了范骧、查继佐、陆圻三人和已经去世的董二酉）家庭受祸最重，被凌迟或处斩，家产藉没，家属流放。庄廷鑨、庄允城虽已身死，也被掘墓剖棺，枭首碎骨。庄廷鑨的尸体被悬吊在杭州城北关城墙上示众三月，后被寸磔，骨架被抛入护城河，家人无一幸免。

朱佑明被判凌迟处死，妻子徐氏吞金自尽。三个儿子朱念绍、朱彦绍、朱克绍和侄子朱绎先被斩，幼子尚不满十五岁，发配戍边，家眷流放，家产被抄没。

参与修订的18人当中，除董二酉已经病逝外，活着的17人全部被逮。董二酉，字诵孙，少有神童之名，学问渊博，书法精妙；案发后尸体被从棺材中挖出，肢解成三十六块。其九岁的儿子董与沂，年少即能诗文，被视为奇才，也被诛杀。

230

张嵩，字文通，一名僧愿，博士弟子，藏书甚丰，于经史百家无不得其旨趣，著有《西庐诗草》四卷。参与修订《明史》，负责明代理学家传记写作，被逮时已七十多岁，因感慨世事纷争、祸福不定，三年前就已削发为僧，遁入空门。当时他正在灵隐寺诵经，也被捆绑押走，其家男女老小也一起银铛入狱。

蒋麟征，字西宿，一字辕文，蒋仪仲之子，蒋姬载之侄。诗文敏妙，风姿绰约，因为家贫不得已接受庄氏招聘，修订一半觉得苦不堪言，痛哭离去，也被捕。

茅元铭，字鼎叔，以明经为学，少有文名，参加编纂仅数月就辞职，赴任与南昌黎元宽度学两浙。案发全家被抄没，被凌迟处死。

吴之镕、吴之铭兄弟，也是湖州名士，均被捕。

韦全祉，字元介，其弟全佑，字次申，为进士韦明杰之子，都被处死。

为《明史》作序的李令晳宁死也不供出真正作序的陶铸，被凌迟处死，其四个儿子被斩。其幼子刚满16岁，法官怜悯他，让他减供一岁。小儿子却绝不减供，说父亲兄长都在九泉之下，自己怎能一个人活着？慨然赴死。

更为冤枉的是，刻字工汤达甫、印刷工李祥甫，虽仅是为养家糊口而招揽生意，也惨遭屠戮。另外一件事情也可以见出《明史》案的荒诞残酷：进士李继白在苏州任一个榷货主事的小官。他爱书如命，家中藏书汗牛充栋。他听说苏州阊门书坊有刚出版的《明史辑略》发卖，因自己公务脱不开身，只得派一个仆人去买。书坊老板陈德儒极力向仆人推荐此书，说了不少好话，隔壁一位姓朱的老者恰巧来串门，也帮忙讨价还价。案发时，李继白正在京城办事，立即被逮捕枭首，其仆人和书坊老板陈德儒被逮回杭州处斩。朱姓老者因年逾七旬免死，与老妻一起被发配到三千多里外的边疆。

一些官员也未能逃脱这场文字狱祸的劫难。湖州原任知府陈永命于康熙元年（1662年）罢官，只得返乡归隐，行到山东台儿庄时，风声日紧，知道难逃此劫，自缢于旅馆。结案时其棺材被运回杭州，开棺磔尸，尸体被肢解成三十六块。其弟江宁县知县陈永赖，也同时被斩。甫上任半月的知府谭希闵以"隐匿罪"被判绞刑。浙江巡抚朱昌祚也被立案侦查，急忙贿赂吴、戴二位侍郎，同时将责任推在归安、乌程两县教谕赵君宋身上，才得以脱身。而赵君宋虽是早期告发者之一，也以"私藏逆书久不上缴"罪名被处斩。其他如收受贿赂、办案不力的杭州将军柯奎革职，幕客程维藩被诛。学政胡尚衡、松江提督梁化凤、守道张武烈等人则靠重金行贿得免。

据清人笔记记载，一些人犯的具体处置情形如下：

先死戮尸的有：庄允城、庄廷鑨父子，列名参订的董二酉、前湖州知府陈永命等。

凌迟处死的有：朱佑明，庄廷鑨之弟庄廷钺，作序的李令皙，列名参订的茅元铭、蒋麟征、张寯、韦元介、潘柽章、吴炎、吴之镕、吴之铭等。

处斩的有：上列凌迟犯人的子嗣（如朱佑明的三子一侄，李令皙的四子），刻书匠汤达甫、印刷匠李祥甫，书铺老板王云蛟、陆德儒，买藏逆书的人（如苏州浒墅关主事李继白），参与案件初审的归安、乌程两县教官及湖州府学教授赵君宋，撺掇柯奎收受贿赂的程维藩等。

清代犯人行刑图

处绞的有：湖州新任知府谭希闵、推官李焕，归安县学新任训导王兆祯等。

因清廷当时的高压政策，时人不敢笔录实情，只记载只言片语，难以计算出《明史》案到底有多少人罹难。全祖望《江浙两大狱记》认为处死者有 70 多人，翁广平《书湖州庄氏史狱》也认为是 70 多人，而纽琇《觚剩》则认为死者达 200 多人，邓之诚《清诗纪事本末》则记载有 700 多人，而陆莘行《老父云游始末》则称所诛不少于 1000 人。陆莘行即是列名参与《明史》修订的陆圻的女儿。她字缵任，七岁就可作诗，颇有才气，被视为"奇女"。海宁县名士吴骞在其《拜经堂诗话》中记述说："缵任七岁即能诗文，惜已散佚不传。"并录有陆莘行仅存的一首。陆莘行经历了《明史》一案，身心受到极大伤害，长大后写了《老父云游始末》一书，记载父亲陆圻在《明史》案发前后的行迹。以上诸多史料记载出入甚大，确切受难数字已无可考证。

平心而论，《明史》一案也并非全是胡乱株连。被处死者中，有不少人是社盟中坚，有强烈的民族意识。《明史》中那些被视为悖逆的文字，可以说是他们潜在思想的反映。这其中以吴炎、潘柽章最为著称。

吴炎字赤溟，因不忍背弃故明，入清后改为"赤民"，隐居湖州山中，以诗文自豪，与叶恒奏主盟归隐诗社。潘柽章字圣木，入清后隐居九溪，致力于学术，综贯百家，天文地理无不通晓，尤精史事，也是诗社中一分子，著作甚多，有《今乐府》、《松陵文献》、《国史考异》、《韭溪集》等。两人都是江苏吴江人，晚明诸生，明亡后隐居著书。两人在接受庄廷鑨招聘前，就痛感明代没有成史，决心合力著作，乃与友人王锡阐、戴笠等合著《明史记》，得到名士钱谦益的嘉许。吴炎、潘柽章与顾炎武为莫逆之交，庄廷鑨要把他们三人都列为"参订"者，顾炎武鄙薄庄氏沽名钓誉，拂袖而去。吴炎、潘柽章热心国史，倾心其中。案发后，两人都被关入杭州虎林军营内，受尽酷刑。审讯时吴炎痛骂满族官员，誓不屈膝。潘柽章沉静厚重，处事不似吴激烈，审讯时闭口不言，不骂也不辩。两人在狱中依旧谈笑风生，吟诗酬唱。临刑前一天，吴炎对弟弟说："我死必定血肉模糊，你收尸时看见

清代犯人行刑图

两大腿上各有一'火'字的，就是我的尸身。"谈笑自若，慨然就
死。纽琇有《弼教坊》诗一首悼念吴、潘之死，顾炎武在山西汾
州得知友人遇难，也题诗为祭，中有"一代文章亡左马，千秋仁
义在吴潘"语，也可见出吴、潘二人的高洁风格。

还有归安县学训导王兆祯，《明史》案发时，他刚上任半月。
庄允城被押解京师，其家人也交由地方看管，王兆祯作为县学训
导，负责看管。庄允城儿子庄廷钺担心父亲安危，要去北京活动
以营救父亲。王兆祯见其可怜，就与庄家族人和其邻居戈明甫等
五人写一保状，愿作保人，放庄廷钺赴京。庄廷钺，字左黄，七
岁便会作诗，颇有天赋，但几次科考失利后，无意仕进，在家结
社吟诗，是年23岁。父亲被逮走后，他带足银两赴京活动，但却
毫无效果，目睹父亲瘐死磔尸的下场，悲痛欲绝，收取父亲尸骨
返回湖州。庄廷钺本可以自己逃走，想到尚有王兆祯、戈明甫等
五人担保自己，便径去湖州投案，后被凌迟处死。而王兆祯等人
依然以释放重囚罪被斩。

列名参订者的范骧、查继佐、陆圻三人最先告发《明史》忤
逆，但案发后，他们也被关入监牢，饱受囹圄之苦。三家上至七
十多岁的老母，下至嗷嗷待哺的婴儿共176人都被逮系，被押解
至北京又返回杭州，遭受酷刑拷掠，直到最后得以昭雪，有惊无
险，被宣布无罪释放，前后达多半年的时间。尽管圣旨中有对他
们三家的褒扬，且三家各得到不少财产的奖赏，但三人精神上受
到严重创伤，心理落差极大，心境凄凉。陆圻在狱中就萌生出家

234

之意，后以行贿五千两银子被释放，开始出家云游，为避免家人寻找，他一再改名易姓，最后竟不知死于何时何地。范骧出狱后一蹶不振，锐气消弭殆尽，最终终老于家。唯有查继佐的经历有一番传奇色彩。

他的获救得力于吴六奇的努力。吴六奇，字铅伯，别号葛如，广东丰顺人，早年失去父兄，流浪四方，以乞讨为生。查继佐见其行为特殊，与之攀谈，甚为投机，就结为挚友。其后，吴六奇投奔平南王吴三桂，屡建战功，得到赏识，升至两广提督。他获知查继佐被捕，便上书朝廷，愿以全家性命担保，为其赎罪。吴六奇当时深得吴三桂赏识，且清廷正在西南作战，不敢得罪吴三桂，查家因此得以保全，陆、范两家也因此沾得恩惠。吴六奇与查继佐的故事，在一些小说中有生动详尽的记载，如纽琇的《觚剩·雪遘》篇、蒲松龄的《聊斋志异·大力将军》篇。

查继佐获释后，纵情诗酒，购养了十二个女伶，教习歌舞，终日取乐。其妻子也解音律，亲自拍板教习，不几年查氏女乐成为浙中名部。而查继佐暗地里却在继续他从顺治元年开始的《明书》的构撰。先时，明亡后，查继佐隐居不出，发奋著一部明史，经历庄氏史祸，在狱中待了二百余天，出狱后在沉迷声色的掩盖下，把书名改为《罪惟录》，坚持写作，至康熙十一年完成这部一百零二卷的巨著，先后历时29年。《罪惟录》较之庄廷鑨的《明史》，要"违逆"得多，其能得以保全幸存，全在于作者查继佐的无畏和机智，这在当时严酷的形势下不能不说是个奇迹。

从《明史》案中捞到最大好处的是无耻之徒吴之荣。庄允城、朱佑明两家的财产，被清廷抄掠后，一少半赏给自首者，绝大部分则给了告发者。吴之荣从中得到了意想不到的实惠。据翁广平《书湖州庄氏史狱》载："吴之荣卒以此起用，并以所籍朱佑明之产给之。后仕至右金都。"既升官又发财，飞黄腾达。但人们对这样卑鄙龌龊的小人恨之入骨，希望他恶有恶报，不得好死，于是编排了诸多吴之荣凄惨下场的故事。如陆莘行《老父云游始末》说吴之荣三年后就得了重病，肉化成水，骨架留在床上，头颅滚落下来；全祖望《鲒崎亭集外编》说吴之荣拜神忏悔时，被神明看穿，背上起了大疮，溃烂成大洞，能看得见五脏六腑，脓水流尽而死；范韩《范氏记私史事》则说，吴之荣走到半山腰时，忽然狂风大作，电闪雷鸣，被天雷击中，犯了疟疾，寒热夹攻，两日才死云云。这些记载都根本不可信，不过是善良的人们自欺欺人的一种心理安慰而已。吴之荣真实的结局不得而知，但更可能的是他得以寿终正寝。因为在当时清朝正逐步加强统治力度、走向强大繁荣的情况下，没有人能够翻案。"好人不长寿，祸害遗千年"在很多情况下真实地存在着。

庄氏《明史》冤案，直接原因在于小人的告发，根本原因则在于统治者的杯弓蛇影，草菅人命。庄氏史案发生在江浙，对名士云集的江南地区震动尤甚。清廷借此钳制读书人不加顾忌地抒发故国之思，教训他们不要藐视当朝的统治。正如清代张元济在《明史钞略》跋中所说："噫！帝王之量抑何隘耶！夫以雷霆万钧之力，加诸无拳无勇之辈，自可以为所欲为。推其意，且必谓经此惩创，自今以往，当无有敢稍干犯之徒，即凡受庇宇下者，亦皆可无所忌惮，同享讳尊讳亲之利。于是人人低首，家家颂圣，专制之乐，其乐无穷。"而更坏的是，庄氏史案引发了诬告之风的盛行，人们可以用文字作为武器，诬陷、威胁、勒索他人，置人于死地。它对禁锢思想、抑制学术发展、扼杀人才的影响更为深远。身处其境的吴炎在牢狱中所发的感喟令人唏嘘：

平生恨不学屠沽，输与高阳一酒徒；
此日尊前须尽醉，黄泉还有卖浆无？

该杀不杀　无罪获罪

——曾静吕留良案

真正实施行动的人被判无罪，死去数十年的文人竟然获罪；雍正皇帝竟然与案犯公开辩论，甚至亲自著书印发批驳；还在全国范围内公开征求对案犯的处置意见。继位的乾隆帝则反其道而行，将此案处理结果完全推翻。这到底是怎样一个奇特荒诞、令人瞠目结舌的冤案呢？

一

在正式讲述这起文字狱之前，我们有必要简单介绍一下造成本冤案的重要人物——雍正皇帝。

提起雍正，人们总会想到诸多谜案，有关这些谜案的传说轶闻扑朔迷离，惊心动魄，令人真假难辨。

关于雍正，最大的谜案就是他的即位之谜，其父康熙是有清一代诸位皇帝中子女最多的一个，他共有 55 位子女，其中儿子 35 个；除一些早殇外，尚有 24 个孩子。除去年幼的，到康熙四十七年，20 岁以上的共有 12 位。承继大位只能从这 12 个皇子之间选择一个。选择哪位皇子继位就成了康熙最头疼的大事。

康熙像

　　康熙皇帝在位 61 年，一生勇武，颇具雄才大略。他对诸皇子都疼爱有加，悉心照料，精选名师教授技艺，让他们学习各种本领。同时，他为避免自己死后诸子争位，决定采取生前确立太子的方法立储，以彻底打消其他诸子觊觎皇位的念头。

　　康熙对排行第二的胤礽很是偏爱。胤礽的母亲孝诚仁皇后深得康熙宠爱，但生胤礽时因难产离世，康熙悲痛万分，把胤礽看得比其他儿子更为娇贵。康熙十四年（1675 年），胤礽还不到两岁，就被康熙立为太子，备受恩宠。随着太子年龄的增长，康熙还逐渐让他参与处理政务，阅览奏折，并给他讲解兵法军务。胤礽聪颖灵透，不负众望，很快熟习了不少的政务军务。

　　随着时间推移，太子胤礽身边形成了一批拥护他的势力。其生母孝诚仁皇后的祖父索尼是一代重臣，康熙出征时任辅政大臣；其父亲是领侍卫内大臣噶布喇；叔叔索额图则是大学士、领侍卫内大臣，均颇得康熙宠信。太子借助他们的支持，逐渐拉拢了一批大臣，形成了一股力量不小的政治势力，被称为"太子党"。康熙察觉出太子及其同党势力的企图，怒不可遏，叱责太子说："朕不卜今日被鸩，明日遇害，昼夜戒慎不宁。"盛怒之下，将索额图找借口处死，试图杀一儆百。未想太子不知悔改，反而派人窥探监视父皇行动。康熙忍无可忍，以太子"不法祖德，不遵朕训，惟肆恶虐众，暴戾淫乱"为由，于康熙四十七年（1708 年）宣布废去胤礽太子位。此时，已经距离册立太子 33 年。康熙本人也很是悲伤，七天七夜不思寝食。

　　这场宫廷变动并没有使诸皇子之间争夺皇位的斗争有所缓和，反而适得其反。诸子见皇位空缺，各人又有了均等的机会，更纷纷加紧活动，不久就出现了以皇八子胤禩为首的皇八子集团。史书称胤禩"有才有德"，很得众人喜爱。因皇长子胤禔没有得到太子位，其生母惠妃又曾抚养过胤禩，胤禔和胤禩同病相怜，关系密切，又有皇九子允禟、皇十子胤䄉，皇十四子胤禵、大臣鄂伦岱、王鸿绪等都依附胤禩，形成了与太子党不相上下的争夺皇位的政治势力。康熙逐渐察觉出苗头，将胤禩革去爵位，打算囚禁起来，在诸皇子的求情下方才作罢。不过这场争斗让他觉出皇储的空悬会使诸子间的斗争更烈，就于四十八年（1709 年）重新立皇二子胤礽为太子。

　　胤礽重登太子位，较先前稍稍收敛了一阵子，但不久就再次结党，表现出想马上登上皇位的心情。康熙见此，于五十一年（1712年）第二次废去胤礽太子位，同时对太子集团的几个骨干分子进行了残酷打压，将刑部尚书齐世武"以铁钉钉其五体于壁而死"，已死的步军统领托合齐锉尸焚烧，以示深恶痛绝之意。

　　此时，一贯沉默寡言的皇四子胤禛浮出了水面。胤禛在太子和八子之间保持中立，对皇位也表现得毫无兴趣，自称是"天下第一闲人"，流露出清心寡欲、与世无争的超然姿态。但暗地里，他时刻注视着时局变动。他接受幕僚戴铎"过露其长，恐其见疑；不露其长，恐其见弃"的建议，在父皇面前，既不过于展示自己的才华，以免使父皇怀疑自己；也不故意装笨，以免使父皇认为自己没有能力，而是不动声色地吟风弄月。对待父皇，极力表现出尊敬、忠诚、孝敬，对待兄弟手足友爱和睦。康熙让他做的事情，他尽力完成得完美无缺，表现出自己的非凡能力。康熙曾说过胤禛"幼年时，微觉喜怒不定"。胤禛特别注意澄清，竭力扭转自己在父皇心中的形象，上奏说："今臣年逾三十，居心行事，大概已定，喜怒不定四字，关系臣之生平，仰恳圣慈，将谕旨内此四字恩免记载。"经过数年的努力，胤禛一步步赢得了康熙的信任，同时在身边也培植了不少私人，其中以皇十三子胤祥、十七子胤礼以及大臣年羹尧、隆科多最为心腹。出于对胤禛的信任，后来康熙身体欠佳时，就将必须由皇帝亲自操办主持的祭天仪式由胤禛代行。

　　与皇四子胤禛同样受到康熙看重的，还有

雍正行乐图

皇十四子胤禵。他与胤禛同母，比胤禛小十岁，均是孝恭仁皇后所生，但两人的关系却很是一般。胤禵聪颖机灵，年龄上很有优势。康熙对他很是喜爱，有意锻炼其能力。康熙五十七年（1718年）十月，康熙任其为抚远大将军，征伐新疆、西藏的叛乱军队。康熙把胤禵的出征仪式搞得非常隆重，以向众臣展示胤禵在自己心目中的位置。而胤禵也确有才能，不负所望，屡败敌军，更得到康熙的封赏。不少人认为胤禵是康熙最后选定的接班人，纷纷向他靠拢。

康熙本人却一直为没有解决好皇储问题而日夜忧思，身体每况愈下，六十一年（1722年）十一月十三日凌晨，康熙病重，不豫，急召在京的诸皇子入宫。当时胤祉、胤祓、胤禩、胤禟、胤禛、胤祹、胤祥等先后到达，由步军衙门统领隆科多带领入内叩见父皇。次日晚上八时，皇上驾崩，正在人心惶惶之时，隆科多忽然宣布康熙遗诏："皇四子胤禛，人品贵重，深肖朕躬，必能克承大统，著继朕登基，即皇帝位。"消息传出，一时间，朝野议论纷纷，大臣们窃窃私语，几个兄弟更是或明或暗表示抵制。皇八子胤禩连夜与皇三子胤祉密谋，桀骜不驯的十四子胤禵从前线应召回到京师后，对胤禛甚是不恭。

康熙驾崩，雍正刚刚即位，就下令京城戒严，关闭城门，禁止诸皇子进入大内。六天后，待宫内一切收拾稳妥，方才打开城门。44岁的皇四子胤禛就此承继了皇位，改年号为雍正。但不久，社会上就流传出雍正篡位的种种传言：有人传说雍正是篡改康熙遗诏继位，他和隆科多串通，将诏书中"传位十四子"中的"十"改为"于"，变遗诏为"传位于四子"；有人传言他向康熙进献了一碗人参汤，喝完人参汤康熙就驾崩了，是谋父夺位；更有人说，康熙本想传位十四子，结果诏书被隆科多藏匿，而改宣胤禛继位；还有人说，康熙本将帝位传给胤祯（十四子胤禵原名胤祯），因"祯"与"禛"形近音同，胤禛遂顶替胤祯继位，还把玉牒中的字挖去更改以模糊视听，等等。这些传言使刚刚继位的雍正处于一种名不正言不顺的尴尬境地，也使他刚刚掌控的政权处于风雨飘摇之中，如不采取手段遏止流言的传播，其政权就有被颠覆和扼杀的危险。雍正心里十分清楚，这些流言来自于反对他的诸兄弟中。雍正帝不能不采取高压手段对待这些敢于叫板的人。

当时年满 20 岁的皇子共有 15 人，除皇长子被康熙终身囚禁、皇七子病故和十三子胤祥、十六子胤禄、十七子胤礼与雍正同党未遭迫害外，其他十个兄弟都遭到雍正的残酷打击。大致情形如下：

皇长子胤禔，因为为太子胤礽说情而被康熙夺去封爵，软禁起来。雍正继位后，也不准释放，直到雍正十二年（1734 年）病死。

皇二子胤礽，也即被两立两废的旧太子，被康熙囚禁。雍正即位，将其迁到山西祁县郑家庄幽禁，雍正二年（1724 年）病死。

皇三子胤祉，对皇位不甚热心，而喜好琴棋书画，还参编了《古今图书集成》，也因曾为胤礽出谋划策被发配遵化守陵，又因牢骚满腹被雍正夺去爵位，幽禁到景山，雍正十年（1732 年）病死。

皇五子胤祺虽没有参与结党，也被削去封爵，与三哥同年病死。

皇八子胤禩才华出众，是雍正最为嫉恨者之一。雍正知道他势力较大，采取擒贼先擒王的办法，认为只要打倒胤禩，其党派自然解散。他欲擒故纵，先封其为亲王，让胤禩与隆科多共同任总理事务大臣，以消除其戒心。不久就找借口罚其在太庙前跪了一日一夜，罗织了他 40 条罪状，削去封爵，改名为阿其那（满语意思为猪狗），囚禁起来。胤禩备受折磨，被害死去。雍正公布的消息说皇八子在禁锢中"患呕哕"病死。

雍正朝服像

皇九子胤禟是胤禩的同党，他知道雍正放不过他，就放言说将"出家离世"。雍正根本不理，罗织了其28条罪状，削去宗籍，囚禁起来，取名塞思黑（也是满语猪狗之意），后又将其械往保定幽禁。胤禟同样备受折磨，于雍正四年（1726年）九月死去。雍正公布的消息说是以"腹疾卒于幽所"。

皇十子胤䄉也与胤禩是同党，雍正借口让其出使外蒙古，打算将其流放。皇十子推脱有病，雍正命其在张家口驻停，不久又召回京师夺去爵位，拘禁起来，直到雍正驾崩也没有释放。

皇十二子胤祹没有结党谋位，也被降职贬爵，只是他比较幸运，没有被软禁，到78岁时才病死，那时已经是乾隆二十八年（1763年）了。

皇十四子胤禵是最被看好的继位者，因此也成了雍正最为嫉恨的兄弟。雍正刚继位，就以"西路军务大将军职务重大，但于皇考大事，若不来京恐于心不安，速行文大将军王，驰驿来京"为由召胤禵回京。胤禵对胤禛称帝很不服气，不肯跪拜行君臣之礼。雍正令胤禵回京奔丧，实是解除其军权。胤禵一到北京就被软禁在遵化看守康熙的景陵，被革去郡王封号，后又改囚禁于景山，直到乾隆即位才得开释。

皇十五子胤禝虽没有结党，也被雍正命令去守景陵。

雍正对诸兄弟手足的残酷打压，可谓心狠手辣。随着权欲的膨胀，他瞅准时机，又对大臣大开杀戒。年羹尧、隆科多是他除去的最重要的大臣。

年羹尧（1679~1726），字亮工，号双峰，汉军镶黄旗人，进士出身。康熙时，年羹尧任四川巡抚，定西将军，军功卓著。雍正继位后，收胤禵兵权归年羹尧掌管。他运筹帷幄，驰骋疆场，曾配合各军平定西藏乱事，率清军平息青海罗卜藏丹津，立下赫赫战功，被升为川陕总督、抚远大将军，还被加封太保、一等公，高官显爵集于一身。雍正二年（1724年）入京时，得到雍正帝特殊宠遇，真可谓位极人臣，倍受尊宠。

隆科多（?~1728），满洲镶黄旗人，其父为一等公佟国维，其姐为康熙的皇后。隆科多被康熙任命为理藩院尚书、步军统领，他原来与皇八子胤禩关系密切，后见雍正势力大增，改依雍正。

康熙死时，大臣只有隆科多一人在场，成为顾命大臣。他以拥戴雍正谋位功劳，备极宠任。雍正继位，升其为吏部尚书、总理事务大臣，加太保，甚至公开称隆科多为"舅舅"。

年羹尧、隆科多是雍正即位的最得力助手，两人一主外一主内，一主武一主文，世人称雍正"内得力于隆科多，外得力于年羹尧"。

雍正三年（1725年）三月，雍正突然借口年羹尧奏章中将"朝乾夕惕"写成"夕惕朝乾"，认为其怠玩昏聩，削去军权，改授杭州将军，不久又连降十八级，诏定其犯92条大罪，其中大逆罪5条、欺罔罪9条、僭越罪16条、狂悖罪13条、专擅罪6条、贪婪罪18条、侵蚀罪15条、残忍罪4条、忌刻罪6条，迫其自杀。同年五月，雍正又借口隆科多结党营私、欺瞒皇上，将其贬斥边疆开荒，几年后，又罗列其41条大罪，终身监禁于畅春园，直到雍正六年（1728年）六月死去。关于雍正所以诛除年羹尧、科隆多的原因，史家争辩不一。有人认为此固然与两人恃功骄傲、专权跋扈、肆弄权柄有关，但更重要的是雍正本人对大臣的猜忌。雍正即位得到年羹尧和隆科多的帮助最多，诛杀他们是做贼心虚、杀人灭口。

雍正为控制流言、打击政敌而以不可告人的手段残害手足的恶行被视为禽兽行为。关于雍正即位的传言迅速传播，引起了人们的纷纷猜测。对雍正即位的猜测与当时依然横亘在部分汉人心中的反清意识一结合，竟然触发了一场惊天动地的大案。

二

案件的起因还要从头说起。

雍正六年（1728年）九月二十六日上午，驻屯西安的川陕总督岳钟琪练兵完毕，正由一队清兵拥护着乘轿返回总督衙门。当队伍行进到署前西街时，忽然一个30多岁的男子冲过去拦轿大喊，说要向岳大人投书。岳钟琪令随从接过书信，见信封题"天吏元帅岳钟琪"，大惊失色，不敢当即拆开，急忙让人将投书人带回衙门。

回到衙门，岳总督才打开信封细读。该信署名"南海无主游民夏靓遣徒张倬上书"。所谓"无主游民"，就是不承认朝廷。在当时情境下，敢这么自称无疑是表明对满清朝廷强烈不满。信的内容大致是策动岳总督率兵谋反。这封书信的原文史料上没有见到，不过从当时审讯的奏折、口供和《清文字狱档》中可以看出书信的大致意思：

一是陈述华夷之辨，认为"华夷之分大于君臣之伦"，当前朝廷是满洲女真人，是夷狄，"夷狄即禽兽"，他们入主中原是"盗窃王位"。华夏与夷狄不共日月，不能以皇皇大夏之民效忠于夷狄禽兽政权，因此要推翻满清政权，恢复汉族天下；二是谴责雍正是失德的暴君。信件罗列了雍正谋父、逼母、弑兄、屠弟、贪利、好杀、酗酒、淫色、怀疑诛忠、好谀奸佞十大罪状，以阴谋诡计篡位，天理难容，认为这是禽兽所为，根本没有威望统率百姓；三是指出雍正即位以来，国家灾害频仍，"寒暑易序，旱涝交替、五谷少成"，"山崩川竭，地暗天昏，积尸载路"，穷人更穷，富人更富，百姓反清情绪高涨，一触即发，反清时机成熟，"湖广、江西、广东、云南、贵州六省，在我一呼可定"；四是策划岳钟琪起兵谋反，称岳钟琪既为民族英雄岳飞的后代，应继承先祖品德，不能"俯首屈节于匪类"，"今握重兵、据要地，当趁时反叛，为宋明复仇"，从而恢复汉族统治。

岳钟琪读完信，登时冷汗直冒，如何处置这封信无疑关系很多人包括自己及家族的性命。但为什么会突然有人向岳钟琪投书策反呢？

岳钟琪（1686~1754），字东美，号容斋，四川成都人。

岳钟琪像

他是将门之后，父亲岳升龙官至四川提督，谥号敏肃。康熙五十年（1711年），岳钟琪由同知改为武职，被任命为四川游击。数年后，他随军出征进攻入侵西藏的蒙古准葛尔部，因作战英勇，数立奇功，康熙六十年（1721年）升为四川提督。雍正元年（1723年），他与时任四川总督的年羹尧合力征讨青海罗卜藏丹津，直捣敌巢，大获全胜，仅用15天时间就歼敌八万余众，被升为参赞大臣，授三等公。随后，他又先后征讨谢尔苏部，平定青海，由甘肃提督升任甘肃巡抚。雍正三年（1725年）三月，年羹尧被除兵权，七月，由岳钟琪接任川陕总督一职，统辖诸路军马。仅仅一年多时间，岳钟琪就由一个带兵冲锋陷阵的提督升到统辖一方军权的封疆大吏，升迁之快令人咋舌。而更为重要的是，川陕地区是清朝西北边境的最后防线，向南可控湖广云贵，向北则连京师冀豫，这一带是清廷的咽喉要害，其军事长官自康熙设川陕总督19年来，一直由满族官员担任。岳钟琪身为汉人被授予这一重柄，不只是因为他的谋略才华、卓著功勋，更因为他对清廷的忠心耿耿。岳钟琪深知自己身居要职，又为汉人，必然遭到满汉官员的嫉妒打击，诽谤诬陷。而雍正帝多疑猜忌的性格，更让他如履薄冰，终日惴惴不安，不敢有丝毫懈怠。一度权势熏天的前任年羹尧的下场就是一个活生生的例子。

正在岳钟琪小心翼翼地生怕出娄子的时候，社会上忽然传出流言，说岳钟琪有意效仿其先祖岳飞抗金的事迹，正筹划起兵造反，推翻满清。流言还绘声绘色地说，岳钟琪和雍正已经产生了矛盾，雍正三次找他赴京觐见，他都找借口不去。雍正五年（1727年），岳钟琪驻扎在成都，有男子在街上叫喊"岳公爷带领川陕兵马，欲行造反！"并号召民众从岳爷造反。这个无中生有的宣扬，让岳钟琪惊恐不已，命人将此人捉拿，严厉查处他是否有后台，但查来查去也没有查出什么，就把此人当作疯子砍了头，上疏说明详情，并一再声明："卑职不敢檄讯，不敢隐匿。"随后还要引咎辞职。雍正却很大度地宽慰他："数年以来，在朕前谮瞽岳钟琪者甚多，不但谤书盈箧，甚至有谓岳钟琪系岳飞之后，伊意欲修宋金之抱负者。岳钟琪懋著功勋，朕故任以西陲要地，付以川陕重兵。而奸邪之徒，造作蜚语，谗毁大臣，其罪可胜诛乎？"但岳钟琪并未就此释怀，他清楚地看到：年羹尧当年也曾这样被雍正夸赞，后果却极为悲惨。

就在此时，又出现了投书事件，自然让岳钟琪浑身上下发凉。他决定严讯投书人，借此机会向皇上表明忠心。他担心自己一人审讯没有旁证，就派人去请陕西巡抚西琳共审，不巧西琳正在校场检阅兵士，没有闲暇。岳钟琪担心事久生变，又不敢遽动大刑，遂让按察使硕色坐在密室中听审。他传来张倬，和颜悦色地与之交谈。从谈话中得知，因为湖广连年大水，积尸载道，张倬受其师父之命，从四川一直跟随岳钟琪前来投书，劝岳元帅起兵造反，推翻清廷暴政。而再往深处问其师父情况，张倬只说师父夏靓能力超群，在当地威望颇高，湖广、云南、广西、四川等地民众全听他号令，可以一呼而起，其他的则怎么也不说。

岳钟琪见软的不行，开始动用大刑，并从张倬身上搜出《握机图》和《格物集》两本书册。大刑用了不少，谁知这个张倬很是硬实，被打得皮开肉绽死去活来，依然不说。岳钟琪怕夜长梦多，就连夜写出奏折向雍正禀报，打算将犯人押往京师审讯。九月二十八日，雍正接到奏折，觉得张倬不过是一个疯癫汉子，没有必要小题大做，批复"竟有此可笑之事，如此可恨之人"，认为岳钟琪操之过急，不必当日就用大刑，应该缓缓设法引诱犯人招供，此人既敢投书，就抱必死之心，即便押解到京师审问也不过如此。

岳钟琪按照谕旨，放弃动刑，苦思冥想，终于想出审讯计策。他请人为张倬疗伤，好生招待，又让与张倬同籍的咸宁县县丞李元装作仆人，搬来和张倬同居一室，照顾张倬起居。两人同为湖南人，说话很是投机。李元故作诡秘地向张倬说起岳钟琪为名门之后，早有异心，只是处境不妙未敢轻举妄动，张倬大为感动。九月二十九日，岳钟琪见时机已到，唤来张倬，与他促膝交谈，甚至垂泪痛骂清廷，表示愿与张倬盟誓，结为兄弟，共同迎聘其师父夏靓做军师，共举大事。张倬信以为真，兴奋不已，向岳钟琪交待了一切。

原来，张倬本名张熙，字敬卿。他的老师也不叫夏靓，而叫曾静，湖南郴州永兴县人，生于康熙十八年（1679年），此时已经

49 岁。因应试屡次不第，只好放弃举业以教学授徒糊口，自称"蒲潭先生"。张熙 25 岁从学于曾静门下，与之同学的还有一个廖易。曾静家境清贫，又收了两个学生在家居住，不仅住房紧张，连吃饭都成了问题，与兄嫂反目。张熙、廖易家中也清贫如洗。曾静看到百姓流离失所，富户养尊处优，怨愤之情渐增，又兼他参加科举时，曾读过浙江文人吕留良所编的《时文评选》，受吕留良思想影响很深，联想到自己身处绝境，更增添了不满情绪。他在自己的书中说："土地尽为富者所收，富者日富，贫者日贫，"认为只有推翻满清，贫民才能翻身。他听说川陕总督岳钟琪为岳飞之后，还与雍正不和，经过分析认为岳钟琪最有可能实现自己的愿望。于是，雍正六年（1628 年）五月，曾静亲自起草书信，由张熙携带，与其堂叔张勘同去给岳钟琪投书。两人四处打听岳钟琪的行踪，从贵州跟到四川，得知岳钟琪已经驻屯陕西，又追到陕西。九月十三日，两人抵达西安，从百姓口中得知岳钟琪并不像流言所传的那样对雍正不满，而是最受皇上重用的封疆大吏，也没有雍正三次召见不赴的事。二人心灰意冷，不想再去投书。张勘更是胆战心惊，极力撺掇回返，张熙却仍在犹豫。张勘见此，撇下张熙，偷偷跑了回来。张熙把心一横，既然千里迢迢跟来，无论是真是假，也不能虚此一行，辜负恩师的期待，于是出现了拦轿投书一事。

张熙还供出，师父曾静对浙江已故理学大师吕留良的思想学问推崇备至。去年还曾让他赴浙江吕留良家中拜求吕氏著述，当时吕留良已死，其儿子和学生接待了张熙。张熙在那里逗留了几日，带回几本书籍。曾静"始而怪，既而疑，继乃信"，对吕留良顶礼膜拜。

岳钟琪审出详情，喜不自禁，连夜向雍正写出第二份奏折，将自己如何设计盟誓引诱供认过程汇报一遍，同时强调张熙已"将其师实在姓名、居址、并平素与伊师往来交好、诋毁天朝之人，各姓名、居址一一吐出"。九月三十日，雍正接到奏折，很为岳钟琪忠心为国、奋不顾身的精神所感动，因为当时人们相信与人盟誓后渝盟是要遭受天遣的，他在批复中说："览虚实不禁泪流满面，卿此一心，天祖鉴之，此等盟誓，再无不消灾灭罪，赐福延生之理。"

奏折上去之后，岳钟琪并未闲着，他继续与张熙"谈心"，张熙此时已经毫无戒备，陆续交待了一些相关人物，如与曾静一样崇拜吕留良的72岁老教书先生、华容县诸生谯中翼、永兴县教谕刘之珩，还交待出自己在西安借宿一晚的宝鸡县贡生毛仪，以及吕留良的儿子吕毅中、吕黄中、长孙吕懿历和学生严鸿逵、沈在宽等诸多相关人物。

两天后，十月初二日，岳钟琪又发来奏折，并把张熙所投书信呈递上来，请求赴湖南捉拿曾静等人。雍正读了书信，原先对此案不屑一顾的心情陡然逆转，怒气渐渐升起："梦中亦未料天下有人如此论朕也，亦未料其逆情如此之大也。"他决定要将此案查个水落石出，又担心岳钟琪起疑，在批复中安慰他说"凡谕卿之旨，少有心口相异处，朕之诚实卿必尽知，而卿之忠赤朕实洞晓"云云，称赞岳钟琪"实朕股肱心膂之大臣"，使岳钟琪更死心塌地地为其卖命，不必提心吊胆。

三

雍正六年（1628年）十月十一日，投书案发生的第15天，雍正派副都统海兰启程火速赴湖南，彻查缉捕曾静等相关涉案人员。经过十余天的跋涉，二十七日，海兰抵达长沙。当时的湖南巡抚王国栋对本辖区发生的这起大案还懵然无知，见钦差大臣突然降临，登时手忙脚乱，急忙安排官兵连夜出动，赶赴各地捉拿案犯。

因为对手都是些手无寸铁的书生、农夫，整个缉捕行动进行得很顺利。未几日，各地上报捕拿情况：郴州知州拿获曾静，永州知州拿获刘之珩及陈立安，长沙知府抓获张新华及张熙、张勘、岳州知州拿获谯中翼等。海兰下令将所有案犯都押解到长沙统一审讯。

海兰和王国栋马不停蹄，随到随审。审讯结果大致如下：

谯中翼供称，他系华容县县学学生，已72岁，入学28年，只知苦读，不问世事，极少结交外人，根本不认识曾静，只是和刘之珩有过文字之交，自己为他写过一篇序文。

清代法庭

张新华供称，他今年60岁，张熙是其第二子，因儿子跟随永兴县的曾静学书，不事生产，被自己赶出家门。今年初，张熙回家卖掉房屋田地，说要筹集干大事的路费。至于干什么事，自己一概不知。

张勘供称，他是张熙堂叔，今年五月，张熙来家交给他几两银子，让自己跟他去川陕，没有说什么事情。两人从四川走到陕西，九月二十四日，张熙方告知是去投书给川陕总督，自己害怕牵连，连夜逃回。十一月初二日，刚回到家，次日就被抓捕。张熙所为何事并不知情。

审讯刘之珩称，自己是宁远县教谕，不认识张熙等人，从张熙身上搜查出的《握机图》和《格物集》两书，虽是自己所著，但书中并没有犯禁之处。

对于要犯曾静，海兰、王国栋如临大敌，连夜熬审。逮捕曾静时，衙役从其家搜出《知新录》、《知己录》等数十本书籍，其衣衫里搜出一张写有"蒲潭先生卒于此"的纸条，表明他已抱定必死之心。面对酷刑和声色俱厉的审讯官，曾静吓得浑身瑟瑟发抖，全盘供出：

自己今年50岁，原是永兴县秀才，后被革去。永兴县地处僻远，消息闭塞，百姓没有见识，自己因对当廷不满，又误听流言，才决定让张熙、张勘去投书。刘之珩是自己从前的老师，很有学问，陈立安是刘之珩的得意门生，他们都反对投书。自己不顾他们劝阻，私下采取行动。对于谯中翼，从没有谋面，只读过其著作，很是钦佩。自己平素推崇程朱理学，当代最敬仰浙江学者吕留良。早年时自己因应试读到吕留良评选的时文，深受启发，派张熙去浙江访求书目，得知湖州严鸿逵、沈在宽都是吕留良的嫡传弟子，尽管自己没有和他们见过面，也计划等投书事成后将此类人等推荐给岳钟琪，一并举事。在书信中所说的"六省一呼而定"的话，不是自己有造反迹象，更不是已经串通勾结四方，而是因近年湖广、江西、广东、云南、贵州六省旱涝频仍，民不聊生，欲揭竿而起，自忖是上天欲行大义灭绝满清夷狄，实际上绝无同谋，更没有党羽。

海兰、王国栋见审讯进展顺利，急忙向北京报告，同时又反复审查从曾静家里搜出的书籍。这些书籍既有曾静本人的，也有吕留良的。书中又提到了车鼎丰、车鼎贲、施虹玉、孙学颜等人。他们抓住这些线索，再次熬审曾静得知，车鼎丰、车鼎贲是严鸿逵、沈在宽的朋友，施虹玉已经病死，孙学颜文章很好，也崇拜吕留良，这些人曾静都很崇拜，上书之事与他们无关。即便如此，海兰仍飞檄至浙江总督李卫，让他在抓捕吕家后代的同时，将此几人一并抓捕审讯。

雍正远在北京，时刻关注着事态的发展和审讯情况。他仔细审读海兰报来的奏章，渐渐对湖南地区民众思想的混乱不羁局面担忧起来，对湖南地方官王国栋心生不满。又见海兰、王国栋两人审讯来审讯去，曾静招供的内容没有预想的那么严重，认为是两人审讯不力，又考虑到海兰是武官，不熟悉审讯策略，就派专门负责刑狱审讯的刑部左侍郎杭奕禄为钦差，于十一月三日离京赴长沙复审。二十六日，杭奕禄风尘仆仆抵达长沙，宣读圣旨，严旨切责王国栋，随即开始重新调查审理。他按照雍正指使，少动大刑，采取岳钟琪的策略，用计谋诱使案犯供出同谋。杭奕禄心领神会，和颜悦色地与曾静面对面促膝而谈。

曾静原已抱定必死之心，现在忽然受到这种礼遇，受宠若惊。杭奕禄向他历数了清朝鼎革以来的种种歌舞升平的大好景象，动之以情，晓之以理，先说"圣祖仁皇帝六十余年，恩泽入人之深，当今皇太子孝敬慈惠，恭俭文明"云云，又说："当今圣上得知你们留恋故明，故有心谋叛也是血性男子，但皇上惶惑，晚明皇帝昏聩荒淫，与我朝康熙怎能相比，当今圣上更是宵旰达旦，仆身为民，你等如何惑于妖言，主张什么'华夷之辨'，真是莫名其妙。"一席话让曾静深受触动，悔恨交加，涕泗俱下，俯首认罪，说自己处于荒野僻远之地，不知天高地阔，犯下弥天大罪，甘愿受死。杭奕禄见时辰已到，就让曾静交待上书的幕后指使和党羽同谋。曾静再三表示，上书是自己一手操纵，根本没有同党。

杭奕禄见没有什么收获，软硬兼施，又进行了多次审讯，曾静最后拍胸发誓，确无指使同谋。杭奕禄与海兰、王国栋经过深入剖析，最后终于确定：曾静投书案确实没有同党，也没有深入谋划，更没有"六省在我一呼可定"的可能。三人遂共同向雍正写出最后的审结报告。在报告中，三人的结论是：曾静乃一荒村野夫，并无党羽同盟，只有一二学生相从。因考试劣等，心生怨愤，试图蛊惑策反大臣，罪不可赎，应置诸极刑，其他所牵涉诸人，亦当定罪。其所供出的严鸿逵、沈在宽、吕毅中等人都是其平素推崇而并未谋面之人，是否串逆，自当浙省审讯后可定。

在杭奕禄、海兰、王国栋奉命在湖北大肆搜捕逮系的同时，另一路缉捕行动也如火如荼地进行着，即由浙江总督李卫查抄已故的吕留良家。

吕留良何许人也？为何会有如此大的影响力？

吕留良（1629~1683），比曾静整整大50岁。他又名光轮，字庄生，又字用晦，号晚村，人称吕晚村，浙江崇德（今浙江桐乡）人。康熙年间崇德改称石门，所以又称石门人。吕留良少负才气，八岁作文。明清鼎革之际，他图谋复兴故明，参加了抗清斗争，失败后，归家授徒。顺治年间他参加了一次科考，成为秀才，此后连年周旋于科场。自顺治十七年与浙东余姚学者黄宗羲、黄宗炎兄弟和张履祥结识，往来论辩程朱理学，摒斥阳明心学，从此对科考深恶痛绝，对自己的行为懊悔不迭，捶胸顿足，发誓不再步入科场，彻底与满清朝廷决裂。康熙五年（1666年），他归隐故里，以"天盖楼"为名编选时文，声名大噪，"身益隐，名益高"，被尊称"东海夫子"。康熙十八年（1679年），清廷开博学鸿辞科，浙江官员推荐吕留良，他誓死不赴。次年，郡守又以隐逸推荐，他吐血满地，索性薙发为僧，更法名为耐可，字不昧，号何求老人；从此"屏绝礼数，病不见客"，康熙二十二年（1683年）

吕留良像

病死。著有《吕晚村文集》、《东庄吟稿》等。吕留良发扬了朱熹的种族之辨思想，更进一步强调"华夷之辨大于君臣之伦"，陈述应"抗清攘夷"，他的一些诗作中如"清风虽细难吹我，明月何尝不照人"等用隐晦的手法表达出反清复明的民族意识。

吕留良死后的第四十五年，即雍正六年（1628 年）十月，曾静案发。因曾静对吕留良推崇倍至，供述中不时提到吕留良，其家中又搜出吕留良作品，雍正即着浙江总督李卫"严缉查拿匪类，以速慎为要，正犯勿要漏网"。此前，吕留良和其儿子吕葆中已先后故世，李卫只好逮系吕家子孙。吕留良的四子吕黄中、九子吕毅中、长孙吕懿历等均被逮系入狱。其学生严鸿逵，字赓臣，浙江湖州人，为人刚直，崇奉师父思想学说，曾被推荐为清廷修纂《明史》，拒不应召。此时，他也已病逝。严鸿逵的得意门生沈在宽与严鸿逵同为湖州人，因张熙来求书时曾拜访过他，也被逮系。同时被逮系的还有刊刻吕留良书籍的车鼎丰、车鼎贲兄弟，私藏禁书的孙用克、周敬舆以及学生房明畴、金子尚等数十人。吕、严、沈家中所藏书籍均被封存，准备进呈雍正。

李卫一气逮系了数十人，同样不敢疏忽，连夜鞫讯，但问来问去，数人都与曾静、张熙没有太多关系。只审问出，曾静去年派弟子张熙不远千里来吕家访书，会见了吕毅中，花 80 两银子购得吕留良的一些著作。在浙期间，张熙还拜见了严鸿逵、沈在宽等人，拜见车鼎丰、车鼎贲兄弟时，两人还送给张熙一两银子作为返程路费。

李卫连审了几天，所得到的只是上面这些无关紧要的事情，再也审不出其他情形，便奏报雍正。

湖南、浙江两地的缉捕审讯都接近结束，案情至此，似乎已经完全明朗了。投书者、策划人、动机意图等等都已审明，只要将所牵涉诸人——问罪即可结案。

但事情却远未结束，这才只是开启了冤案的一个小小序幕。

雍正皇帝对此案的关心程度远远高于其他文字狱。他看到那封书信中论他的十大罪状，完全是自己继位以来皇宫政治事件的浓缩概括，不禁"惊讶堕泪"，并说"梦中亦未料天下有人如此论朕也"。他怎么也想不通：曾静一个山村野夫，见识短浅，不可能有深邃的思想，也不可能得到宫内秘闻。远在湖南闭塞山村、几乎足不出户的曾静怎么会对戒备森严的皇宫内幕了如指掌？他从哪里得到这些自己极力封锁的绝密消息呢？

当时，雍正刚刚粉碎胤禩集团一年多，胤禩、胤禟先后毙命，但其党羽还充斥朝野。他们对雍正极度仇恨，四处散播谣言，兴风作浪。社会上，百姓对雍正即位和残害手足的猜测此起彼伏，雍正处于舆论漩涡当中，如不控制这些流言，皇位很难稳固。曾静一案的发生，使他意识到胤禩集团残余势力的威力。雍正自然而然想到了自己的兄弟政敌。为此，他在给杭奕禄等人的批复中表明自己对本案的态度："盖其（指曾静）分别华夷中外之见，则蔽锢陷溺于吕留良不臣之说，而其傍欺朕躬者，则阿其那（即胤禩）、塞思黑（即胤禟）、胤禵之逆党奸徒，造作蜚语，布散传播，而伊误信以为实之所致。"言外之意，要借此一案，彻底清除胤禩势力，才是最好的出路。

于是，雍正再下谕旨，令各路重新审问案犯，追查所投书信中的消息来源，鞫问案犯"何从听闻"，务得实情。谕旨所到，湖南、浙江又是一阵忙碌。

四

雍正七年（1729 年）正月二十二日，湖南、浙江、陕西几乎同时接到雍正的加急旨令，着将案犯严加看管，押赴京师由刑部审讯。于是，杭奕禄等从湖南押解曾静、张勘等人，李卫从浙江押解吕毅中、沈在宽等人，岳钟琪从陕西押解张熙、毛仪等人向北京开拔。在发给湖南的圣旨中，雍正还严旨切责了湖南巡抚王国栋，认为属地百姓风习凶恶，其作为属官竟然毫无察觉，系严重失职。

三个月后，各路犯人先后抵京。到京的第三天，京审正式开始，怡亲王胤祥受雍正的旨令在刑部大堂主持审讯。本案进入第二阶段。

在审讯中，胤祥一改地方官动用大刑的招数，心平气和、苦口婆心地诱导曾静等人。曾静原本的"英雄气概"此时已荡然无存，不仅俯首认罪，而且对雍正歌功颂德起来，称呼自己一口一个"弥天重犯"，说自己"识浅见小，错听谣言，误解经文，又得这些无知流言夹杂胸中，所以有此妄言，悔恨无及"，"今蒙皇上金丹点化，幸而已转人胎"云云。

清代被押解的犯人

胤祥见曾静俯首帖耳，便进一步追查消息来源。曾静供出他是听安仁县生员何立忠和永兴县医生陈象侯说的。胤祥随之行文湖南方面抓获两人审讯，两人都供称是从茶陵人陈帝锡那里听说的。何立忠听陈帝锡说到了皇上的诸多罪状，陈象侯则从陈帝锡处听说了岳钟琪抗旨等事。

胤祥将此禀告雍正，雍正很是兴奋，下旨湖南地方顺藤摸瓜，着手逮系。不过他清楚，这个陈帝锡也不过是个传声筒，造谣之人一定是胤禩集团势力。他又着从湘返京的杭奕禄结合湖南审讯情况再审曾静。

杭奕禄此时心领神会，知道雍正是想借曾静打击胤禩等政敌，在审讯中也就引导曾静"据实吐供"。曾静在湖南受审时，曾供称他听人说皇上将皇二子胤礽的妃嫔占为己有，杭奕禄追问他从何处听说。曾静供出，是雍正五年（1727年）五六月间听一伙被押解的犯人所说。当时，这伙犯人是被流放到广西烟瘴之地的，路过衡州，停歇期间跟路人说了很多宫廷内幕消息，路人信以为真，四处传说。杭奕禄得此供词，如获至宝，遂即上奏雍正。雍正大吃一惊，严旨着广西地方尽快查实，该地犯人中是否有是年五六月间经过衡州者，火速上报。同时，又着刑部列出雍正五年发配湖南、广西的案犯名单，由兵部急送湖广总督、湖南巡抚和广西巡抚，让他们按名单核实。

湖南巡抚王国栋因自己地盘上发生了这么大的案子，心里一直战战兢兢，担心丢了乌纱帽，不时上奏表示自己夙兴夜寐，稽查办案，其后见将曾静等犯人调往北京审讯，自己虽然遭到切责，但官位仍在，才长出一口气，认为躲过一劫。未想，半年不到，上头又让他缉捕审讯何立忠、陈象侯、陈帝锡，正忙得昏天昏地，心急火燎。六月初十日一早，又接到了兵部火票和怡亲王胤祥的亲笔信，让他按名单排查流放犯人。

王国栋很容易就将何立忠等三人捕获。审讯得知，何立忠又叫何忠立，在其女婿病死发丧时，曾静前来吊丧，说起何的女婿度量狭小，何立忠顺口说当今皇上"度量大"，听说朝中有人上谏本也能置之度外。而皇上"度量大"之言是听陈帝锡说的。陈象侯则供认自己曾为曾静妻子看病时，谈起川陕总督岳钟琪抗旨还被视为忠臣，也是听陈帝锡所说。审讯陈帝锡，他供出在给何献图看风水时，听何献图的妹夫张继尧所说。再缉捕何献图，何献图却矢口否认。王国栋费了九牛二虎之力，才将张继尧捕获。张继尧却只是大呼冤枉，供认是听路人所说，至于何人，则记忆不起。这场审问持续了四个多月，案子兜了一个大圈又回来了，没有任何实质性突破。

王国栋急得满头大汗。正在他手忙脚乱时，雍正却忍无可忍了，在王国栋的一个奏折上批他"胡说，溺职之极！"王国栋心惊胆战，又连夜熬审陈帝锡等人，并动用大刑。陈帝锡受刑不过，承认谣言出于自己之口，但又惧怕被族诛，又改口说是听路人所言。王国栋正在为如何上奏犯难，忽接到圣旨，着将陈帝锡等解赴京师。王国栋忧喜参半，于雍正七年（1729年）九月二十八日派人押送案犯赴京。

王国栋惴惴不安，很难再像上次那样轻松。他意识到雍正已经开始怀疑自己的能力。为了立功赎罪，他捕风捉影，加紧缉拿辖地可疑人员，一些人为捞得奖赏而揭发他人传播谣言，弄得草木皆兵。王国栋疲于奔命，急于求成，没有详查就奏报上去，更引起雍正不满。十月初七，雍正下旨，以王国栋"苟且塞责、纵奸旷职"，免去官职，由赵弘恩接任。

王国栋之所以被免，根本原因在于他没能领会怡亲王胤祥信中所暗示的内容，没有把握住雍正通过陈帝锡牵涉过路犯人，进而牵涉阿其那、塞思黑等政敌的真实意图，自然不受重用。

赵弘恩接任后，即转变思路，严查雍正五年五六月间经过衡州的犯人，很有成效：雍正五年四月初七日犯人马守柱，五月二十二日犯人达色，六月初四日犯人蔡登科，七月初十日犯人耿桑格、耿六格和太监吴守义，七月二十四日犯人太监霍成等发往广西时均在衡州停留。逆犯达色、耿六格等驻停衡州时，逢人便称冤讪谤，还说什么"皇帝只好问我们的罪，不好封我们的口"等等。

与此同时，广西的排查工作成效更显。广西巡抚金铁接到密旨和名单后，即刻在全省查核，共查得该年途经衡州流放广西的人员八人：马守柱、蔡登科、耿桑格、耿六格、吴守义、霍成、达色、哈达琏及其子成德。其中蔡登科、耿桑格已病故，其余六人均在流放地服刑。金铁派人秘密调查此数人背景，证实六人多系胤禩集团的太监。他们熟知宫廷内情，对雍正不满，被判流放，心怀怨恨，四处辱骂以泄私愤。

雍正接到奏报，很是满意，在金铁的奏折中批道："料理可嘉之至。地方中既被此辈流言，已蛊惑数年矣。但乡愚无知者，信疑之间不可言无常。竭力留心开示，凡有发往人犯处，皆不可疏忽。务将阿其那等不忠不孝不法不臣处——详细委曲宣谕，务人人知悉方是，不可草率疏忽从事。"

至此，曾静案中诬谤皇帝的消息来源，历经曲折，终于真相大白于天下。余下的就是给曾静、张熙等首犯定罪判刑。雍正也降下谕旨，命大学士、九卿、詹事、科道、翰林、刑部等将该案细细研审，依据刑律定罪。几个部门将案犯又逐一提审一遍，曾静此时已经很是乖巧，将自己的罪行全部推在吕留良和胤禩身上："实因住在深山穷谷，愚昧无知，是以吕留良之逆说悖论，得以迷心。惟其有吕留良之悖论在心，所以阿其那、塞思黑、胤禩之党羽匪类，并发遣广西人等之奸谋流谤，得以惑听。二者交乘，相因为害，遂至酿成亘古未有之极恶而不知。"这一供罪，完全迎合了雍正借以打击胤禩势力和清除吕留良思想的意图。雍正大为满意。

刑部审讯完毕，奏报雍正说：曾静狂逆凶狡，罪大恶极，轻信流言，惑于悖论，肆意妄为，编造逆书，诋毁本朝，投书策反，无可宽赦。而且，他一个山村野夫，受皇恩五十年，竟为谋逆之事，自古未有，必须予以严惩。拟定罪如下：曾静凌迟处死，曾静祖父、父、子、孙、兄弟及伯叔父、兄弟之子等男十六岁以上者，依律斩立决；男子十五岁以下者及母、女、妻、妾、姊妹、子的妻妾等赐给功臣家为奴；财产充公。张熙与曾静共谋不轨，听从逆贼指挥，赴陕投书，也应凌迟处死。

雍正看后，却不以为然。他召来刑部官员和内阁九卿，晓之以理，开导他们并非必须处死曾静、张熙。雍正七年（1729年）十月七日他颁布上谕说："今日诸臣合词请诛曾静、张熙，伊等大逆不道，实从古史册未有，以清律论之，万无可赦。但朕之不行诛戮者，实有隐衷。"他认为，之所以不处曾、张死刑，原因在于曾静经过历次开导，已经幡然悔悟，而且他是受歪说悖论迷惑，不能辨别真相才实施行动，并非元凶首恶，更重要的是如果不是曾、张投书，朕至今还不知道吕留良、阿其那、塞思黑等奸臣逆贼的罪行，从而进一步打击政敌，使百姓免受蒙蔽，"即此则曾静不为无功，即此可以宽其诛矣"。在上谕中，雍正冠冕堂皇地说：朕统治天下，从不以自己的喜恶奖罚，曾静投书内容狂悖，但只诽谤我自己，没有殃及先祖，且无反叛实事，可以免死。

但刑部九卿大臣们却认为，曾静罪不可赦，不能免死，又上奏请依律处死曾静，以明朝廷之法，泄臣民之愤。雍正却坚持己见，毫不退让，又降旨说：宽宥曾静一案，朕已考虑周详，前旨已明，卿等不必再奏。诸臣见此，只好作罢。雍正最后又降旨说：

"地方上人士，亦不得疾恶暗伤，即朕之子孙将来亦不得以其诋毁朕躬而追究诛戮之。"

曾静、张熙两人在投书谋反时，慷慨激昂，似乎已抱定必死之心，事实上却胆小如鼠，受过这许多捶楚，经历几次出生入死，早已魂飞魄散，为求一命，不惜颜面，跪地求饶，战战兢兢等待判决。他们自知罪孽深重，很难获生，也基本没有生还之念。两人为求一生，极尽阿谀奉承之能事，写出《归仁说》一文。《归仁说》是曾静在雍正授意下写的一篇服罪归顺总结，表明其已经死心塌地归依圣朝："此身若在，愿现身说法，化导愚顽。倘不能生，则留此一篇，或使凶恶之徒，亦可消其悖逆之念。"未想如今真的被赦免，能活着走出牢房，九死一生，大喜之外，许诺要死心塌地报答清廷。

雍正则早有打算，他要让曾静、张熙作正面教员，四处演说宣讲清廷国泰民安的景象，颂扬皇上功德，消除影响。依他的诏令，雍正八年（1730年）正月二十三日，在刑部侍郎杭奕禄带领下，曾静、张熙开始赴南方各地巡回演讲。他们的路线是沿着思想较为混乱的省份，从江苏、浙江到江西、湖南一带。巡游一圈后，雍正又降旨湖南巡抚赵弘恩，将曾静接回湖南老家，奖赏一千两白银，给假一年，假满后到观风整俗使衙门任职。赵弘恩因处理曾静案得到提拔，自然一一照办。

在处理曾静、张熙一案上，雍正有着更深刻的见解。他认为胤禩势力的诬谤使自己陷于被动，成为众矢之的，自己要扭转这种情势，消除影响，必须对其谣言予以回击。而更为重要的是，曾静、张熙这些山野村夫，居于穷乡僻壤，反清思想却根深蒂固，对清廷深恶痛绝，恨之入骨，甚至铤而走险将之付诸行动，是受了吕留良著作和思想的影响。他们本无见识，读到吕留良著作，如醍醐灌顶，遂"妄以此人是本朝第一等人物，举凡一切言议，皆当以他为宗"，"中留良之毒深，所以不察其非，而狂悖发论至此"。这些都说明，吕留良的遗毒不除，可能会有千千万万个曾静、张熙起来谋反，为此要从根本上清除吕留良的思想毒害，让百姓更新观念，抛弃与满清对立的思想。

于是，雍正七年（1729年）五六月间，雍正接连颁布三道上谕，批驳吕留良的邪说。他还和曾静当面辩论，借以阐发自己对华夷之辨的见解。曾静当然只有唯唯诺诺称是。雍正根据所投书信的内容，一一诘问；例如，如何理解华夷之辨、人兽之别；清统治八十余年是否真的造成乾坤反复、山崩川竭；百姓是否真的都在到处呼号怨恨满清；如岳钟琪者是否就是俯首臣节、尽忠于匪类等等。曾静一一顺从作答，歌功颂德，极尽阿谀奉承之能事。

当然，雍正知道，曾静没有什么深邃的思想，根本不是与他交锋的对手，重要的是要借他批判吕留良的反清思想，同时对胤禩集团势力的谣言进行反击。鉴于此，他亲自主持编纂了旷世奇书《大义觉迷录》。

《大义觉迷录》共四卷，7万余字，内收雍正上谕10道，曾静供词47篇，张熙口供2篇，后附曾静《归仁说》一篇。雍正将此案涉及的全部谕旨、审讯口供、秘密记录等都收录进去。该书上谕每篇都洋洋洒洒数千言，极力批驳华夷之辨的荒谬。雍正认为"华夷无别"，舜是东夷人，周文王是西夷人，两人却都有很大功绩。满族虽为外族，但比起身为汉族的明朝皇帝更能统治好国家，"自古中国一统之世，幅员不能广远，其中有不向化者，则斥之为夷狄。如三代以上有苗、荆楚、猃狁，即今湖南、湖北、山西之地，在今日而目为夷狄可乎?"所以，根本不能依据居地的远近区分夷狄，更不能将夷狄视为禽兽。这样，雍正树立起"顺天者昌，逆天者亡"的观点。

更重要的是，雍正在上谕中对所投书信中列举的他的十大罪状一一作了批驳，认为这是"阿其那等蓄心阴险，存倾陷国家之念，怀与皇考为仇之心，而一一加之于朕。播散讹言，分门立户，各各收买党羽，欲以蛊惑人之耳目，俾素蓄逆念之人，蠢动而起，然后快心，祖宗之社稷所不顾也"。他逐一透露出自己如何即位、如何对待父母兄弟、如何孝悌忠信的真实情况，以此批驳加在他身上的这些谋父、逼母、弑兄、屠弟、贪财、好杀、酗酒、淫色、诛忠好谀、奸佞十大罪状，如批驳其迫害兄弟云："又如逆贼加朕以屠弟之名，当日阿其那以二阿哥获罪废黜，妄希非分，包藏祸心，与塞思黑、胤䄉、胤禵结为死党，而阿其那之阴险诡谲，实为罪魁，塞思黑之狡诈奸顽，亦与相等。胤䄉狂悖糊涂，胤禵卑污庸恶，皆受其笼络，遂至胶固而不解，于是结交匪类，蛊惑人心，而行险侥幸之辈，皆乐为之用，私相推戴，竟忘君臣之大义，以致皇考忧愤震怒，圣躬时为不豫，其切责阿其那也则有'父子之情已绝'之旨。其他忿激之语，皆为臣子者所不忍听闻。"

雍正的本意是借此解释自己即位后种种行动，以冲破流言，却无意中使历代列为禁地的宫中内情泄露于外，如诸子之间的尔虞我诈、大臣之间的朋党争斗等等，而且这种事情没有旁证，自然越抹越黑，让雍正的形象更受损坏。

《大义觉迷录》中曾静的供词以雍正与其对答的形式记录下来，曾静的口供虽多但千篇一律，均是认罪伏法、歌功颂德之语。《大义觉迷录》纂成后，雍正即下旨颁行全国，并强调要使"各府州县、远乡僻壤之读书士子并乡曲小民共知之"，各地学校都要贮存一册，使"人人观览知悉"，违令者一经查出，"定将该省学政及该县教官从重治罪"云云。

再说曾静、张熙回到湖南老家，本来是带着枷锁坐着囚车出去的，这下子忽然荣归故里，自然耀武扬威一番。未想却在当地引起轩然大波。曾静到长沙的当天，一夜之间，长沙全城贴满了传单，内容说将于八月十九日这天把曾静、张熙绑架出来沉入池塘里处死。湖南巡抚赵弘恩本想让曾静到各县乡演说，现在见激发众怒，怕曾、张有什么闪失不好交待，登时如临大敌，与雍正钦派的湖南观风整俗使臣李徽深入分析，也没有搞清贴传单者是拥护清廷从而对赦免曾静不满，还是抵制清廷而痛恨曾静投降卖身。他即刻向雍正奏报，不久得到回旨，将曾静送回老家永兴县避风，暂停巡游各地演说。

一段时间后，风头已过，曾静、张熙就堂而皇之地到观风整俗使来任职了。

五

此时，雍正皇帝已经将重心转移到对吕留良异端邪说的清查上来。他很清楚，吕留良作为江南地区名人，其所选的时文，被众多有意科考的士子奉为圭臬，影响甚广。他的思想已经为许多人吸收传播，这无疑对本朝统治极为不利，必须彻底清除。象曾静那样的山野村夫，没有什么思想，成不了什么气候，不会有大的危害。而如吕留良这种在士人中名气威望较高的人，其悖论邪说就很容易传播出去，必须严厉抵制，为此雍正着令将吕留良另立一案，从严查稽，捉拿疑犯。

浙江巡抚李卫不敢怠慢，马不停蹄地东奔西跑，逮系吕氏族人和学生，严审详查，最后审明他们并没有勾结反叛迹象。但雍正却并不就此放弃。他将吕留良著作通读一遍，不由勃然大怒，认为吕氏著述中遍布邪说：

一是吕留良强调"华夷之分，大于君臣之伦"。"华夷之辨"的观点清初思想家王夫之、顾炎武就已经提出。吕留良又加以阐发，更强调民族气节，认为要分清华夷，然后才能讲君臣关系。如果统治者是夷狄，就不能做其臣子，为其效忠。雍正对这一观点极为反感，进行了针锋相对的驳斥，将吕留良骂了个狗血喷头；二是吕留良著述中蔑视满清，视满清朝廷如无物。作品中称清朝直呼其名，"其日记所载，称我朝或曰清，或曰北，或曰燕，或曰彼中"，就是不承认有清朝，对清朝皇帝也直呼其号。而对于已亡的明朝，吕留良则充满留恋向往之情。这让雍正很不是滋味，甚至有些委屈；三是吕留良尤其是其学生严鸿逵、沈在宽记录了当时发生的很多自然灾害，认为这是上天示警，昭示满清统治残虐。如吕留良日记载："四月末，京中起怪风三日，其色大红，著人面大红。"严鸿逵的记载更为详细："索伦地方，正月初三日，地裂，横五里纵三里。初飞起石块，后出火。近三十里内居人悉迁避。"又记："十六夜月食，其时见众星摇动，如欲坠状，又或飞或走，群向东行。"雍正对严鸿逵所载最为反感的是这一条："热河水大发，淹死满洲人二万余。"雍正气急败坏，严加痛斥，批驳说：康熙四十八年六月，连降暴雨数昼夜，热河地势低洼，百姓遭淹，朝廷曾派二三百名官兵驻扎赈灾，当时除几个百姓因木筏触石而死外均得到救助，何有二万人死？况且热河一带各族人混住，为何单单淹死满洲人？

此外，雍正还指出，吕留良与逆藩吴三桂有勾结，互通书信，听闻吴三桂兵胜则欣然有喜，听闻朝廷兵胜则怅然若失，嗟伤不已。这都表明吕留良辈"处心积虑，助虐迎寇，大逆不道，无出其右"。最后，雍正意犹未尽，说吕留良的猖狂悖乱之说令人痛心疾首，不可胜举，应该给予严惩。他下令刑部、九卿依律对吕留良的罪行定罪判刑。

雍正八年（1630年）十二月十九日，刑部经过讨论，拟定了对吕留良等案犯的处置意见："吕留良身列本朝子衿，追思旧国，诋毁朝章，造作恶言，妄行记撰，猖狂悖乱，罪恶滔天，允宜按律定罪，显加诛灭，以扶人纪，以绝乱源。"定罪如下：吕留良虽死，应戮尸剖棺，其子吕葆中也应戮尸，吕毅中应斩立决，其子孙及兄弟伯叔、兄弟之子及女、妻妾、姊妹、子之妻妾等都应定罪，同时要通过各省、府、州、县，将吕留良的文集、诗集、日记等著作，不论是否刊刻印刷，限期一年，尽行销毁。

刑部满以为如此严惩定能合雍正心意，孰料雍正并不表态。曾静一案，雍正的"出奇料理"，令刑部官员大跌眼镜。此次不知皇帝又作何意。果然，奏折上去许久，皇帝毫无反应，数月后，才降下谕旨，其大致意思是：

吕留良素怀悖逆不臣之心，欺世盗名，令许多士人遭受蒙蔽，还尊其为"东海夫子"，天理国法人情都难宽宥，但普天之下，士人众多，定然有人认为吕留良之罪不至于判处极刑。朕一贯慎于用刑，驱除奸邪，务须合乎众心。吕留良的书籍著述，朕认为不过是他盗用窃取前人余唾，妄发议论。那些有识见的士子不会被他愚弄，以前被其迷惑者也已经幡然悔悟。如果按照你们的定罪，将吕留良的著作尽行销毁，倘清除不尽，世人就会讥笑我们说大话，言不行行不果，倘真的全部销毁，后人听闻吕氏著作悖逆，却无书可证，难免怀疑是否真的悖逆，到时我们也没有辩驳的证据，这更可能引起后人对我们的不满。所以，"著将廷臣所议，行文直省学政，遍行询问各学生监等，应否照议将吕留良、吕葆中锉尸枭示，伊子吕毅中斩决，其所著文集、诗集、日记及他书，已经刊刻印刷暨抄录者，进行燔毁之处，著秉公据实，作速取具该生监等结状具奏。其有独抒己见者，令其自行具呈该学政，一并具奏，不可阻挠隐匿，俟具奏到日，再降谕旨。"也就是说，他要在全国士子中间民主公开地征求处置吕留良的意见，举行一次全民公决，然后再行定罪。

雍正九年（1731年）十二月，皇帝正式下诏严禁焚毁吕氏书籍，同时命大学士朱轼等将吕书《四书讲义》、《语录》等逐条驳斥，纂辑成书，刊刻后在全国各学宫发行，并派出学官与《大义觉迷录》四处宣讲。

当然，雍正玩的这场政治游戏，明眼人一眼就看出来是皇帝故作姿态，挖好陷阱等人来跳。对于那些敢于跳出来表达异议者，自然有大狱伺候。尽管如此，仍然有人敢站出来为吕留良说话。先是湖北汉川县一个私塾教师唐孙镐起来表示反对处决吕留良家人，他认为对于处治吕留良，人们纷纷咬咬，"此曰锉骨，彼曰扬灰，此曰焚书，彼曰灭族"，使皇上无可分辨真相，异口同声附合皇帝，主张严惩吕留良。如今"朝廷已无诤臣，后之修史者不讥笑我朝无人物乎？虽然，莫谓无人也，犹有不怕死的唐孙镐在！"一副大义凛然的姿态。他随即被投入监狱。随后，浙江天台县的齐周华也起来反对。作为吕的老乡，他钦佩吕留良的思想和文章，撰写了《独抒己见奏稿》，为吕留良辩解，还写了一篇《祭吕留良文》，将吕留良比作宁愿饿死也不食周粟的伯夷、叔齐，结果他被判终身监禁。

这样的事情在全国发生了好几起，但大多数地方风平浪静，死气沉沉。时间又过了一年，直到雍正十年（1732年）十二月十二日，雍正才懒洋洋地颁布上谕："据征询各省读书生监，众口一词，吕留良父子之罪罄竹难书，律以大逆不道，实为至当，并无一人有异词者。"十三日，雍正颁布对吕留良案犯的处理结果。在谕旨中，一再表明自己的

驳吕留良四书讲义（雍正十一年）

好生之德。因吕氏家族人数众多，全部处死于心不忍，拟从轻处罚。最后，该案经法司、廷臣、督抚、学政、藩臬、提镇等合奏，雍正最后定案：吕留良、吕葆中戮尸枭示，吕毅中斩立决，吕氏家族其余人等，从宽免死，发配宁古塔，给披甲人为奴。其诗文书籍，不必销毁，财产由浙江地方官变卖充本省工程用费。

十二月二十七日，判决严鸿逵凌迟处死，因他已经病故，戮尸枭示；其祖父、父、子、孙、兄弟及伯叔父、兄弟之子等男十六岁以上者斩立决，十五岁以下者及严之母、女、妻妾、姊妹、子之妻妾等俱押解到京给功臣之家为奴，财产籍没充公。沈在宽凌迟处死，其家族成员按律治罪，黄补庵斩立决，妻妾子女给功臣家为奴，父母、祖孙、兄弟流二千里；车鼎丰、车鼎贲、孙用克、周敬與等斩监候，车家直系亲属流放二千里。吕留良的门徒房明畴、金子尚，革去生员，杖一百，携妻流三千里；其余弟子陈祖陶、沈允怀、沈成之、董吕音、李天维、费定源、王立夫、施子由、沈斗山、沈惠侯、沈林友等，革去教谕、举人、监生、生员资格，杖一百，徙三年。

至此，曾静、吕留良案以雍正满意的结果告一段落。

雍正十三年（1735年）八月二十三日，雍正暴亡于圆明园。关于雍正的死，众说纷纭，也成为历史上的一个谜案。其中一个说法是由一个叫吕四娘的女侠闯入皇宫割去了他的脑袋，而这个吕四娘就是吕留良的孙女。据说，吕家被满门抄斩时，吕四娘被人救出，拜师学艺，练就高超武艺，之后乔装打扮混入了皇宫，寻机杀死雍正，报了血海深仇。

雍正去世后，其24岁的第四子弘历即位，是为乾隆帝。他亲眼目睹了曾静策反被释放、吕留良被重惩的全过程，内心对父皇的做法很有意见。刚刚即位一个多月，乾隆皇帝就完全抛开父皇谕旨中的"朕之子孙将来亦不得以其诋毁朕躬而追究诛戮之"的嘱托，于十月初八日颁布诏令，称"曾静大逆不道，虽置之极典，不足蔽其辜，乃我皇考圣度如天，曲加宽宥。夫曾静之罪不减于吕留良，而我皇考于吕留良则明正典刑，于曾静则屏弃法外者，以留良谤议及于皇祖，而曾静止于圣躬也。今朕绍承大统，当遵皇考办理吕留良案之例，明证曾静之罪，诛叛逆之渠魁，泄臣民之公愤。"

当初，雍正处死吕留良而释放曾静的理由之一是曾静诋毁朕自身可以原谅，而吕留良辱及先祖则难以饶恕。乾隆以其之矛还治其身，以绝不允许攻击父皇为借口，准备拿曾静、张熙开刀。

而且，更令乾隆感到羞辱的是父皇亲自编纂的那本《大义觉迷录》。在这本书中，雍正对自己承继帝位、打击手足的辩解，将宫中的绝密内幕公示于天下，使世人看到了宫闱之地的丑陋龌龊，这自然是高高在上、故作高深的皇帝们最为禁忌的。而曾

乾隆朝服像

静、张熙两个山村野夫，愣头愣脑，竟然也胆敢投书策反，最后还有了官职，荒唐透顶不说，更可怕的是，留着他们，只能成为反面教材，只要一看到或提到他们，人们就会想起雍正的罪证，这种人不除如何能重树皇宫禁地的尊严？

康熙随之下诏着湖广总督、湖南巡抚，即刻锁拿曾静、张熙，派人押解来京。两个月后，十二月十九日，乾隆皇帝降旨刑部，将曾静、张熙凌迟处死。随之，又颁布旨令，将《大义觉迷录》列为禁书，全部从民间搜辑收回焚毁，严禁私藏，违者严惩。

至此，在乾隆帝雷厉风行的处理下，曾静、吕留良案鲜血淋漓地落下帷幕。

最后，还有必要一提的是，那个被曾静策反的岳钟琪，先是以忠心耿耿地破案受到嘉奖，其后也遭到猜忌，被雍正加以"怙过饰非，误国负恩"的评价，逮系下狱，被叛"斩监候"，差点被雍正处死，幸而雍正暴亡，才得以保全脑袋。

曾静、吕留良案，是历史上颇为奇特的一场冤案。该案持续数年，当断不断；现行犯该杀不杀，思想犯却无罪获罪；皇帝苦口婆心地与案犯进行长篇辩论，还亲自编书印发全国；在处治罪

犯时，在全国范围内征求意见，进行了一次民意测验；更可称奇的是，子翻父案，而且翻得如此彻底。如此等等，都让这场冤狱成为一场荒谬绝伦的过家家游戏。皇帝翻手为云、覆手为雨，法司、刑部完全成了其操纵的木偶，应有的刑罚可以因皇帝的旨意而减去，也可以因皇帝的旨意而加重。曾静被刑部判死罪，皇帝一声令下就回家做起官职，吕留良已死去数年也因皇帝的一声令下惨遭锉尸、家破人亡。清代的律法有着严格的量刑标准，已经较以往各个朝代完备，但在那种权力集于一人的制度下，根本不可能得到实施，也不可能有所谓的民主，这一"出奇料理"的冤案再一次证明了此点。当时在山西夏县县城张贴出的一首无名诗反映了人们对此案的心声：

> 走狗狂惑不见烹，祥麟反作釜中羹。
> 看彻世事浑如许，怒发冲冠剑欲鸣！

扑朔迷离 亘古未有

——杨乃武与小白菜案

发生在同治、光绪之交的杨乃武与小白菜案是一件轰动朝野、家喻户晓的大案。此案审判过程迂回曲折，历经县、府、按察司、省、刑部等七审七决，最终由当时的最高统治者慈禧太后下旨方得以平反昭雪。此案历时之长，牵涉人员之多，案情之扑朔迷离，使之列为晚清四大奇案之首。

一

余杭位于浙江天目山东麓，杭（州）、嘉（兴）、湖（州）平原西缘。自秦王政 25 年（公元前 222 年）设余杭县以来，至隋朝开皇 9 年（589 年），余杭一直是杭州郡治所在地。次年，杭州郡治才正式迁往钱塘，余杭成为县治，一直到 2001 年撤县划区，成为省城杭州的一个区。

余杭自古就是浙西重镇，风景秀丽，小桥流水，物产丰饶，名人辈出，文化底蕴深厚。清朝同治年间的余杭县城，经历了康乾盛世，商品经济相当成熟，已然是商铺林立，车水马龙了。本案的主人公杨乃武就于道光十六年（1836 年）出生于余杭县城一个乡绅之家。杨乃武的父亲是杨朴堂，过世较早。杨家原在余杭镇居住，因清军与太平天国军的战斗毁了房屋，寄居在余杭城内澄清巷一姚姓人家的房子里。

杨乃武，字书勋，又字子钊，曾有一兄长，名乃文，三岁时夭折，所以人们称杨乃武为"杨二先生"。杨乃武还有一个姐姐，叫杨淑英，已出嫁给叶梦堂，不幸丈夫因病早故，家内无人，因自小与杨乃武姐弟感情深厚，就常到杨乃武家居住。杨乃武先后结过三次婚，先为吴氏，早故；次为詹姓女儿，称大杨詹氏，于同治十一年九月初八日死于难产；后又娶大杨詹氏的胞妹，称小杨詹氏，于同年十一月初三日过门。杨乃武有一子一女，子名杨卿伯，女名杨浚。杨乃武是秀才，平常以授徒为业。

本案的另一个主人公小白菜，原名毕秀姑，乳名阿生，咸丰六年（1856年）出生于余杭县仓前镇毕家堂村，其父毕承祥早逝。毕秀姑8岁时，母亲毕王氏嫁给在县衙当粮差的喻敬天为妻，人称"喻王氏"。"小白菜"这一称呼不见于当时的史籍资料，时人的笔记、《申报》的报道中也未采用此称。据考，这一称呼当是案情大白之后，文艺家在文艺作品中的创造，不少作品都以毕秀姑喜欢穿绿色小褂，系白色围裙，人又清秀灵动，就称之为"小白菜"，又因其嫁给做豆腐的葛品连，又称"豆腐西施"。本文为体现该案原貌，按史料所载称"葛毕氏"或"毕秀姑"。

毕秀姑的丈夫葛品连，乳名葛小大，仓前镇葛家村人。父亲葛奉来，早年病亡，母亲姓喻，与毕秀姑的继父喻敬天是远家族弟。因遇太平军战乱，年幼的葛品连被太平军掳走，葛喻氏无依无靠，由胞兄主婚，于同治二年（1863年）改嫁给余杭县务农的沈体仁为妻，人称"沈喻氏"。次年，葛品连逃回，继父沈体仁把他推荐到县城一家豆腐店里帮工。

喻敬天与沈体仁两家比邻而居，到毕秀姑11岁时，葛品连母亲沈喻氏与毕秀姑母亲喻王氏商量，打算聘毕秀姑给葛品连为妻。因两人的父亲都是继父，对他们的终身大事不管不问，就由两人母亲做主，毕母见葛品连为人老实，就表示同意，只等两人年纪稍长后完婚。

同治十年（1871年），毕秀姑16岁，出落得水灵清秀，肌肤白净。这一点在官方奏折和《申报》报道中都予以认同。《申报》甚至说毕秀姑"美而艳"、"受诸极刑，而色终未衰"，沈喻氏在供词中也屡次说其"生的美"，可见毕秀姑相貌确实漂亮。在当时，女子及笄即15岁时就可以行婚。喻敬天原先不管不问，现在却想趁机多要些彩礼，又说结婚必须要有新房。葛品连无钱满足这些要求，一时无计可施。幸而葛品连有个义母冯许氏，家资殷实，就前去说合，愿意拿出140元洋钱为义子操办婚事，80元作为彩礼送给岳父喻敬天，余下的60元用于置办结婚酒宴。喻敬天喜不自禁，当即表示同意，并表示可以让葛品连夫妇先住在自己家，待满月后再另行租房。于是，两家请住在附近的秀才杨乃武给择定了结婚日期，定于同治十一年（1872年）三月初四日举办仪式。

较葛品连结婚早上三四个月，即同治十年（1871年）十一月，杨乃武在澄清巷口新建了三间两层楼房，并请葛品连的继父沈体仁监工。葛品连与毕秀姑结婚后，沈体仁得知杨乃武的房子除了自家居住外，还有一间余屋，就与妻子沈喻氏一起同杨乃武商量，以每月八百文的价格租一间给儿子儿媳居住，并于四月二十四日搬入。此后，杨乃武与葛品连夫妇同住一个楼房内。

葛品连在豆腐店当伙计，因做豆腐需要晚上磨浆，第二天一早发卖，且店铺离家路途较远，就不得不起早贪黑，为了节省往返时间，晚上他就经常宿在店中。毕秀姑活泼外向，只身在家，闲着无事，就常到杨家串门，杨乃武性格爽朗，倒也素无避忌，相处融洽，如同一家人似的。后来，毕秀姑有时就在杨家与杨乃武同桌吃饭。在杨乃武的影响下，毕秀姑还对读书诵经产生了兴趣，就请杨乃武教她，杨乃武也不推辞，常常手把手地教她识字背诗，秉烛夜读，笑语盈窗。

此时，杨乃武的第二任妻子大杨詹氏还在，葛毕氏与杨乃武往来频繁还未引人注意，而同治十一年（1872年）九月初八日，大杨詹氏因难产去世后，葛毕氏仍和以前一样，不避嫌疑与杨乃武同吃共读。

清末的豆腐作坊

　　这样过了三四个月，葛品连有时回家甚晚，发现妻子仍然在杨家，不由起了疑心，怀疑妻子与杨乃武有奸情。他为探明情况，一连好几个晚上，从店里跑回家，躲在门外屋檐下暗中偷听。可除了听到二人读书诵经外，并没有调情轻薄之事，更没有抓获奸情。但葛品连心胸狭隘，心中疑云难以消散，就向母亲沈喻氏陈说所见。沈喻氏与丈夫沈体仁住在外面，偶尔去杨乃武家看望儿子儿媳，也曾见儿媳与杨乃武同桌吃饭，早已有疑心，今天听到儿子如此一说更是疑云重重。妇道人家一贯口没遮拦，沈喻氏竟添油加醋，在邻居间大肆渲染。一时间邻居们指指点点，流言四起，街谈巷议，都是杨乃武与葛毕氏的桃色消息。

　　大杨詹氏去世三个月后，十一月初三日，在岳母的同意下，杨乃武与大杨詹氏的胞妹詹彩凤结了婚，是为小杨詹氏。

　　此时，葛品连与葛毕氏之间的吵闹也开始增多。葛品连经常借故打骂妻子，但又无钱另租房子，只得依然住在杨乃武家。如此磕磕碰碰，到第二年六月，杨乃武以行情见涨提出要把房租提高到每月 1000 文，葛品连听从母亲的劝告，决定趁此机会迁居以避嫌疑。这年闰六月，葛品连夫妇向杨乃武说明，不再租住其房屋，搬到位于太平巷附近的岳父喻敬天的表弟王心培家隔壁居住。

　　王心培也早已风闻杨乃武与葛毕氏之间的风言风语，自葛品连搬来隔壁居住后，就留心观察，看杨、毕之间到底有无传闻的风流韵事。可观察数日，并没见杨乃武过来幽会葛毕氏，也没有见到葛毕氏出去。

　　但葛品连的疑虑并未因此消解，依旧对葛毕氏耿耿于怀，认为毕秀姑对自己不忠，常借故打骂。这年八月二十四日，葛品连嫌葛毕氏腌菜晚了时日，又将妻子痛打一顿。葛毕氏忍无可忍，寻死觅活，剪掉自己几缕头发，发誓要出家做尼姑。闹腾了许久，直到双方父母赶来调解，房东王心培也赶来劝解，才算平息风波，夫妻两人重归于好。而在街坊邻居看来，这实是葛品连借腌菜出妻子与杨乃武同吃诵经甚至通奸的恶气。

　　同年八月，杨乃武赴杭州参加癸酉科乡试，中了浙江省第一百零四名举人，是余杭县惟一一名中举的才子。按照惯例，中举者必须在张榜后的两三个月内办理确认和报到手续，否则将视为弃权处理。杨乃武的岳父詹耀昌病故后，虽然早已落葬，却还未曾除灵。因为詹家的两个儿子都已病故，没有子嗣，詹家就商量把其兄的儿子詹善政过继给他为嗣。早就定好十月初三日除灵，初五日举行詹善政过继礼。于是，十月初二日，杨乃武就到杭州办理中举事宜，初三办理完毕，就从杭州直接赶往南乡岳母家中。当时同去祭奠的有詹耀昌的干兄弟、监生吴玉琨，还有沈兆行、孙殿宽等人，杨乃武初三下午赶到祭奠，晚上住在岳母家。初五日举行詹善政过继礼，诸人都在过继书中画押作证。一切手续办完后，杨乃武于初六日返回家中。

十月初七日这天，葛品连忽然感到身体不适，全身疲乏无力，忽冷忽热，像犯了疟疾，两腿像灌了铅，走路沉重。葛毕氏知道丈夫本来就患有流火症，劝他找人替工，回家休养。葛品连认为无甚大碍，执意不肯，支撑病体勉强上工。这样硬捱了两天，病情日趋加重。初九日早晨，葛品连实在支撑不住，只好请假回家，途中屡次呕吐。其继父沈体仁正在路边大桥店内吃早茶，见葛品连浑身哆嗦，走路艰难，心知他流火病复发，就没有叫住他，让他回家早些休息。葛品连路过一家点心店时，还买了一个粉团作早点，但刚吃了几口，走到学宫化字炉前就呕吐出来。好不容易磨蹭到家门口，王心培妻子见他两手抱肩，瑟瑟发抖，问候了几句，就喊葛毕氏出来扶丈夫上楼歇息。

葛毕氏将丈夫扶到楼上，帮他脱衣躺下，盖上两床被子，见丈夫依然呕吐，大叫发冷。询问他病情，他说自己连日来体弱气虚，大概是流火病复发，嘱咐妻子拿1000文钱托岳父喻敬天代购东洋参、桂圆煮汤以补元气。喻敬天派人买回东洋参和桂圆，葛毕氏煎成汤药让丈夫服下，并请王心培的妻子叫来母亲喻王氏帮助照料。喻王氏来了半日，见女婿依旧卧床发抖，时欲呕吐，既无好转也没恶化，安慰开导一番，就回去了。

傍晚时分，葛毕氏听到丈夫喉中痰响，急忙上前照料，却见丈夫口吐白沫，已经不能说话，葛毕氏高声叫喊，王心培夫妇闻声赶来，派人叫来双方母亲沈喻氏及喻王氏。二人匆匆赶到，见葛品连两手在胸口乱抓，目光直视，急忙请大夫前来。大夫来到，望闻问切后，诊断为痧症，用土办法灌万年青汁、萝卜籽汤也未见效。王心培还跑出城外，把正在履行公务的喻敬天叫回家中，又另请医生延治，也无效果，葛品连捱到十日下午申时，气绝身亡。

葛氏家人悲痛欲绝，哭声震天。哭过之后，家人商量发丧出殡事宜。沈喻氏给儿子擦洗身子，换上干净衣服，准备停灵两日后入殓埋葬。当时尸体并无任何异常，所有人都认为是痧症致死，没有怀疑。

当时时令虽已是十月深秋天气，可南方天气闷热潮湿，屋内又通风不畅，加上死者身体肥胖，到了第二天即十一日晚上，尸体就开始发变，口鼻中有少量淡血水流出。死者义母冯许氏见后，认为尸体怪异，死得蹊跷，提出疑问。沈喻氏平时就对儿媳举止轻浮不满，认为因她不守妇道曾闹得满城风雨，见冯许氏提出，也不觉起了疑问。她又仔细查看了儿子尸体，见脸部发青，口鼻流血，面目狰狞，回想起儿子死前双手乱抓，口吐白沫，也觉得甚是奇怪，疑窦顿生，认为儿子是中毒死亡，就当场再三盘问起儿媳葛毕氏。可无论她怎样盘问，葛毕氏一口断定丈夫是因病致死，绝无其他缘故。沈喻氏见问不出眉目，自己的疑惑难以消除，便与家人商量告官，由官府勘验儿子是否中毒而死，如果的确不是中毒而死就入殓出殡，如果确系中毒死亡，就追究凶手，为儿申冤报仇。当下，说做就做，家人请来地保王林前来察看尸身，王林也认为是中毒模样，同意告官。当晚便请人写好呈词。次日一早，在王林的陪伴下，沈喻氏向余杭县衙递交了请求验尸的呈词。

二

余杭知县刘锡彤（1806~1877），字翰臣，天津盐山人氏，道光十七年顺天乡试举人，先任山东邹平代理知县，后任浙江丽水知县，同治初又任余杭县知县，加知州衔。此时，他已经年近七十，先前在余杭任过两年知县，这已经是他第二次担任余杭知县。

他于十月十二日一大早接到诉状，见一向平静的余杭竟然出了命案，即刻准备，叫来仵作沈祥和门丁沈彩泉及一班衙役前往葛家勘验，探访案情。

一伙人收拾完毕，正待出发，余杭秀才陈竹山来到县衙给刘锡彤看病。刘锡彤年迈多病，就聘请陈竹山定期前来给他检视身体。两人关系密切，常来常往，已经成为无所不谈的朋友。望闻问切之余，刘锡彤向陈竹山谈起正要前去勘验的一起谋杀案，断明葛毕氏之夫是否确为中毒而死。陈竹山就把他在街头巷尾听到的关于杨乃武与葛毕氏的风流传闻告诉了刘知县，并说其后葛品连为避嫌疑搬家，夫妻失和，一次夫妻吵架，葛毕氏哭闹着要剪发做尼姑等等，还说现在葛品连年青暴死，邻居都认为是杨乃武与葛毕氏合谋毒死。

陈竹山和刘锡彤聊到近中午时分才分别。陈竹山离开后，刘锡彤即带领仵作沈祥、门丁沈彩泉及衙役前去勘验。正午时分，一行人来到葛家，此时尸体腐烂加剧，肚腹膨胀，上身变青，腹部有几个水泡，一按即破。仵作沈祥勘验发现：尸身仰面，淡青色，尚未僵硬，口鼻内有淡血水流入眼耳，腹部有大泡十余个，用银针刺探咽喉，银针呈青黑色，擦之不去。在报告结论时，按照以往经验，沈祥却犯了难：这个症状与《洗冤录》所载服砒霜而死的特征"牙根青黑、七窍流血、嘴唇翻裂、遍身小泡"的情形不同，但与服砒霜死者"用银针刺喉，银针变暗擦之不去"的特征却又一致。

《洗冤录》是中国古代第一位法医、宋代提刑官宋慈的经验著作，宋慈一生断案如神，尤其擅长验尸，能从尸体中找出疑案的蛛丝马迹，所著《洗冤录》已成为此后历代仵作断案的根据和标准，具有不可置疑的可信度和准确性。

沈祥想起自己曾勘验的一个名叫陈观发的死者尸体，尸体特征与此相似，陈观发是自服生烟土致死。沈祥思虑再三，就上报结论说，死者可能是服生烟土中毒而死。门丁沈彩泉在县衙时，也听到陈竹山的议论，先入为主，认为烟毒都是自己吞服，与被人毒死不同，葛品连肯定是砒霜毒死。沈祥不服气，与沈彩泉争执起来，试毒的银针本来应用皂角水多次擦洗的程序也被忘得一干二净。两人争执的结果是谁也说服不了谁，只好含糊地向陈锡彤报告称死者系"服毒身亡"。

刘锡彤一听"服毒"，立刻想起陈竹山的话，认为葛品连肯定是被人毒死。当即询问告状的沈喻氏，葛品连死前情况，死前吃了什么东西，谁做饭喂服。沈喻氏把大致情形诉说一遍，特别说明死时只有其儿媳在身边服侍。刘知县当即叫来葛毕氏质问，逼她说出实情。葛毕氏极力否认，并对天发誓。刘锡彤见在葛家问不出头绪，就让衙役把葛毕氏带回县衙严审。

刘锡彤胸有成竹地将葛毕氏带回县衙，认为很快就能破案，查出凶手。他吃过午饭，稍事休息，下午立即升堂审问。刘锡彤因有成见在先，先问葛毕氏丈夫因何中毒身亡，威逼葛毕氏说出毒死丈夫实情。葛毕氏连呼冤枉，坚称自己毫不知情。用了一下午时间，审问依然毫无进展。

刘锡彤见问不出头绪，就直奔主题，打算突破葛毕氏的心理防线，逼问其是否认识杨乃武，与其什么关系。葛毕氏仍表示毫不知情，刘锡彤忍无可忍，认为她目无王法，诡辩抵赖，下令用刑。开始先用拶刑，见葛毕氏虽疼得冷汗直冒，却咬紧牙关极口否认，审讯没有效果，又用开水浇淋其背，用烧红铁丝刺穿乳头。葛毕氏疼痛难忍，撕声裂肺，几次昏死。刘锡彤从下午一直审到半夜，葛毕氏最终难耐酷刑，便招认了与杨乃武因日久生奸，进而谋害亲夫葛品连的"实情"。其大致供状如下：

清代行刑图

杨乃武第二任妻子大杨詹氏因难产去世后，多次调戏自己。同治十二年（1873年）九月二十八日傍晚，丈夫去了店里，杨乃武又来调戏自己，自己素念杨乃武风流儒雅，把持不住，同意其要求。此后，两人一有时机，遇便行奸，不计次数。次年，搬离杨家后，两人仍有来往，被丈夫察觉。八月二十四日，丈夫以自己腌制咸菜迟误生气殴打，自己剪落头发哭闹。杨乃武寻机过来劝慰，说要娶自己为妻，自己以有夫拒绝，杨就劝自己毒死丈夫，并说过门后与原妻地位身份一样，不分妻妾、大小，自己也就应承下来。十月初五日傍晚，杨乃武交给一包砒末，嘱咐自己方便时下手。十月初九日上午，丈夫因流火疾返家，要我买东洋参何桂圆煎汤服用，自己就将砒霜倒入汤中，毒死丈夫。

葛毕氏做完口供，已是半夜三更。刘锡彤得到供词，一刻也不耽搁，派一王姓书办带领民壮阮德指路，前往澄清巷抓捕杨乃武。杨乃武此时早已入睡，阮德带书办敲开家门，不由分说，将杨乃武捆绑结实，带到县衙。

杨乃武脾性刚硬，半夜三更平白无故被强行带到县衙，火气十足。刘锡彤连夜鞫问，杨乃武不但极口否认与葛毕氏因奸谋毒之事，还埋怨、顶撞刘知县，态度粗暴，使得刘锡彤大为光火。但因杨乃武是新科举人，系天子门生，按照清朝规定，对有功名的人不得施加刑罚。刘锡彤一时也拿杨乃武毫无办法，束手无策，无法取得口供，只得暂时宣布退堂，将杨乃武押入大牢。

次日一早，刘锡彤便呈报杭州知府，因杨乃武涉嫌通奸谋毒，请求革去其举人身份。按清制，革去举人身份需由巡抚上报朝廷具题。杭州知府陈鲁见事关重大，即刻呈报浙江巡抚，由浙江巡抚报告朝廷。吏部接受具题后，研究是否批准革去杨乃武举人身份。

在批文尚未到达之前，杨乃武家人从各种渠道探听消息，得知杨乃武是被葛毕氏诬攀，且在供词中有十月初五日杨乃武亲自交给她砒霜云云。家人就托人赶到杨乃武岳母家，求十月初五日在场的本家亲友为杨乃武作证，证明他初五日在南乡为岳父除灵，举办立继仪式，初六日才回余杭城内，以击破葛毕氏供认的初五日交砒霜的谎言。在岳母家人的努力下，那天参与除灵的监生吴玉琨、过继的詹善政、杨乃武的堂兄增生杨恭治及孙兆行、冯殿贵等人即向余杭知县递交了公禀，联合证明杨乃武初五日在南乡做客，不可能当面交给葛毕氏砒霜。

刘锡彤看到递交上来的公禀呈词，就安排杨乃武与葛毕氏当面对质。葛毕氏惧怕受刑，咬定原供属实。杨乃武拒不承认，还破口大骂，怒斥葛毕氏信口雌黄。刘锡彤见此，认为杨乃武家人是做假证以开脱杨乃武的罪责，对呈递的公禀不再予以理会。

由于朝廷革除杨乃武举人身份的批复还没有下来，不能对杨动刑，虽然杨乃武没有招供，但葛毕氏已将案情供认清晰，按照清律，可以认为案件初审结束。于是，十月二十日，刘锡彤将杨乃武、葛毕氏及相关案卷解至杭州。此时，自沈喻氏报案以来仅九日时间，办案可谓神速，且时限、程序上均符合清律。不过，刘锡彤认为杨乃武亲朋吴玉琨等递交的杨乃武十月初五日不在余杭的证词是伪证，不值得上报，就擅自扣压，没有连同其他卷宗上交杭州知府。而且，为了让上司看到自己办案有力、能力超群，得到上司的赏识提拔，也为了不让上司驳回案子，他在初审报告中谎称试毒的银针已用皂角水擦洗，结果"青黑不去"，与《洗冤录》所载服砒中毒情形一致等等。

随着刘锡彤把案件上交杭州知府陈鲁，该案初审宣告结束，正式进入二审程序。

杭州知府陈鲁，是军功出身，对文人有些偏见，认为他们终日皓首穷经，无所事事，穷酸风流，只顾聒噪惹事，毫无用处。他见到卷宗，翻阅一遍，认同仵作"中毒而死"的报告，采信了刘锡彤的审问经过，对卷宗陈述的案件经过信以为真，不再细致追查。因主要案犯杨乃武尚未招供，当天下午，陈鲁即亲自督审。此时，朝廷革除杨乃武举人身份的批复已到，杨乃武仍坚不招认，陈鲁就开始动用大刑，诸如杖刑、夹棍、踏杠、跪天平架等毒刑严加逼供。天平架，是将犯人的头发和两手大拇指吊起，高悬空中，像天平一样，犯人全身重量都系于头顶和两指，拇指疼痛难忍，甚至导致头皮脱落。杨乃武被折磨得死去活来，数次死而复苏，最后忍无可忍，孤注一掷，宁愿被斩首也不愿受此皮肉之苦，便含屈招供。

两个案犯已经招供，余下的就是追查证据——砒霜的来源。陈鲁询问杨乃武，杨乃武无从作答，追问急了，想起十月初去杭州路经仓前镇时，曾见到一家标着"钱记爱仁堂"的药铺，便随口供认：十月初三日假称毒老鼠，买了钱宝生药铺内红砒四十文交给葛毕氏。陈鲁见毒品来源已经查明，认为案情已经大白，立即命刘锡彤去仓前镇缉捕"钱记爱仁堂"药铺的老板"钱宝生"，获取罪证。

按清制，证人证词是定案的核心要件，会影响最后的结案。刘锡彤完全知道此点，立即着手准备传证人"钱宝生"到案作证，但又担心"钱宝生"不愿前来，或者来了也不予配合。因为清代证人必须与犯人一样被关入牢房，随时准备上堂作证，尤其是卖毒药给人还应承担刑事责任。刘锡彤就事先让其幕僚、仓前镇人章浚即章抢香以同乡的名义写信给"钱宝生"，叮嘱他尽管前来作证，不必害怕。"钱宝生"来到县衙后，刘锡彤并未把他直接交给陈鲁，而是带入自己的花厅里密谈。"钱宝生"说自己虽是"钱记爱仁堂"药铺的老板，但名字不叫"钱宝生"，而叫"钱坦"，也叫"钱鹿鸣"，药店里也从没有进过砒霜，更不认识杨乃武。刘锡彤以为钱坦怕作证人，就反复给他保证，说只要能作证，本县决不追究其卖砒霜的罪责，不会把他送到杭州府作证。但钱坦依然犹豫不决，拒绝作证，刘锡彤一时也无计可施。

钱坦有个同父异母的弟弟钱垲，得知兄长被传到县衙，以为哥哥吃了官司，急忙四处联系，设法为其开脱。他知道秀才陈竹山与刘知县关系密切，就拜托陈竹山为钱坦说项。陈竹山一贯好事，就与钱垲一起来到县衙，刚巧刘锡彤正在衙门内堂苦口婆心地劝导钱坦，不便闯入，就坐在外间等候。这时，门丁沈彩泉进来，陈竹山就向他要了杨乃武的供词翻看。

不一会，钱坦退出，陈竹山上前询问他经过，钱坦将刘知县强令他供认卖砒霜给杨乃武的经过详述一番。陈竹山本来就对街巷传闻信以为真，又看到杨乃武的供词，更坚信谋毒情事，就将杨乃武供词中有关细节告诉钱坦，说杨乃武假称买砒是为毒鼠，卖主不知道他意欲害人，不会受罚，即便卖砒有罪，也不过枷杖而已，如果拒不作证，杨乃武已经招供，一旦被查实，就是包庇杀人嫌犯，将与之同罪，被处死刑。钱坦被陈竹山一顿开导敲打，惊出一身虚汗，便照杨乃武的口供供认，承认自己就是"钱宝生"，十月初三日曾卖砒霜与杨乃武，并在证词上具结画押。

刘锡彤得到钱坦具结，又怕钱坦反悔，亲笔写下"此案与钱坦无干"的保证，让钱坦放心回家，并即刻将具结呈递杭州知府陈鲁。

在刘锡彤取证期间，杭州知府陈鲁也没闲着。他恐葛毕氏误供，对其严刑拷打。葛毕氏又信口乱供，供认八月二十四日与丈夫争吵、哭闹，实因杨乃武来自己屋内调笑，被丈夫撞见，丈夫迁怒、殴打自己。陈鲁又讯问葛品连的母亲沈喻氏等证人。沈喻氏在告状时原本没有说出谁毒死儿子，现在见葛毕氏供出杨乃武，虽将信将疑，但为替儿子报仇，明知与事实有很大出入，也胡编乱造，说儿子猝死后，自己盘问葛毕氏，葛毕氏说出了与杨乃武通奸谋毒的实情，与其原递证词迥异，前后矛盾，也照样画押具结。王心培、沈体仁等人不知底细，一看法堂威严，都想尽早脱离干系，都随沈喻氏乱供一气。

陈鲁得到刘锡彤递交的"钱宝生"的供词，又加上杨乃武和葛毕氏主犯的供认，认为此案葛毕氏与杨乃武通奸谋毒本夫，淫恶蔑伦，铁证如山，应按律问罪。同治十二年十一月初六日，杭州知府陈鲁作出判决，以因奸同谋杀死亲夫罪判处葛毕氏凌迟处死，以起意杀死他人亲夫罪判杨乃武斩立决，并准备上报按察司核准。

作为官僚，陈鲁也关心自己的考成，对人命案也不敢太过草率，被上司挑出毛病。他见证人所供葛品连死时症状"口鼻流血"与尸检记录的"七窍流血"不符，就责令刘锡彤奏明情况。刘锡彤并不重新勘验以明真相，而是将证人供词中的"口鼻流血"一律改为"七窍流血"，以消除案中破绽。卷宗呈交陈鲁后，陈鲁又审核一遍，才将案件上交。

至此，杨毕案的二审结案。

三

二审期间，杨乃武家人想尽一切办法营救杨乃武。妻子小杨詹氏日夜痛哭，双目尽肿，而恰恰又是刚刚分娩，行动不便，只能干着急。唯有杨乃武的姐姐杨淑英即叶杨氏四处托人打听县、府审讯情况，跑到仓前镇询问钱坦母亲和爱仁堂伙计，都说没有卖过砒霜。叶杨氏知道弟弟确系蒙冤，即准备上省告状，拼死挽救弟弟性命。可按照清制，女子不能越级呈递状词，家人商定后，就让过继给杨乃武岳母的詹善政作报告，到省里向臬司、藩司、抚台衙门投状告冤。

清朝审级制度分成四级，即县级、府级、按察司、巡抚或总督。死刑案件应由低到高，逐级审理，最终由巡抚或总督上报朝廷备案。知府陈鲁的二审必须确定案情及罪刑才能上报，由按察司进行三审。按察司的最高长官称按察使，也称臬司、臬台，是职掌全省的专职审判机构，有审核各府上报案件的权力。此时，浙江按察司按察使是蒯贺荪，出身举人，不像陈鲁那样蔑视读书人，知道一旦中举，将可能考中进士，入仕做官，前途无量。接到杭州知府呈交的案卷后，蒯贺荪觉得因奸谋毒与举人的身份不相称，很有些疑问。他审阅了杭州府的结案报告，调阅了全部卷宗，并组织了两次审问。杨乃武、葛毕氏均已心灰意冷，照前供述。蒯贺荪见案犯所供无异，叫来初审的刘锡彤和二审的陈鲁询问审判经过，并追问审讯是否有可疑之处。刘锡彤和陈鲁二人信誓旦旦地说，此案铁证如山，绝无冤屈。蒯贺荪见此，就召案犯、证人画押通过，将案件上报浙江巡抚。三审就此草草结束，按察使蒯贺荪根本没有起到审核把关的作用。

按清制，死刑案件由按察使审核后，尚需报该省巡抚或总督审问。当时闽浙一个总督，衙门设在福州，杭州城内没有总督，只有巡抚，所以本案就由浙江巡抚负责四审。

浙江巡抚杨昌浚在当地很有政声，深受百姓拥戴。收到案件后，为把案子办得扎实，他认真阅读卷宗，亲自审讯案犯、证人，但杨、毕二人早已屈打成招，料想难以翻案，便依样画供。杨昌浚见此，并不草率结案，而决定别辟蹊径，委派候补知县郑锡滜微服到余杭私访，探听民间议论，看是否与案犯所供相符，必定能水落石出。

郑锡滜到余杭后，人生地不熟，打算依靠知县刘锡彤，暗访案犯和证人家属。刘锡彤见上面来人，自然要好好表现，设宴款待。觥筹交错中，郑锡滜告诉刘锡彤此行目的。刘锡彤立即嘱咐陈竹山给钱坦施加压力，警告钱坦按原供交待。如此，郑锡滜几天的微服私访，所得的只是一些专为他准备的假情报，却自认为暗访很有效果，回到杭州向巡抚杨昌濬禀报该案确实"无冤无滥"，并汇报了暗访过程。杨昌濬对暗访结果深信不疑，对郑锡滜的办事能力大加赞赏，并加以提拔，去掉了其"候补"，推荐他到外地做了知县。

同治十二年（1873年）十二月二十日，杨昌濬根据审问和暗访结果，完成了结案报告，认为该案证据确凿，维持原判，上报朝廷。四审审结。

杨昌濬审结后，准备把该案上报朝廷。按清制，所有的死刑案件最后一审通过后都必须由巡抚或总督上报朝廷，由朝廷批准后执行。

杨乃武与葛毕氏一案，从一开始就得到人们的关注。同治十一年创刊的《申报》从该案发生的第二个月起就开始跟踪报道，本省民众及在京的浙江官员知晓在本乡文人中竟发生此类事情，无不惊愕，开始关注此事。

杨乃武从家人口中得知浙江巡抚即将把该案递交给朝廷审核，心知如果错过此次机会，将永无翻身之机，就在狱中写了一篇亲笔申诉状，陈述了自己实因葛毕氏诬陷而被拘捕，审判官刑讯逼供而屈打成招的事实。在供诉状中，杨乃武列出案件审判存在的八条疑问，例如为何不让自己与钱宝生当面对质；倘自己与葛毕氏通奸，当不会令葛毕氏迁居等等。同时，为了让朝廷相信自己确实是被诬攀，可以更好地翻案，杨乃武捏造了不少攻击葛毕氏的文字，又增添了两个无中生有的情节：一是葛毕氏与余杭县衙役及里书何春芳有私情，曾被葛品连发觉并殴打；二是余杭县令刘锡彤的儿子刘子翰及其好友民壮阮德在葛品连死后，曾向杨乃武勒索讹诈，被杨乃武拒绝后，串通其父恃权蓄意谋害。杨乃武委托家人将此呈诉材料向各衙门申诉，但都没有引起浙江巡抚和臬司等地方官员的重视。

杨乃武的家人始终没有放弃营救杨乃武的行动。姐姐杨淑英即叶杨氏一直在为弟弟奔波劳碌，不怕抛头露面；妻子詹彩凤即小杨詹氏虽然刚分娩不久，也带着襁褓中的孩子去杭州各衙门哭诉冤情。同治十三年（1874 年）四月，叶杨氏带着杨乃武在狱中写的申诉材料，叫上杨乃武岳母家的长工王廷南、王阿木，从上海乘轮船，历经二十余天赶到北京。他们先去拜访了一位在京的同乡官僚，经他指点，知道应该向都察院递交申诉材料。都察院是清朝设置的中央监察机关，负责参预和监督司法审判工作，有权对全国上下大小官吏的一切违法犯罪活动纠察弹劾，对重大刑事案件也有权会同刑部、大理寺共同审理。

在递交申诉材料时，却意外发生了一个小插曲。因为清廷规定女子不能至都察院递交申诉材料，叶杨氏就和王廷南、王阿木商量，确定由王廷南进都察院递交材料。当时，已经将递交人情况报告给都察院，正准备递交，走到都察院门前，王廷南心里发怵，突然变卦，借口说自己目力不济，要王阿木代替自己递交。王阿木只得声称自己就是王廷南，递交了申诉材料。

都察院接受呈词后，以叶杨氏、王廷南、王阿木等人越级上告，违反律制，派人将其押送回乡，责令以后不准再告，同时，下文给浙江巡抚，要求复审此案，务必查出漏洞和可疑之处。浙江巡抚杨昌浚接到都察院命令，认为既为无可置疑的铁案，很是不屑，就将该案交给原审结案的杭州知府陈鲁审查。

陈鲁虽认定此案已经案情大白，铁证如山，但上级命令又不敢违抗，就又另外传讯了地保王林、房东王心培等证人。几个证人见犯人早已供认，也胡乱供认以免沾惹是非。陈鲁见与原审无异，仍旧按照原审判决再次上报浙江巡抚杨昌浚，杨昌浚随之上报都察院。都察院见案情无任何疑问，可以结案。五审也草草收场。

其间，杨乃武家人三番五次去仓前镇爱仁堂药铺找"钱宝生"，软硬兼施，央求"钱宝生"证明杨乃武没有在彼处买砒。钱坦怕受知县刘锡彤的打压，死活不答应杨氏家人，后来被缠得无法，就只有外出躲避。杨乃武家人还找到葛品连的母亲沈喻氏，央求她撤回申诉，救杨乃武一命，并答应以金银田地相报。沈喻氏为子报仇心切，也不答应。同年六七月间，杨乃武的妻子还到浙江巡抚、按察司衙门上告，均无结果。

胡雪岩像

一件小小的刑事案件，竟然惊动了中央最高监察机构，经《申报》广泛报道，杨毕一案已经引起全国各地的关注。尤其是浙江和北京两地，更是朝野上下，无人不晓，对该案进展情况高度关注，甚至惊动了当时红极一时的杭州红顶商人胡雪岩。

胡雪岩在浙江原巡抚王有龄、闽浙总督左宗棠的支持下，开办钱庄，设举洋务，后又在杭州开设胡庆余堂药店，资金达3000多万，田地一万亩，捐了个江西候补道的功名，成为煊赫一方的官商。他为人乐善好施，仗义疏财。杨乃武案发生时，胡雪岩正在杭州筹办胡庆余堂，他的一个幕友吴以同与杨乃武同为癸酉科乡试举人，深知杨乃武为人正派，此次获罪必有冤情，就把杨乃武姐姐叶杨氏上京告状并准备冒死二次进京上告的情况告诉了胡雪岩。胡雪岩大为触动，深表同情，委托吴以同把叶杨氏引荐过来，答应资助他们全家进京上告的路费和在京的所有生活用度。

得到了胡雪岩的资助，叶杨氏准备第二次进京告御状。此时，恰好有个浙江籍的京官、翰林院编修夏同善丁忧服阙回京，胡雪岩为其饯行，请吴以同作陪。席间，胡雪岩、吴以同向夏同善陈述了杨乃武冤案经过，并央其在京设法帮助。夏同善深为家乡有此冤案震惊，表示将极尽其所能帮助，并留下了其在北京的住址。

这年七月，杨乃武妻子詹彩凤随带其娘家的帮工姚士法进京上告。两人走了两个多月方才赶到北京，按照地址找到了夏同善。在夏同善的指点下，詹杨氏向步军统领衙门递交了杨乃武的申诉材料。这一申诉材料被《申报》以《浙江余杭杨氏二次叩阍原呈底稿》为题刊登出来，使杨乃武的申诉理由广为传播，几乎人人皆知。同时也给步军统领衙门带来很大压力，不能再应付差使，只得将材料上奏皇太后和皇上。不久，谕旨下来，将案件交浙江巡抚与臬司即按察使共同审理，复查此案，务须查出实情，以成信谳。

浙江巡抚杨昌浚得到圣旨，不敢再如上次一样交杭州知府陈鲁审讯。他绞尽脑汁，试图另辟蹊径，想到由局外人审判此案可能会更为中立客观，不会先入为主，就委托刚刚到任

夏同善蜡像

的浙江湖州知府锡光以及绍兴知府龚嘉俊、富阳知县许嘉德、黄岩知县陈宝善等几个下属共同审理。在交接案件时，杨昌浚还对他们谆谆教诲，强调应秉公执法，不枉不滥。几个下属在上司面前自然点头哈腰，唯唯称是。

几个下属也不糊涂，深知承审此案万万不能审得与上司结果不同，不然纯粹是与上司过不去，自讨苦吃。在审讯时，他们就没有敢动刑罚。杨乃武见此次审讯是朝廷圣旨下令，又没有动刑，知道所写申诉材料起了作用，就推翻了原来所有的有罪供认，重新说明自己与此案毫无瓜葛。葛毕氏也趁机全部翻供，否认自己毒死丈夫。湖州知府锡光一看情况不妙，这样下去会无法收拾，审了一次就找了个借口退出审问团。其后的几次审讯中，主要由绍兴知府龚嘉俊主审，两位知县作辅。审来审去，杨毕二位主犯就是不供有罪，毫无头绪，既无法维持原来判决，又难以推翻原先审判。正在三位审问官无台阶可下时，恰好同治皇帝驾崩，又适逢浙江省三年一次的大考，案件审讯不得不暂停。其后迁延日久，三位审问官主动递交辞呈，请求另择大员审理。六审就这样毫无结果，不了了之。

同治皇帝死后，光绪皇帝于次年（1875年）正月二十日继位。按照惯例，新皇帝登基继位，为显示天子之仁爱宽厚，都要大赦天下。但杨毕一案因审而未结，案情重大，悖逆人伦，罪大恶极，不在特赦之列。

　　杨乃武与葛毕氏在六审中双双翻供的消息经《申报》报道后立刻传遍各地。案件扑朔迷离，久久拖延，引起朝野上下的种种猜测。四月二十四日，刑部给事中王书瑞忍无可忍，首先发难，向皇帝递呈奏折，弹劾浙江巡抚杨昌浚等人"复审案件，意存瞻徇"，故意迁延时日，谋图不轨，企图等杨、毕等犯证关死狱中，即可草率结案，维持初审判决，以利考成。王书瑞愤慨之余，请求皇上及两宫太后另派京都大员查办此案，务释众疑。奏折一出，应者云集，矛头直指浙江巡抚杨昌浚。杨昌浚上书辩解，说自己绝非有意迁延，实在是因恰逢封篆，又遇上国恤，兼有本省科考，又说杨、毕虽然屡次翻供，但药店"钱宝生"供词始终如一，并供出杨乃武家属常到其店中滋闹，逼胁他翻供以救人命，案情变幻反复，正在研求实情等等。但光绪帝迫于舆论和大臣压力，钦定浙江学政胡瑞澜全权接审此案，并严命杨昌浚将杨、毕及涉案重要证人仔细看管，如果万一在狱中瘐毙，将予严惩。

　　清代各省、府、县均设有学政。学政负责当地科举考试、遴选人才等，通常由饱学之士担任。浙江学政胡瑞澜就是一位公认的学富五车的人物，在当地也颇有些名望。朝廷圣旨钦点他负责审办杨、毕一案时，胡瑞澜正忙于当年浙江省的考选，杨昌浚把未审结的案件卷宗、案犯及要证等转交给他时，他正忙得焦头烂额，急得一塌糊涂，直到他忙完考选事宜后，才开始着手阅览卷宗，正式审理此案。

　　胡瑞澜（？~1882），字筱泉，武昌县人，道光进士，历任山西学政、左副都御史、礼部、兵部侍郎。毋庸置疑，作为学政，职掌全省的科考、人才遴选大事，胡瑞澜学识深厚，堪称饱学之士，十分称职，但对于审判案件尤其是错综复杂的刑事案件，则有些力不从心，何况以前从未接管审理过案件。他自己也担心办不好这一万众瞩目的疑案，圣上又没有选派其他官员同审，只好奏明皇上，请求允准自己从下属中选出几个官员共同审理，以表明自己没有暗箱操作，保证案情公开，秉公执法。观察了半月，他最终选定宁波知府边葆诚、嘉兴知县罗子森、候补知县顾德恒、龚世潼四人参与审讯。这四人均非原审官员，没必要回护偏袒任何一方。

尽管如此，因才力所限，胡瑞澜依然没有抓住案件的关键核心所在。他没有从案件的源头抓起，而是针对杨乃武的申诉材料展开调查，经过废寝忘食、夜以继日的劳作，果然发现了申诉材料中的大量捏造诬陷之处。如杨乃武在申诉中说葛品连之所以搬出另寻租处，是因杨乃武告知葛品连葛毕氏有不轨行为，致葛毕氏遭到丈夫殴打，从而对杨乃武怀恨在心，诬告杨与其通奸谋毒；又如，杨乃武说知县之子刘子翰及民壮阮德向其敲诈勒索钱财不成，遂诬陷杨与葛毕氏偷奸；再如他称葛毕氏与何春芳有奸情，以借此证明葛毕氏与自己原先就有仇隙，葛毕氏有诬陷自己的动机，借以洗脱自己的罪名。

胡瑞澜针对这些事件进行了不辞劳苦的调查，结果查明杨乃武申诉材料里所列的这些事实根本就不存在。余杭知县刘锡彤的儿子并不叫刘子翰，而叫刘海升，已经于同治十二年四月回到天津本籍老家，案发时并不在余杭。胡瑞澜还查明，杨乃武家人的不少做法令人起疑。如他们去葛品连母亲沈喻氏家中跪求沈喻氏撤回呈诉，去仓前镇强迫"钱宝生"取回原供具结。连王阿木冒名王廷南到都察院递交申诉材料也被胡瑞澜查了出来。胡瑞澜就此认为杨乃武做贼心虚，企图掩盖事实，销证灭迹。

从这里入手，胡瑞澜对杨、毕连夜进行熬审，并施用酷刑。杨乃武、葛毕氏支撑不住，只得照原供诬服。光绪元年（1875年）十月初三日，胡瑞澜七审结案，上奏皇帝和皇太后，此案无有冤滥，拟按原审判罚定罪。葛毕氏以因奸同谋杀夫罪，拟凌迟处死，杨乃武以奸夫起意杀死亲夫罪，拟斩立决，又以作假呈词京控，罪加一等；钱宝生拟以私卖砒霜致成人命罪，拟杖八十；王阿木以强令钱宝生递交悔呈，又为叶杨氏作保京控，与王廷南、姚士法等拟杖八十；杨恭治、吴玉琨等为杨乃武具呈作证，递具公禀，因不知杨乃武因奸谋命情事，与并未通奸之何春芳，并未诈赃之阮德，均不予追究罪责。

写结案报告时，因案件经多人审理，案犯、证人所供各不尽同，甚至前后矛盾。胡瑞澜在奏折中陈述案件大概时，费了一番心思，极力将案中矛盾之处雕饰圆滑周密。如同治十二年八月二十四日，有人说该日杨乃武在葛毕氏房内调戏，被葛品连撞见，杨逃避，葛品连向葛毕氏盘问出实情，殴打妻子，邻居前来劝解，葛品连借口说是因嫌妻子腌菜迟误吵闹；另一说是葛品连因腌菜迟误殴打妻子，葛毕氏自剪其发欲出家为尼，杨乃武听闻后前往探问，走到葛家门口见房内人多，没有进去就返身而回。两种说法差别较大，胡瑞澜经过思索，将之整理为"该日虽为腌菜迟延争闹，实为与杨奸情引起"。又如沈喻氏怀疑儿子死因盘问儿媳一节，其说法也前后矛盾：先是说儿媳拒不招认谋毒情节，后又说从儿媳口中盘出与杨勾结谋毒情形，前后说法不一。胡瑞澜在上奏中则称："葛毕氏初则言语支吾，继称杨乃武交给流火药。"如此等等，使整个结案报告看起来天衣无缝，足为定谳。

同时，胡瑞澜为了显示自己确实没有徇私舞弊，想起了给皇帝和太后上奏《招册》的方式。他把案犯杨乃武、葛毕氏的供词和沈喻氏、王林、钱宝生等证词都详尽地记录下来，随同其审理结案报告一同上奏。按清制，清朝巡抚、总督办理的死刑案件，不需要把人犯供述和证人证词上报朝廷，只需呈报审结报告即可。胡瑞澜之所以上报《招册》，无非是因该案轰动朝野，影响太大，而各方倾向又反复不一，这一公开供词和证词可以告知天下，该案审理过程没有舞弊徇私之处。

该案七审就此以杨乃武葛毕氏诬服宣告结束。

四

未想，胡瑞澜审结报告和《招册》一呈递，《申报》即予以报道，朝野议论纷纷，舆论大哗。户部给事中边宝泉率先鸣起不平，十月十八日即上奏说胡瑞澜与浙江巡抚杨昌浚"素日相好"，办理此案"外示严厉，中存偏袒"，并没有秉公执法，在关键情节上不加详究，模糊视听。又说本案中杨乃武是否冤抑撇开不说，近年来各省办结的案件，上京控告后发回原省查办，能够平反的百不得一，相沿成习，个中原因则在于案件由督办审定，复查的官吏都是下属，而官吏的升迁降贬都由上司决定，在办案中自然秉承上司意志。胡瑞澜是杨昌浚的下级，其考成由杨昌浚说了算，自然不敢得罪杨。况且，胡瑞澜本是职掌学政的文臣，从没办理过刑案，必然抓不住要害，绝难平反。现在该案依然存在诸多可疑之处，难以据此定谳，舆论汹汹，请求皇上和太后审慎研究，并将该案交给刑部从头审理。

边宝泉的奏折一出，得到许多官员、百姓的支持，但却没有得到皇上和慈禧太后的恩准。上谕说，外省审理过的案件再递交到刑部重新审理，向来没有这样的先例，而且如果外省的案件都纷纷提交到刑部审理，刑部作为职掌全国刑狱的部门，根本忙不过来，何况从杭州押解证犯到京，让证犯劳累疲惫，不属仁爱之道云云。其实，皇帝之所以不愿意转交刑部审查，是因地方封疆大吏审定的要案，既已经七审七决，都无疑问，如果轻易更张，势必引起地方不服气，甚至导致朝廷不稳，为了两个平民百姓的小命导致地方中央不合，完全划不来。不过慑于朝野的舆论压力，尽管皇上不同意由刑部审理，但却同意将此案案卷交刑部详细审研，看是否有可推敲之处，一一标出，交胡瑞澜进一步查究明晰，予以答复。

刑部接旨后，经过仔细审查案卷，发现了一些疑点：一是八月二十四日杨乃武有无进入葛品连家，有无被葛品连撞破奸情一事。卷宗中前后上报材料说法不同。巡抚杨昌浚的报告说杨乃武进入葛家调戏葛毕氏，被葛撞见，毒打葛毕氏，而胡瑞澜的上奏则说当日确系因葛毕氏腌菜迟误而被丈夫责打，并未提到杨乃武进入葛家并调戏葛毕氏一事；二是关于杨乃武购买砒霜的时间问题，先说是初三日，后又说是初二日；三是钱宝生是卖砒要证，却仅在县审时传讯过一次，其后各次审讯均未提鞫，更未让杨乃武与之当面对质；四是杨乃武所供刘子翰与余杭知县刘锡彤之子刘海升是否同一人，为何未就此提审刘锡彤亲供等等。

此时，杨乃武葛毕氏一案已成为全国瞩目的大案。尽管案件疑窦丛生，但依旧维持着葛毕氏凌迟处死、杨乃武斩立决的原判。其所历经县、府、臬司、省等七审七决，每次审讯都引起社会喧动，《申报》报道极大吸引了上至台阁官员下至平民百姓的关注，更使该案成为街谈巷议的最核心话题。固然有许多人相信历经七

许景澄

审，杨毕一案当无冤抑，可以定为铁案，但更有不少人从一开始发现其中的疑点，想方设法地为杨乃武鸣不平。

浙江当地和京师的浙江籍京官非常关心家乡这一轰动全国的大案审理进展情况。在胡雪岩的委托下，丁忧服阙返京的夏同善发动联络在京的浙江籍官员，说家乡出此大事，对浙江官员荣誉有很大影响，既然身在京师，就应当为家乡做点实事。在他的积极努力下，至十二月初，十八名刑部、户部等的浙江京官联名向都察院递交呈词。这十八位浙江京官是：内阁中书汪树屏、罗学成、翰林院编修许景澄、户部主事潘自疆、吏部主事陈其璋、户部主事张桢、何维杰、周福昌、吴昌祺、徐世昌、徐树观、刑部员外郎郑训承、刑部主事濮子潼、员外郎汪树堂、主事戚人铣、工部员外郎吴文谔、邵友濂、主事梁有常。他们联名的呈词由28岁的浙江余杭人李福泉作报告呈递上去。

在呈词中，他们罗列了历次审讯中的疑窦之处，又增加了他们从家乡听闻到的消息，认为刑部虽提出了不少疑点，但仍交胡瑞澜审查报告，胡瑞澜自然会维护其前审结论，并借此机会，绞尽脑汁为案中漏洞弥缝，使之更为周密详致，到时将很难从胡呈报的材料中找到破绽，杨乃武只能冤沉海底。同时，他们在呈词中还针对谕旨中"向无此政体"，提出先皇已有提交刑部审理他省案件的先例，如道光年间刑部就审理过山西省递交的阎思虎失出案件，同治年间刑部也审理过浙江省递交的韩溥华所控犯书孙锦侵冒公款案件，以此请求皇上和太后将此疑难案件交刑部审理，以使该案确无冤纵。

正是这份呈词为杨毕一案的平反奠定了基础。

在此期间，浙江学政胡瑞澜按照圣谕，针对刑部提出的几点疑问，对杨乃武等人又进行一次提讯，此次审问杨乃武葛毕氏认为已经没有翻案可能，仍照前供述，审讯没有任何突破。

随后，胡瑞澜就上奏，一一解答刑部提出的疑问：一是八月二十四日杨乃武是否进入葛家与葛毕氏调戏，胡奏称葛品连早知杨毕奸情，实借八月二十四日腌菜迟误出气，杨当日并未来葛家；二是杨乃武买砒时间是初二还是初三日，胡奏称实际是杨乃武初二日由杭州开始乘船返回余杭，杭州到仓前镇水路四十里，傍晚到钱宝生药铺买砒，船至大东关过夜，初三清晨到家；三是"刘子翰"之名是杨乃武捏造，刘锡彤子名确系刘海升，等等，对这些疑问都作了细致弥缝，使整个案件看起来无懈可击。

胡瑞澜在奏折最后说，这种通奸谋毒的案件，事情极为机密，外人不能亲见，只能以当事本人供词为凭，杨乃武的奸谋是葛毕氏在余杭县初审时供出，并不是他人教唆欺诱。而杨乃武为脱罪，运用其狡猾伎俩，散播谣言，导致人们认为他确有冤抑，自己虽然秉公断案，也难免贻人口实。案情重大，人言纷纷，杨乃武的刁横又比先审时更甚，请皇上、太后另选大臣审理此案。最后，胡瑞澜奏请皇上，因余杭知县刘锡彤涉嫌徇私舞弊，请求召递军机处。

胡瑞澜第二次结案报告传出，质疑之声此起彼伏。

都察院接到浙籍十八名京官的联名呈控，感到事态重大，立即向皇上、太后奏明。皇上、太后刚刚做出"向无此政体"的谕旨，又来了奏请，虽不情愿，但迫于朝野舆论的巨大压力，再加上浙江十八名京官为了浙江读书人的脸面而联名具呈，此时刑部侍郎袁保恒与翁同龢等也看到胡瑞澜奏疏中矛盾重重，上疏称有必要对该疑案提京详细研鞫：在这众多方面的环请下，慈禧太后不得不降旨，同意杨乃武与葛毕氏一案交刑部亲自审核，秉公论断，彻底根究。

当时的舆论对杨乃武极为有利，而葛毕氏则明显处于劣势。许多人包括《申报》及朝廷中的多数官员都认为杨乃武是被葛毕氏诬攀的，对杨乃武深表同情，而对葛毕氏大加挞伐，认为葛毕氏本来就是臭名昭著的荡妇，《申报》报道中也说她"本为土娼"，与葛品连并非明媒正娶，谋害葛品连是葛毕氏一人所为，因

翁同龢

与杨乃武素有仇隙，故诬攀之乘机报复。民间甚至有传言，之所以要职掌遴选人才的学政胡瑞澜审理此案，原准备是为举人杨乃武平反的，而对葛毕氏凌迟处死的判决仍将被维持。而审理结果却是杨乃武的罪罚并未丝毫减轻，这引起人们的普遍不满。

刑部奉谕旨，接下这件已经七审七决的疑案。刑部头品顶戴尚书皂保感到众目睽睽之下责任重大，不敢丝毫拖延马虎，立即组织人马，调阅该案从一审到七审的全部卷宗，细细推敲，详加考究。同时，行文通知浙江巡抚杨昌浚，务必将该案有关人犯、证人分批递解北京刑部，沿途所经县域务必给予配合，严加看守，增派兵丁，以防串供。杨昌浚虽心怀不满，但又不敢公然违抗旨令，只得遵办。

正在此时，即光绪二年正月十六日，本案最重要的证人、钱记爱仁堂药铺的老板钱坦即"钱宝生"忽然在狱中暴毙身亡。当时，钱坦关押在杭州浙江巡抚杨昌浚的监狱里。因为按清制，案件证人也必须关入牢中以便随时提审时作证，如果要出去，必须请人担保。胡瑞澜在上奏中说是"在监病故"，而据有的衙役说是自缢身亡，也有同狱犯人说是被刘锡彤、陈鲁买通狱卒弄死藉以灭口。而《申报》报道说，钱宝生经胡瑞澜审讯后，交差役押解回县，回到家中，骤然腹痛，随即病逝。

事件真实性已经无从考究，但钱坦直接关系杨乃武是否有买砒实情，此时关键证人的暴毙，不仅给审查带来极大影响，而且外界会滋生出诸多议论，更给刑部带来巨大压力。而此前一个月，经手此案的另外一个重要人物、负责三审的按察司按察使蒯贺荪的因病去世，给此案带来的舆论压力足可证明。蒯贺荪的儿子病故后，蒯即郁郁寡欢，不思饮食，形容逐渐枯槁，于光绪元年十二月初二日病亡。他作为杨乃武案三审的主持者，遽然病逝，坊间议论纷纷，也给刑部的查办带来困难。

五

刑部递解该案人犯、证人进京分三批进行。第一批是葛毕氏一人出发，兵丁衙役戒备森严，弓上弦刀出鞘，守护囚车，并安排了两个伴婆随同前往，照顾葛毕氏生活；第二批是一干证人，包括沈喻氏、沈体仁、王心培、何春芳等数十人；杨乃武一人被安排在第三批。因当时交通不变，押解犯人按规定又不能走水路，三批涉案人员采取递解方式，每到一处，该地衙门必须提供食宿及安保，并调出数名衙役替换原来兵丁。因系奉旨进京，朝廷特派了一位候补知县亲自看押寸步不离。一路长途跋涉，要走两个月左右方能到京，可谓千辛万苦。故有的证人尤其是女证人实在不愿进京作证，但又毫无办法。

人犯、证人尚未到京，刑部调阅卷宗后发现不少疑点：其一，谋妇杀夫，事虽机密，但很难一点不漏痕迹，为何葛家邻居王心培从未见到杨乃武到葛家？其二，为什么沈喻氏最初向余杭县衙递交的诉状中，没有提到杨乃武？其三，为何未安排钱宝生与杨乃武对质？其四，葛品连如果系中毒身亡，其母当时就该看出迹象，为何直到第二天才递状控诉？如此等等，都需要调查清楚。

提取证人刚到京时，发生了一件事情，给本来头绪繁杂的案件更添困难。

第二批被解送的证人一行于光绪二年（1876 年）三月二十七日抵京，按照惯例，刑部人员要对证人搜身检查。搜查时，衙役们从葛品连的母亲沈喻氏身上搜出

被递解的犯人

一张纸条，写有"刑部司员文起暨浙江粮道如山宅内居住之刘殿臣，余杭县署内姜位隆恳托"字样。讯问沈喻氏，说是远亲姜位隆所写，让她来京投靠于文起及刘殿臣。经查，刑部司员中只有一个候补主事文超，并没有纸条上的"文起"其人。尽管纸张内容未涉及案件，但因案情重大，刑部奉旨亲鞫，不敢忽视每一个细节，于是在全国范围内通缉寻拿刘殿臣、姜位隆，一时风声鹤唳，草木皆兵。最后终于查明，姜位隆是余杭县署家人，与沈喻氏熟识，见其解京辛苦，无依无靠，就写了一张纸条，嘱咐她到京后找文超和刘殿臣帮忙资助生活用度和盘缠路费，一时粗心把"文超"写成了"文起"。刑部即刻派员将刘殿臣、姜位隆拘系到京，听候发落。此事虽系虚惊一场，也可看出刑部对该案的重视程度。

所有涉案人员全部抵京后，刑部进行了一次大审。杨乃武见案件转交刑部审办，知道有申冤时机，就推翻前供，据实供认，称自己十月初五日在南乡岳母家参加立继仪式，初六日午后才返回，根本没有通奸谋毒之事。其堂弟杨恭治、监生吴玉琨、民人詹善政在余杭县衙呈有公禀，现在药店钱宝生虽死，还有药铺伙计杨小桥和钱坦之母钱姚氏可以作证。葛毕氏也交待出实情，说明葛品连去世前后情况，并说验尸时，仵作并未指明是服何毒毙命。沈喻氏也交待出实情，说当时盘问葛毕氏，见她坚不承认，就到县衙控告，请求查验是否被毒身亡。又提讯王心培、王林、杨詹氏、叶杨氏等证人，都供出实情。刑部就据此上奏，请求再派员到浙江将涉案证人杨恭治、吴玉琨、詹善政、杨小桥、钱姚氏、喻敬天、喻王氏及仵作沈祥等人押解到京。

因监生吴玉琨已经于本年五月初一日病逝，就由其妻吴张氏及邻居亲戚作出证明画押，加盖余杭县衙印结，带到刑部。钱坦母亲钱姚氏患有癫痫病，不时发作，请求不赴京作证，葛毕氏的母亲喻王氏因有年幼女儿不便入京，也请求不赴京。浙江巡抚杨昌浚为此向刑部请示，说"案系因奸谋命，事属隐秘，本非外人所知，应取正犯确供为凭。纷纷提解，徒滋拖累"云云，请求免提钱姚氏与喻王氏进京，只写出证词画押即可。刑部对其提议断然拒绝，说该案是皇上、太后钦批，不敢稍有疏漏。杨昌浚不得不令新任浙江按察使兴奎与新任杭州知府龚嘉俊，清点证人，由候补知县刘维福带领衙役伴婆，分批将证人递解到京。未想，杨昌浚这一为民着想的举动也成为他后来获罪的原因之一。

证人抵京后，刑部照例对其一一检查，却发现所押的詹善政竟然是冒名顶替者，就火速严饬浙江巡抚杨昌浚调查上报。经查，原系詹善政不愿进京，由杨乃武岳母詹张氏安排，让詹善政外出躲避，出钱由家里帮工王顺发冒名顶替进京，并教王顺发到京后如何作证。刑部还查明，爱仁堂药铺伙计杨小桥来之前得到杨乃武家属送的银洋600元，杨家有贿买证人的嫌疑。查明原因后，浙江巡抚立刻上报刑部，并把逃匿的詹善政押解进京。

所有案犯、证人均到齐后，刑部进行严密谨慎的审查讯问，对卷宗进行严格审核，查找前后供述不一处，重点究查。经过几次庭讯，各人犯、证人都交待出了自己所知实情，又调查出余杭生员陈湖即陈竹山与案件关系重大，即刻饬浙江巡抚递解到京。审讯中，仵作沈祥供认，验尸时见有口鼻流血，脸色青黑，腹部有大液泡十余个，与《洗冤录》所载"服砒身死，牙根青黑，七窍流血，嘴唇翻裂，遍身发小泡"情形不符，用银针刺探喉部，也呈青黑色，就认为是服生烟土毒致死。但门丁沈彩泉坚持是服砒毒致死，县令未令擦洗银针，勘验不准。刑部又讯问当时在场街邻，都说见沈祥与沈彩泉争执，未擦洗银针。检查余杭县衙上报案卷，只报服毒身死，没有指明何毒，又查杭州知府上报案卷，均写"七窍流血"。讯问药店伙计杨小桥及钱宝生母亲钱姚氏，确认该店没有卖过砒霜。由此种种证言，刑部确知，葛品连因何身死，难以确认。

在事实真相逐步明朗的情况下，刑部尚书皂保上奏请将余杭知县刘锡彤及门丁沈彩泉递解到京，同时请求将葛品连的尸棺也押解到京，准备重新勘验。

为确保勘验的准确真实，刑部要求各沿途州县必须严密配合，派出兵丁押送，并给尸棺贴上封条，以防尸棺被调包。同时，命进京的证人滞留在京，以便由亲属确认所验是否葛品连的尸体，并抽调北京最有名望的仵作参与勘验。

光绪二年（1876年）十二月初九日，以刑部尚书皂保为首的刑部官员，偕同五城兵马指挥等地方官，在朝阳门外神会路海会寺前，对千里迢迢从余杭押运抵京的葛品连尸棺，进行当众开验。前来围观者人山人海，包括两个要犯、全部证人、余杭知县刘锡彤、原仵作沈祥、门丁沈彩泉等都排在前排。

打开棺材，尸体皮肉已经腐化殆尽，只剩骨殖。刑部选调的老练仵作荀义、连顺，由上至下仔细详验，发现死者卤门骨并无红晕浮出，胸部龟子骨、牙齿、牙龈、手指、足趾骨尖及周身大小骨殖均呈黄白色，并无砒霜中毒骨殖应呈青黑色的迹象，尸骨经过蒸煮也没见异常，与《洗冤录》所载正常病死符合。最后得出权威结论：葛品连确系因病而亡，并非中砒毒而死。刑部官员又当众询问刘锡彤、仵作沈祥当时勘验情况。两人均承认当时勘验存在不符合规定的勘验程序，辨验未真，误将口鼻出血、身上青黑起泡认作服砒毒致死。至此，案情已经基本清晰。

刑部尚书皂保又令案犯证人环跪一圈，当面对质。在众目睽睽之下，没有人敢再胡编乱造。全案的来龙去脉，始末经过，至此全部水落石出。历时三年，经过七审七次误判的疑案，屡经曲折，柳暗花明，至此终于大白于天下。时为光绪二年十二月十六日。

余下的就是根据情况给各人犯、证人量刑。尽管没有了杀人犯，但审判期间的一些诬告、作弊、诬攀、假证等等都应该给予惩罚，尤其是各承审官员是否存在徇私舞弊、贪赃枉法、故入人罪的行为，更要详细查究，以惩戒后人，服信民众。

正在朝廷开始审查各承审官员责任时，在中央官员中却开始了一场争论。按清制，如果承审官员确实借案件索贿枉法、舞弊作奸、草菅人命，则将视情节轻重被判入狱甚至处死，而如果仅系疏心大意、自以为是或才疏学浅而导致冤案发生，则处罚要轻得多，顶多是撤职流放之类。县令刘锡彤的罪责比较明显，他先入为主，自以为是，致生冤抑，罪不可赎。刑部在该案刚刚审明后，即上奏皇上，请革去刘锡彤知县之职。而对于杨昌浚、胡瑞澜这样的一品大员，是否要进行查办则不是一件简单的事，竟由此扯出了朝中政治派系的争斗。

朝中官员按其立场分成了鲜明的两派。一派以大学士翁同龢、

294

翰林院编修夏同善、张家骧为首，曾经上奏请求刑部复审此狱的边宝泉也属于此派。因他们都是浙江、江苏人，附和者也以江浙人为多，被称为江浙派，又以他们多系文臣谏官，常上疏论辩是非，又称朝议派。他们主张对承审官员严惩不贷。另一派则以四川总督丁宝桢为首，成员以湖南、湖北为多的两湖派，因该派多是封疆大吏，掌握一方大权，也称实力派。

四川总督丁宝桢曾设计杀死过慈禧太后宠爱的太监安德海，在朝中威信甚高。他从一开始就关注此案，到刑部审问水落石出时，他跑到刑部大发雷霆，当面指责刑部尚书桑春荣老耄糊涂，说人埋入土中三年，毒气早已消失，毒消则骨白，认为刑部审验不足为凭。桑春荣见他气势汹汹，怕引起朝廷政治不安，就敷衍答应其慎重研究，并与头品顶戴尚书皂保商量后，先压下参革各承审大员的疏奏，以待变故。

江浙派的呼声也日渐高涨，御史王昕语气尖锐地呈递奏折，弹劾杨昌濬、胡瑞澜等承审官员，"罗织无故，锻炼成狱"，尤其是杨昌濬公然斥言刑部奉旨行提人证是"纷纷提解，徒滋拖累"，欺罔蔑视朝廷，瞻徇刚愎，应即以革职重办。

两派之间的争斗此消彼长，朝廷两派都不敢太过得罪，直至拖延两个多月后，直到光绪三年（1877 年）二月十六日，刑部的疏奏才最终递交上去。这篇疏奏中，皂保将杨乃武、葛毕氏一案真实经过及历次审讯过程如实详细报告，没有丝毫编造，案件方大白天下。但因牵涉到对承审官员的判罚，这篇疏奏的陈述语气和字里行间时见轻描淡写之语，以开脱承审官员罪责。如称杨乃武与葛毕氏"刑伤均已平复，确无损伤筋骨等事"，又称"历次审办不实，皆由轻信刘锡彤验报服毒酿成冤狱，先后承审各员尚非故勘故入，原验官、仵作亦无有心捏报情事"等等。最终以"沈喻氏怀疑请验，刘锡彤误验中毒，葛毕氏受刑屈招，杨乃武被刑伪供，钱坦被逼伪证，杭州府草率定案，浙江省依报照结，胡瑞澜回护属官"总括案件真相。

刑部就此作出给各犯的判罚报告，拟处：余杭知县刘锡彤革职，从重发往黑龙江效力赎罪，年逾七十不准收赎；生员陈竹山已在监狱病死，不论；仵作沈祥杖八十，徒二年；门丁沈彩泉杖一百，流放二千里；杭州知府陈鲁、宁波知府边葆城、嘉兴知县罗子森、候补知县顾德恒、龚世潼、郑锡滜均革职；按察使蒯贺荪已病故，不论；训导章濬即章抢香革职；沈喻氏杖一百，徒四年；王心培杖八十；钱宝生业已病故，不论；姜位隆、刘殿臣笞四十。对于浙江巡抚杨昌濬、学政胡瑞澜因属一品官员，其判刑"恭候钦定"，同一天，朝廷下旨，将二人即行革职。

对于本案的两个主要人物杨乃武与葛毕氏，葛毕氏因与杨乃武同桌共食、诵经读诗，不守妇道，致招物议，杖八十；杨乃武与葛毕氏虽无通奸，但同食教经，不知避嫌，且诬陷何春芳等人，以脱己罪，杖一百，被革举人身份不予恢复。

至此，全案审结。

杨乃武出狱后，时年 41 岁，回到余杭老家。家产荡然，生活窘迫，靠友人协助，以养蚕种桑为生，凄苦度日，心灰意冷，很少与外人交往，于民国三年（1914 年）病故，终年 74 岁，葬于余杭镇西北舟枕乡安山村附近。

葛毕氏出狱后，时年 22 岁，因丈夫已死，亲友无靠，衣食无着，万念俱灰，到余杭南门外石门塘准提庵出家为尼，法名慧定。因庵里香客寥落，以养鸡鸭为生，在青灯古佛、晨钟暮鼓中了却残生。至民国十九年（1930 年）圆寂，终年 75 岁。墓龛建于余杭东门文昌阁，60 年代墓塔被毁，1985 年代按原形重建于安乐山东麓。墓碑上刻"传临济正宗第四十三世准提堂上圆寂先师慧定之墓"。

杨乃武与小白菜一案按伤亡人数来看并不起眼，但却成为中国历史上最为曲折复杂的案件之一，所引起的关注和社会效应也堪称历史之最。通过此案，我们不仅可以看到清末民间生存画卷，清代司法程序。更宝贵的是，我们从此案中看到的导致冤案形成的原因，不少司法人员在品质上无可非议、不贪赃枉法、不徇私舞弊，也不以权谋私，绝非有意制造冤案，但却以粗心大意、先入为主，刚愎怙终造成了不少失误，其后为了掩盖这些失误，往往不惜更大的错误来弥缝周圆，最终难以收拾。从此出发，杨乃武与小白菜案的鉴戒意义颇为深远，甚至有专家把此案作为国家级非物质文化遗产进行申报，它应该成为我国乃至世界法制史上的一座里程碑。清末秀才董季麟的诗表明了人们对这一冤案的普遍态度：

　　顶礼空皇了此身，咒咒悔作不平鸣。
　　奇冤几许终昭雪，积恨全消免覆盆。
　　泾渭从来原有别，是非谁谓竟无凭。
　　老尼自此真离脱，白水汤汤永结盟。